趋势

高质量发展的关键路径

朱克力／主编

机械工业出版社
CHINA MACHINE PRESS

党的十九大报告指出："我国经济已由高速增长阶段转向高质量发展阶段，正处在转变发展方式、优化经济结构、转换增长动力的攻关期，建设现代化经济体系是跨越关口的迫切要求和我国发展的战略目标。"中央经济工作会议指出："推动高质量发展是当前和今后一个时期确定发展思路、制定经济政策、实施宏观调控的根本要求。"

本书集合国内权威专家学者、企业家各方观点，全面解读高质量发展的理念、模式、经济体系等，让读者看清高质量发展的内涵，把握高质量发展的关键路径，从而赢得先机。

图书在版编目（CIP）数据

趋势：高质量发展的关键路径/朱克力主编. —北京：机械工业出版社，2019.6
ISBN 978-7-111-62792-0

Ⅰ. ①趋… Ⅱ. ①朱… Ⅲ. ①中国经济－经济发展－研究 Ⅳ. ①F124

中国版本图书馆 CIP 数据核字（2019）第 096083 号

机械工业出版社（北京市百万庄大街 22 号 邮政编码 100037）
策划编辑：解文涛 责任编辑：解文涛
责任校对：李 伟 责任印制：张 博
三河市宏达印刷有限公司印刷
2019 年 6 月第 1 版第 1 次印刷
170mm×242mm・17.75 印张・3 插页・242 千字
标准书号：ISBN 978-7-111-62792-0
定价：68.00 元

电话服务　　　　　　　　　　　网络服务
客服电话：010-88361066　　　　机　工　官　网：www.cmpbook.com
　　　　　010-88379833　　　　机　工　官　博：weibo.com/cmp1952
　　　　　010-68326294　　　　金　书　网：www.golden-book.com
封底无防伪标均为盗版　　　机工教育服务网：www.cmpedu.com

推进高质量发展要正视新情况新问题

国务院发展研究中心主任　李伟

把握当前经济运行态势，要深刻理解"稳""变""忧"

对于当前宏观经济形势，中央的总体判断是"总体平稳、稳中有变、变中有忧"。这个判断是客观准确的，关键是如何理解、认识和把握"稳""变""忧"三个字。

正确把握"稳"的总体态势。从转型进程看，我国经济由高速增长阶段稳步向高质量发展阶段迈进，经济发展质量在持续改善，2015 年以来GDP 增速连续 15 个季度稳定在 6.5%～7%，全要素生产率持续回升，经济转型的进程稳步推进。从指标关系看，我国经济实际增速与潜在增速基本一致，核心经济指标之间比较匹配。就业状况基本稳定，2018 年年末城镇调查失业率为 4.8%左右，其中 25～59 岁主要就业群体调查失业率为4.4%，均处于较低水平。2018 年 CPI 同比增长 2.1%，居民消费价格涨幅温和。从结构调整看，近几年，针对我国经济发展中的结构性矛盾，中央坚定不移地推进供给侧结构性改革和三大攻坚战，在去产能、去杠杆、控债务、控地产、强环保等方面取得了显著成效，虽然短期产生了一定阵痛和紧缩效应，但经济仍然实现了平稳增长，并为高质量发展奠定了一定的基础。

深刻理解"变"的主要内涵。当前，世界经济格局、全球经贸环境、产业转移、风险特征等都在发生深刻变化。世界经济格局之变，体现在全球经济力量对比发生着根本性变化，全球经济治理体系正处于重构关键期。国际货币基金组织（IMF）的数据显示，2017年新兴市场和发展中经济体占全球经济比重已达到40%，若按购买力平价计算，已经超过50%，世界经济格局正在发生深刻调整。同时，贸易保护主义和民粹主义也在抬头，全球经济治理体系正面临理念、规则和机构等各个层面的深刻变革和重构；全球经济的变革从来都不是孤立的，它与地缘政治、国际力量平衡、意识形态等都会而且并正在产生着巨大的影响力，世界正处于百年未有之大变局。全球经贸环境之变，体现在全球经济和贸易扩张步伐放缓，主要经济体之间经贸摩擦加剧。美国减税政策效应减弱，资本市场大幅调整，长期利率与短期利率倒挂，经济增长势头有所减弱，欧元区和日本经济增速放缓，新兴经济体整体增长已显疲软，全球经济复苏周期似乎已经见顶回调，我国经济发展面临的外部环境正在发生显著变化。

产业转移之变，体现在科技创新和产业变革进入密集活跃期，产业链调整和产业转移出现新特点。前沿技术交叉融合，众多领域已处于产业化突破的临界点，新一轮科技革命和产业变革正在从根本上重塑生产生活方式和经济技术范式，这对我国参与全球分工和长期发展既是机遇也是挑战。同时，我国劳动力成本优势逐渐减弱，美国挑起的贸易争端影响扩大，劳动密集型产业有加速向东南亚等区域转移的态势，而且出现了产业链整体转移的苗头。风险特征之变，体现在新旧风险共存叠加，风险应对的难度和复杂度有所加大。我国仍处于经济发展阶段转换期，经济结构调整仍在持续，新旧动力转换仍在进行，旧的风险仍未排除，新的风险特别是跨市场、跨部门、跨地域风险逐步凸显，在总需求趋弱的情况下，协调稳增长、调结构、防风险的关系难度加大。

充分重视"忧"的潜在影响。当前，国际国内环境正在发生深刻变化，产生了新问题、新挑战，增量问题与存量问题并存，长期问题与短期问题交织，特别是在我国推进高质量发展和应对世界经济治理体系变化的过程中，有的问题和困难我们遇到过，积累了一些解决问题的经验，更多的问题前所未见，加大了解决问题的难度，更加重了市场和公众对我国经济社会发展的"担忧"。具体而言，主要是担心中美经贸摩擦改变我国发展进程，在国际经贸规则重构中我国被边缘化；担心实体经济困难，企业效益下降，就业压力加大，国内需求不足；担心国家政策的协调配合和落实效果难到位，市场微观主体活力难以释放；担心关乎国家经济命脉的关键技术受制于人，产业升级步伐受阻。这些"忧"是我国迈向高质量发展必须解决的问题和必须闯过的关口。

理解当前经济形势，要辩证看待内外关系、供需关系、长短关系

面对当前经济发展出现的新情况、新问题，社会上也出现了各种不同的看法，有的甚至忧虑，在国内外压力的双重挤压下，我国发展的战略机遇期还存不存在，经济中高速平稳增长的局面还能不能保持，如何稳定和增强广大群众和企业的信心？要回答这些问题，首先要解决认识论的问题。2019年第一期《求是》杂志发表了习近平总书记的重要文章《辩证唯物主义是中国共产党人的世界观和方法论》，深刻阐述了马克思主义哲学的基本原理对新时代做好各项工作的指导意义。我们党一向重视哲学思辨，强调用辩证的方法看问题。我个人认为，要正确认识当前形势，至少要辩证看待内外关系、供需关系、长短关系这三对重要关系。

把握好内部和外部的关系。改革开放初期，我国抓住全球化的机遇果断实施对外开放；加入世界贸易组织之后，2002年党的十六大指出，我国处在可以大有作为的重要战略机遇期。正是因为我们党洞察全局，正确判

断国际形势，改革开放才不断攻坚克难，从胜利走向胜利。近几年来，我国面临的国际环境发生了较大变化，在这种情况下，如何全面深化改革开放？需要对国际形势和时代特征做出正确的判断。习近平总书记要求我们"观大势、谋大事"，如果从长期历史趋势看，就会发现，我国面临的战略机遇期的内涵已经发生了深刻变化，但仍然处在战略机遇期的判断并没有改变。改革开放初期，我国的战略机遇期主要体现在，全球化处于上升周期，我国顺势而为、对外开放，抓住了西方产业升级、产能输出的机遇，深度融入全球分工体系。国际金融危机以来，金融泡沫、收入分配恶化、生产率增长放缓等问题削弱了全球经济增长动力，同时，新一轮产业革命也在孕育和兴起，全球新型治理体系正在重构。在这样的背景下，如果我国能够进一步发挥好我们的制度优势，全面深化改革，勇于解决长期积累的结构性问题，真正办好自己的事，解决好自己的问题，并继续以开放促改革，坚持互利共赢的开放战略，不断拓展同世界各国的合作，积极参与全球治理和新型全球化秩序塑造，我们就一定能为我国经济发展带来源源不断的新动力。

把握好供给和需求的关系。近年来，我国着力推动供给侧结构性改革，已经取得了积极显著的成效。当前，存在这样的观点，认为目前经济下行压力增大，企业的压力也很大，供给侧结构性改革是不是要缓一缓了。对这种观点，我们要正确看待。供给和需求是对立统一的，既要讲两点论，又要讲重点论，在供需矛盾中，矛盾的重点是供给侧。这几年来，在全球经济复苏乏力的情况下，我们能够始终平稳保持 6.5%以上的经济增长，一个关键就是因为坚决实施了以"三去一降一补"为重点的供给侧结构性改革。大家可以设想一下，如果不搞这些改革，不触动供给侧，不提高创新能力，不化解金融债务等领域的泡沫风险，不下决心加强生态环境保护，而是简单地刺激需求，"水多加面、面多加水"，那么今天的经济会是什么局面，我们还会有这样的信心和底气参与全球竞争吗？供给侧结构性改革是对经济结构的重大调整，需要一个过程。从某种程度来说，企业感觉到压力，正是结构调整和转型升级过程中必然出现的现象。同时也要看到，供给和需求对立统一，不能割裂。凯恩斯主义单纯强调刺激需求，而不触动生产关系，容易导致大水漫灌；供给学派过度强调改善供给，而忽视培育需求，容易导致供求失衡，放大波动。我们在搞好供给侧结构性改革的同时，也要搞好需求管理。因为如果整体需求不足、经济失速，那么即使是新兴、优质的企业也会受到影响。随着供给侧结构性改革的深化，需求潜力正在源源不断地释放出来，这是一个在动态中不断达成新平衡的良性发展过程。

把握好短期和长期的关系。古人说，"不谋万世者，不足谋一时"。当前，我国外部发展环境形势发生了较大变化，外部需求紧缩，同时，供给侧结构性改革客观上对某些产业也有紧缩效应。面对这种情况，是坚持高质量发展、推进供给侧结构性改革的方向，实实在在实现可持续增长，还是为了保护短期的利益，给长期增长积累风险？我们应该树立长远和全局视角，把着眼长远作为根本，不能因为缓解短期矛盾而损害长期增长的基础，只要是有利于实现长期高质量发展的措施，哪怕短期增长速度放慢一点，也要坚定不移地推动，不能为了短期过得舒服一些，增长数据漂亮一点，而让长期增长付出巨大代价。这方面，无论是我国还是其他国家，都是有严重教训的。西方国家 20 世纪 90 年代就已经出现了经济危机的苗头，但就是因为没有下决心解决结构性问题，而是通过信贷扩张、债务扩张等途径，缓解暂时的压力，虽然短期内增长得到了持续，但积累的矛盾最终诱发了国际金融危机。所以，要把有利于长期经济增长的供给侧结构性改革放在首位。同时也要看到，经济增速也不能过低，若持续明显低于潜在增速，对改善经济增长质量也不利，会产生另一类风险。对我国来说，只要保持合理的经济增长速度，就有条件和空间解决结构性矛盾。解决问题必须紧紧扭住主要矛盾，不能胡子眉毛一把抓。中央部署的三大攻坚战，就充分体现了长短结合的思路。三大攻坚战的完成，必将为中国经济增长轻装上阵开辟新的前景。对企业来说，也应该顺应这一变化，利用这个机会，苦练内功而不埋怨泄气，度过寒冬，积极迎接新的春天。

落实三大政策推动供给侧结构性改革升级，在"巩固、增强、提升、畅通"八个字上下功夫

中央经济工作会议认为，我国经济运行的主要矛盾仍然是结构性的，矛盾的主要方面在供给侧，必须坚持以供给侧结构性改革为主线不动摇。这个判断符合我国当前实际情况，供给侧结构性改革应该继续作为今后一个时期经济工作的主线。

供给侧结构性改革是我国经济结构调整的必然要求。2015 年 11 月 10 日，习近平总书记在主持召开中央财经领导小组第十一次会议时，提出了"在适度扩大总需求的同时，着力加强供给侧结构性改革"。过去几年，供给侧结构性改革正是围绕"三去一降一补"展开。至今，供给侧结构性改革已取得阶段性成果，低端无效产能有所削减，房地产库存明显化解，宏观杠杆率逐步趋稳，企业经营成本有所下降，补短板取得积极进展。

新形势下需要继续深化供给侧结构性改革。当前，我国供需失衡问题尚未得到根本解决，供需矛盾的主要方面仍然在供给侧，供给侧结构性改革的任务还没有完成。而且，随着外部环境趋紧和经济运行稳中有变，市场微观活力不足、供给体系质量偏低、体制机制约束等问题凸显，对供给侧结构性改革也提出了新要求。首先，市场微观主体创新活力不足，供给质量提升较慢。需要增强微观主体活力，发挥企业和企业家主观能动性，建立公平开放透明的市场规则和法治化营商环境，更加强调公平竞争，促进正向激励和优胜劣汰，发展更多优质企业，把市场微观主体的活力释放出来。其次，传统优势正在逐渐弱化，新的竞争优势尚未有效形成，产业链安全面临挑战。美国单方面挑起的贸易摩擦，使得我国仍处于价值链中低端和核心技术受制于人的问题进一步暴露，供应链、价值链、产业链安

全受到威胁，迫切需要加快优化提升，培育和发展新的产业集群，不断推动产业升级，形成发展新动能。再次，要素流通尚存障碍，国内外统一市场建设仍有巨大空间。需要畅通国民经济循环，加快建设统一开放、竞争有序的现代市场体系，提高金融体系服务实体经济能力，形成国内市场和生产主体、经济增长和就业扩大、金融和实体经济良性循环。此外，"三去一降一补"成果也需要巩固，推动更多产能过剩行业加快出清，降低全社会各类营商成本，加大基础设施等领域补短板力度。因此，中央强调深化供给侧结构性改革，需要更多采取改革的办法，更多运用市场化、法治化手段，在"巩固、增强、提升、畅通"八个字上下功夫。这八字方针，是当前和今后一个时期深化供给侧结构性改革、推动高质量发展总的要求，必须全面认真贯彻落实。

我们要继续坚持稳中求进的工作总基调，坚持以供给侧结构性改革为主线，重点实施好宏观政策、结构性政策、社会政策，努力实现整体优化效果的最大值。宏观政策要强化逆周期调整，稳定总需求增长。积极的财政政策要加力增效，实施更大规模的减税降费。稳健的货币政策要松紧适度，保持流动性合理充裕，改善货币政策传导机制，提高直接融资比重，解决好民营企业和小微企业融资难融资贵问题，努力破解"宽货币、紧信用"的困局。结构性政策主要是强化体制机制改革，增强发展动力。坚持向改革要动力，深化国资国企、财税金融、土地、市场准入、社会管理等领域改革。强化竞争政策的基础性地位，推进产业政策由差异性、选择性向普惠性、功能性转换，创造公平竞争的营商环境。实施就业优先政策，着力解决结构性失业问题。加快提高社会保险统筹层次，确保守住群众基本生活底线。及时解决人民群众的痛点、难点、热点问题，不断完善社会治理，保持社会大局稳定。

目录
CONTENTS

第一章

摆脱路径依赖，改革驱动新经济模式

中国的改革前景

国务院发展研究中心研究员　吴敬琏

中国经济现在确实面临着很复杂的状态。一方面，经过 40 多年改革，中国的经济和国际地位有了很大的提升，面临着一个重要的战略期、机遇期；另一方面，我们又面临着很严峻的挑战。十八届五中全会对这种状况做了总结，就是"我国发展仍处于可以大有作为的重要战略机遇期，也面临着诸多矛盾叠加、风险隐患增多的严峻挑战"。这一概括非常全面、准确和深刻。

我们所面临的矛盾、隐患和挑战可以用"三期叠加"来说明。

第一期是"经济增长换档期"，经济增长减速是第一个矛盾和挑战。过去很多经济问题、社会问题都是靠数量扩张来摆平的，一减速这些问题就出来了。

第二期是"结构调整阵痛期"。"九五"规划时就提出需要改善调整产业结构，但是 20 年过去了，转变经济发展方式的任务还远远没有完成。现在越来越迫切需要调整结构，实现结构优化，但这件事是要付出很大代价和成本的。

第三期是"前期刺激政策消化期"。我们一直用增加需求来拉动增长，特别是 2008 年全球金融危机爆发以后，在 2008 年年底到 2009 年，用强刺激的政策扩需求保增长。增长率保住了，但是副作用很大。最突出的表现是资产负债表里面的负债率迅速提高，已经越过警戒线。日本 1986 年的刺激政策引发资产泡沫，泡沫破裂的后遗症至今还存在影响。日本的前车之鉴警示我们，刺激政策所积累起来的负面结果必须消化掉。

这些问题叠加在一起，就是我们现在面临的各种矛盾、各种隐患、各种挑战。

根据"供给侧因素"提出对策

对于增速下降有两种对策选择。宏观经济分析不外乎从两个侧面，即从需求分析或者从供给分析。

第一种对策，可概括为从"需求侧因素"进行分析。之前最流行的"三驾马车"分析方法，就是从需求侧的三个主要因素：消费、投资、出口的状况去探求经济增速下行的根源和寻求对策。这种分析认为增长速度下降是因为消费、投资、出口这"三驾马车"萎靡不振，拉不动中国经济的大车，解决之道就是想办法重振这"三驾马车"。这种分析法显然源于凯恩斯主义的短期分析框架。凯恩斯主义认为需求决定供给，出现经济衰退的原因就是需求不足。

总需求则是由消费、投资、进出口、财政赤字所构成。由此得出的对策，就是靠运用扩张性的财政政策和货币政策来提振需求和保持增长。这种分析方法和从中引出的结论在理论上和实际运用中都是存在问题的。且不说经济学界对于凯恩斯主义的宏观经济理论是否正确存在激烈的争论，即使认为凯恩斯主义的宏观经济理论完全正确，它所针对的也仅仅是经济学所说的短期经济问题，用凯恩斯主义的分析框架去分析长期问题是不合适的。从长期来说，凯恩斯主义的处方不能用。

我们过去一直用需求拉动增长，特别是 2009 年的强刺激，反复的强刺激导致了两个问题，第一个问题是经济学上公认的投资报酬递减。中国经济的高速增长在维持了相当长时期以后，在 2008 年由于受到全球金融危机的冲击而增速一度下降。随后在 2009 年 4 万亿投资和 10 万亿贷款的强刺激下止跌回升，重回 8% 以上的增长速度，甚至从 2009 年第四季度到 2010年第一季度连续两个季度达到 10% 以上的增长率，然后就开始掉头向下。

近几年来，几乎每年政府都会出台一些保增长的刺激措施，但GDP增长率仍然一路下行。从2011年到2014年的四年中，GDP增长率分别是9.2%、7.8%、7.7%、7.4%，促进经济增长的效果逐年递减。

强刺激的另外一个问题就是债务积累。一般认为，总的杠杆率到200%以上就要引起注意，有可能出现系统性风险。系统性的风险一定要规避，如果爆发的话不是短期内就能恢复的。

可见，一方面，由于投资报酬递减规律的作用，刺激政策促增长的效果每况愈下；另一方面，过量的投资会导致杠杆率不断提高、债务积累，这都使我们不能把增加投资作为经济增长的主要动力。而且，从它已经造成的后果来看，采用这种办法的风险太大了。

另外一种对策，可概括为从"供给侧因素"进行分析。许多经济学家都认为，应该从供给侧的分析寻找对策。供给侧分析认为经济衰退不是需求薄弱，而是因为驱动力量或动力不足。

这个分析框架就是所谓新古典经济学的框架，认为推动供给的基本上是三个因素，第一个是劳动力，第二个是投资，第三个是索洛余值（Solow Residual），即技术进步。在20世纪中期以前，人们普遍认为，总产出只由劳动力和资本这两个因素决定；如果没有新的劳动力加入，增长的动力只有新增资本（投资）一项。然而投资的单项增长，必然造成投资报酬递减的结果。于是，为了保持一定的增长率，投资率必须不断提高。

美国著名经济学家索洛（Solow）在20世纪50年代中期对这个分析方法提出了挑战，他用美国20世纪前49年的数据，做了一个回归分析，发现增长率并未下降，投资率并未提高。索洛认为，推动经济增长的还有一个因素，就是他的公式中的A，这是劳动和投资都不能解释的一个余数，经济理论上叫作索洛余值，也就是技术进步。这一理论模型对中国过去的高速增长和目前的增速下降都有很强的解释力。

对索洛余值的内容，索洛、库兹涅茨（Kuznets）和施瓦茨（Schultz）有不同的界定。索洛余值的"技术"概念很宽泛，是指所有的生产方法的改进。一些发展经济学的学者认为，这是建立在科学基础上的技术运用。在实际的经济分析中，则是一个常常用到的统计上的概念，叫 TFP（全要素生产率），就是效率提高。尽管用语不尽相同，大多数经济学家都肯定地认为现代经济增长的主要驱动力量在于技术进步和效率提高。

用我们现在在实际工作中和政治文件中提到的话来说，就是 1995 年以来提出的经济增长方式转变，或者叫经济发展方式转变。结论是：我们只能依靠经济增长的驱动力从增加投资转向增加索洛余值 A（提高 TFP），即经济发展方式转型。

关键在于建立新的体制、机制

我们提出经济发展方式转型已经 20 多年了。在 1995 年制定"九五"规划时，提出要实现两个根本转变：第一个根本转变就是在经济增长方式上从粗放型转到集约型，它的核心是提高效率；第二个是经济体制从计划经济转变为市场经济，这是我们总结了苏联的教训所提出来的。

"九五"（1996—2000 年）期间适逢在中共十四届三中全会《中共中央关于建立社会主义市场经济体制若干问题的决定》的指引下兴起的改革大潮，经济体制转型和经济增长方式转型都取得了积极的进展。遗憾的是，到了"十五"（2001—2005 年）期间，转型却停顿了下来。"十五"规划有好的方面，就是城市化加速。城市化是推动现代化、工业化一个非常重要的力量。但是我们城市化过程所依据的体制使得城市化增长的方式恶化了。

城市化有两种方式：大多数国家的城市化是从"市"发展而来的。市场主导的城市化有一个自发的权衡利弊的过程，尽量得到城市化的好处，又尽量防止其弊端。而中国的城市化是从"城"来的。我国的城是有行政级别的，世界上其他国家很少像中国这样，城市分成正部级城市、副部级城市、地级城市、县级城市。城市的级别与城市规模有关，规模越大，级别越高。级别越高，掌握支配资源的能力越强。

我国的土地制度也给主导城市化进程的政府增加了一个巨量的资源来源。低价征购的土地以市场价出售，形成了巨量的土地批租收入，这就提供了政府主导城市化的财政基础，而且城市规模越大，土地财政的收入就越多。这就更加刺激了这种摊大饼的城市发展方式。于是形成了恶性循环。城市化本来是人的城市化，可是我国土地城市化的速度比人的城市化的速度快得多，这样的摊大饼在全国"蔚然成风"，于是出现了"鬼城"，以及交通拥堵等现状。

为什么我们过去这 20 多年中虽然三令五申，但转变经济增长方式没有取得理想的效果呢？根本的问题在于改革推进不足，所以这些体制性障碍就没有能够消除。回到我们现在讨论的问题，如果以上分析是对的，就可以得出一个结论：我们采取的方针就是不要靠刺激措施来保证经济增长，而要在稳住大局，保证不出现系统性风险的前提下，把主要的力量放在推进改革上，通过推进改革消除这些障碍，来实现效率的提高、结构的改善、经济发展方式的转型。这是一个基本的方针，也是一个正确的方针。

控制和化解风险，为推进改革赢得时间

保证不出现系统性的风险，大体有两方面的措施。

一方面堵塞漏洞、化解风险。要妥善处理各级政府的债务。要停止风险的积累，不要再做回报过低甚至完成没有回报的投资。

要停止对"僵尸企业"的输血。动用国有资本偿还政府的或有债务。对资不抵债的企业实施破产或重整，释放风险。停止"刚性兑付"。有些企业已经出现了危机，应该在债权人和债务人之间分担风险，但是我们现在通常的办法是由政府承担。赔了都是由政府负责，当然最后都是由纳税人承担。盘活由于粗放式增长形成的死资产存量。例如闲置的地产项目、"晒太阳"的开发区等。总而言之有很多的办法，把已有的风险释放掉，要想办法化大震为小震，不要因张力积累最后来一个大震。

另一方面是辅之以适当的货币和财政政策，维持宏观经济的基本稳定。

在当前的形势下，宏观经济政策仍然应当执行2014年12月中央经济工作会议确定的"积极的财政政策要更有力度，货币政策要更加注重松紧适度"的方针。货币政策要坚持稳健的方针，是由于当资产负债表发生问题，杠杆负债率过高时，就会出现普遍的偿债困难，人们都会捂紧"钱袋子"，保持足够的流动性在手里，而不愿借债来进行长期投资。

如果主要用货币政策采取刺激需求，多发"票子"，扩大信用，人们拿到钱以后更愿意投在股市而非流动性低、不易抽身的实业上。如果过度使用货币政策，股市也容易出现泡沫膨胀并在泡沫最终破裂时导致严重危机。在货币政策的执行上，还要注意把提供必要的流动性和去杠杆结合起来。

所以两个主要的宏观经济政策，即扩张性的货币政策和财政政策，主要是要用扩张性的财政政策。目前我国预算赤字离公认的警戒线还有一些距离，增加赤字还有一定的空间。怎样增加扩张性的财政政策力度呢？所谓扩张性的财政政策，说白了就是增加赤字。有两个办法，一个是增加支出，一个是减少收入。在我们当前的情况下，应该更多地采用普惠性的减税。现在我们碰到一个极大的问题，就是我们的企业家对未来没有信心，缺乏投资积极性。为了改善营商环境，政府降低税收将有利于提高企业家的积极性。

改革的四大阻力

十八届三中全会做出全面深化改革的决定，十八届四中全会做出依法治国的决定。对于党的十八大的决定大家都很兴奋，但是一定要考虑到，不是做出一个好的决定，躺在那里就可以实现的。因为障碍和阻力还非常强大。

贯彻十八届三中全会决定存在着四大阻力：

一是意识形态障碍。苏联式的意识形态在我们这一代人身上还是非常强烈的，这是一个沉重的包袱。下一代是不是好一些呢？不见得。它有一个很大的问题，是思维方式的惯性还在继续。我们的教科书、各种论证材料，对这种苏联式的意识形态没有彻底地清理，所以它还是有力量的。有些人依然可以打着这个旗帜来反对改革。

二是既得利益阻力。因为改革不彻底，所以就有很多腐败的机会，利用旧体制的遗产发财致富，这个力量在 40 年中积累得很强大了，不可小视。

三是不利的经济环境。我们过去已经得出这样的经验，推进改革要有一个良好的环境。

四是很高的技术难度。我们要建立一个统一竞争、开放有序的市场体系，这在技术上、专业上的要求非常高。

总而言之，改革的障碍和阻力还很大。中央的态度是，需要有以极大的政治勇气和智慧来克服阻力和障碍，切实推进改革，这就需要我们所有的人共同来参与。

强调创新和提高发展质量

"十三五"在总的方向要求加强创新和提高发展质量的力度，指出要坚持发展是第一要务，以提高发展质量和效益为中心。所谓发展质量就是说主要不是靠增加资本投入，而主要靠提高效率，加快形成引领经济发展新常态的体制、机制和发展方式。我们要加快建设能够激励创新创业的体制机制，我们要动员但是不能光靠动员，而要靠体制机制。怎么能够建设这样的体制机制呢？归根结底要靠改革。

"十三五"特别强调提高效率，又特别突出了创新。其中有一个很重要的发展，就是提出了"创新、协调、绿色、开放、共享"五项发展理念。在这五项发展理念中，把创新提到首位。文件指出"必须把创新摆在国家发展全局的核心位置"，"让创新在全社会蔚然成风"。要做到这一点，就是要加快建设能够激励创新和创业的体制机制。在简政放权、金融改革、财政体系完善、国有经济改革、自贸区实验、教育体制改革、法治建设等方面都需要我们群策群力、共同推进。

总之一句话，能否把十八届三中、四中、五中全会所要求的改革落到实处，是我们成败的关键，希望我们今后继续共同努力，使得党中央的决定能够得到切实贯彻。

摆脱路径依赖，在新思路指导下前进

北京大学光华管理学院名誉院长　厉以宁

为什么会留恋旧的发展方式

第二次世界大战结束以后，亚洲、非洲一些独立的国家，想早日摆脱贫困状态，于是听从了某些发展经济学家的意见，致力于引进外资，结果，虽然经济增长率高了，人均 GDP 增加了，但没有改变原来的体制，依然处于贫困之中。

这些发展中国家的困难，逐渐被一些经济学家从新的角度做了批评解释，都认为发展中国家只顾发展，只顾引进外资，盲目发展，盲目开放投资，盲目输出资源而不改体制，这是有害的，就会使其陷入低收入陷阱。即使达到了中等收入，也难免陷入中等收入陷阱。这样就产生了一个新的名词——路径依赖。路径依赖是什么意思？就是说，走老路是最保险、最安全的，因为前人是这么做的，后人跟着他们的脚步走，这样的话不用承担责任，同时也就规避了走新路可能遭遇的风险。于是，在这种情况下很多国家虽然感到现在的旧发展方式有问题、有矛盾，但还是坚持路径依赖。

留恋旧的方式渐渐成为一种惯例，即使某些发展中国家能够从低收入陷阱走出来，但到了中等收入阶段它怎么办？还跟旧方式一样，结果就陷入了旧的陷阱。希腊在 20 世纪与 21 世纪之交，人均收入和人均 GDP 均创下新高，人均 GDP 更是超过了 12 000 美元。联合国和世界银行纷纷祝贺。但又怎么样？制度不改，金融风暴一来，它受到波及，马上又下去了，又回到了中等收入陷阱阶段。所以，从低收入陷阱和中等收入陷阱就可以看出，走老路并不一定是没有风险的，而且风险绝不比改成新模式的风险小。

新旧发展模式更替如何成为革命

这是全世界很多经济学家都在讨论的问题。对中国来说，旧发展方式的影响是深远的，旧发展模式持续了多年了，在社会上有许多人信它。党的十八大以来，党和国家把新旧模式更替视作一场革命，发展方式的革命。尽管在强调开展供给侧结构性改革的时候，一再提到新发展方式要替代旧发展方式，但路径依赖的影响不可轻视。不少人认为按中国的国情还是慢为好，慢慢地改，新发展方式还在探索。这是一个大问题，就是说，传统发展模式是不会自动退出的，要挤它，这样才能找到新发展方式。路径依赖在思想上成为一个障碍，这个障碍是什么？就是说，既然要改，那就慢慢改，所以说没有一种急迫性，并且还认为这种发展方式的改变，实际上是跟资源配置的改变结合在一起的。

所以，我们可以得出这样一个结论，先要分清楚什么叫旧发展方式，什么叫新发展方式。旧的发展方式就是走老路，跟着走，责任前人负了，这里没有新东西，反而可以避免创新的风险。这就是旧方式。新方式呢？就一定要通过重要的改革，通过一些革命性的改革才能做到。最重要的是改革什么？比如说让企业成为市场主体，这就是一种改革，改革以后，就能够使企业真正地自主经营，自负盈亏。还有，新发展方式重在科技创新。科技创新能提供新产品、新产能、新功能等。这个是重要的。不搞这个，旧的怎么被替代，新的怎么把旧的赶走？

根据以上所说的，我们可以看得很清楚，在中国，市场一定是要摆在重要位置，是决定资源配置的主要方式。但经济中还有一些例外，比如说公益性部门，比如说与国家安全有关的部门，还有特别重要的新科技的研究部门。这种情况之下，虽然要利用市场调节，但政府也应该发挥规划、引领、支柱的作用。就是说，对于一般的行业，就是市场来调节，不改就被淘汰了。但是对于特殊的行业，比如非营利性行业，公益性行业等，就采取另外的方式，政府发挥引领的作用，扶持的作用。

改革是不能拖的

在这里还要说一个问题，改革是不能拖的。因为经济在前进，企业有同行，国外有同行，国内也有同行，不改就会被淘汰，不改就竞争不过别人。

再走以前路径依赖的道路，最后只能延迟经济的转变。旧发展方式重数量、重速度，新发展方式重质量、重效果。企业是相互观看的，所以说不是不变，而是没有感到压力，压力在前面了，不变就被淘汰。置之死地而后生，应该有这样一种想法，但在我们现在却不是这样。

我们现在认为转变是可以的，但得慢慢来，别那么着急。为什么？一转变快了，失业问题怎么解决？一转变快了，东西稀缺，引起物价的上涨怎么办？这样做，新产品的销路何在？在没有初始把握之前，创新是不是会带来更大的风险？有各种各样的争论，化解这些争论靠什么？靠深入学习十九大理论。十九大理论讲得很清楚，我们重在发展理念的转变。发展理念转变了，才能够前进，发展理念不转变，仍然是修修补补的方式，甚至盲目认为，现在的路线都通了，不能再大干快上，这对长期的转变、转型来说是不够的。

世界上很多国家经济的高速发展都是暂时的，因为经济学家都知道，高速度不是常态。在中国目前的情况下，不要再留恋高速度，中高速度就够了。中高速度以后怎么样？看情况。我们把中高速度作为常态，能够持久。

就中国来说，怎么样保证今后的发展能够继续下去？首要就是在今后的日程中，我们应该注意到企业的对手是企业。当别的企业试验成功了，有新产品新产能的时候，逼着你改，你不改它会兼并你，你就垮了。这个不是坏事，真正的经济发展方式的转变，是在竞争中出现的，是在有所为、有所不为的选择中进行的，放弃一些东西，才能够坚持下去。这一点企业应该看得很清楚。企业应该看到，转型阶段正是为未来人力资本做准备的阶段，这样的话一旦铺开了转变会很快。

改革是不可能止步的，按旧发展方式待在原地不动，迟早要被淘汰。那就不如出来拼，出来改革。所以现在有二次创业，对民营企业来说特别重要，民营企业今天正面临着二次创业的阶段，如果没有二次创业怎么来应付下一阶段的竞争呢？不能够再去依赖过去的途径，只有通过竞争，改造自己，创造新路，中国企业才有更美好的前途。

新时代中国新发展理念解读

世界银行原高级副行长兼首席经济学家　林毅夫

如何把握党的十九大后中国新发展理念，需要理解新时代的含义和习近平新时代中国特色社会主义思想，要从"五大发展理念"和供给侧结构性改革分析把握党的十九大后中国的发展，特别是要立足中国目前五种类型的产业，突出创新和金融，确立新发展理念。

党的十九大是一个里程碑式的会议，大会确立了习近平新时代中国特色社会主义思想，明确指出中国的发展进入了一个新时代。

新时代内涵和新时代思想

本人理解，新时代有几个方面的含义：第一，我国社会的主要矛盾发生了变化，从人民日益增长的物质文化需要同落后的社会生产之间的矛盾转化为人民日益增长的美好生活需要与不平衡不充分的发展之间的矛盾。第二，中国从过去的站起来、富起来进入现在强起来的时代，并且中国现在比过去任何时候都更接近、更有信心、更有能力实现中华民族的伟大复兴。

为了实现中华民族伟大复兴的目标，党的十九大报告把中国从 2020 年到 2050 年的发展分成两个阶段：从 2020 到 2035 年要基本实现社会主义现代化；从 2035 到 2050 年把中国建设成社会主义现代化强国。为了实现这一宏伟蓝图，党的十九大确立了习近平新时代中国特色社会主义思想。习近平新时代中国特色社会主义思想，包含经济、政治、文化、社会、生态各个方面，主要体现在自党的十八大以来，习近平总书记所论述的"五位一体"的总体布局，"四个全面"的战略布局，以及"五大发展理念"。

五大发展理念和供给侧结构性改革

从新发展理念来分析党的十九大以后中国的发展。首先，发展要以人为本，最主要是要满足人民日益增长的对美好生活的需要。如何才能够满足这个需要？总体来讲，是要发展生产力，在发展生产力的过程中则必须克服不平衡、不充分的发展。进行供给侧结构性改革是克服不平衡、不充分发展的主要举措。供给侧结构性改革包含五个方面：去产能、去库存、去杠杆、降成本、补短板。去产能、去库存、去杠杆、降成本主要解决不平衡的问题。产能不平衡表现在各产业的供给能力与需求水平之间的不平衡，必须根据需求的水平来调整供给侧的生产能力，这是去产能方面。去库存方面，主要表现在生产出来的产品跟市场的需求之间不平衡，产品生产过多，市场需求不足，就产生了库存，造成浪费，所以，要去库存。去杠杆主要表现在金融与实体经济之间的不平衡，造成了杠杆率太高，积累了金融风险，所以，要去杠杆。降成本主要是针对企业经营与行政管理之间的不平衡，造成了企业的经营费用太高，所以要降由行政管理造成的高成本。补短板，要解决的是发展不充分问题，把短板补齐，以满足需求并提高生产力水平。

在供给侧结构性改革当中，解决不平衡问题的主要方式是进行深化改革，补短板则需要进一步发展。发展的过程应该按照习近平新时代中国特色社会主义思想所讲的五大发展理念，包含创新、协调、绿色、开放、共享五个方面来推进。这五个方面，又可分成手段和目标：从手段来讲是创新，以提高生产力水平。从目标来讲，创新之后要生产，供给和需求之间要协调以避免过高的产能和库存。同时，必须符合绿色才能满足人们对美好生活的希望，也必须充分利用国内国际两种市场、两种资源在开放经济下来实现。最后，发展的成果需要让所有的国民共享。

五大类型产业和创新

从经济学家的视角来看，创新包括在未来的生产中所用的技术比现在的技术好，或者是进入的产业的附加价值比现在的高，即产业升级。前者有两种方式可以实现。如果现有的技术已经在世界最前沿，则技术创新等于技术发明。如果现有技术跟世界技术前沿有差距，则创新除了自己发明之外，还可以通过引进、消化、吸收来实现。就后者而言，如果现有的产业已经处在世界最前沿，则产业升级必须通过发明新产品、培育新产业来实现。但如果现有的产业附加价值跟世界前沿的产业附加价值还有差距，则在产业升级的时候，可以通过引进、消化、吸收的方式来实现。

我最近提倡的新结构经济学把目前处于中等偏上收入的中国的产业分成五种类型：

第一种是追赶型产业，不仅中国自己有，比中国发达的国家也有，如装备制造业，中国是世界装备制造业大国，德国也是世界装备制造业大国。同样功能的装备，由中国来生产的话，价值100万美元；但由德国来生产的话，价值可能达500万美元。中国还处于追赶阶段。

第二种是领先型产业，指中国在该产业的技术已经处于世界领先水平，包括家电产业（如电视机、电冰箱、洗衣机）以及高铁产业等。中国已经处于世界最先进的水平。

第三种是转进型产业，指过去中国领先，但后来由于中国比较优势的变化而领先地位不复存在，这类产业被称为转进型产业。

第四种是弯道超车型产业，这类产业新技术、新产品的研发主要以人力资本投入为主，产品和技术的周期短。中国作为中等收入国家，人力资本目前跟发达国家比差距并不大，中国跟发达国家的差距主要在于金融、物质资本的积累，发达国家已经进行了两三百年，中国是改革开放以后这三四十年才快速积累的，存在差距。如果一个产业新产品、新技术的发明创造主要是以人力资本投入为主，从要素禀赋的结构来看的话，中国跟发达国家并没有明显的比较劣势。对这类短周期、人力资本投入为主、金融投入相对少的产业来说，中国可以跟发达国家直接竞争进行弯道超车，而且中国在这方面还有相当大的优势。中国人多，人才多，并且拥有巨大的国内市场，新发明、新创造出来的产品或技术在国内可以马上获得很大的市场。所以中国在弯道超车型产业上面的创新也具备比较优势。

第五种类型是国防安全和战略型新兴产业，这类产业的创新方式与弯道超车型产业的方式正好相反，它虽然也需要高的人力资本，但研发周期特别长，需要 10 年甚至 20 年，也需要大量的金融和物质资本的投入。如果单纯地从当前要素禀赋所决定的比较优势来看，中国在这方面还不具有比较优势，但是有些涉及国防安全的产品无法从国外购入，所以，在这种状况下，中国也要支持这些产业的发展。

对于有些战略型新兴产业，虽然未必和国防安全有关，研发的时间也相当长，金融物质资本的投入也相当多，照理说中国还不具备比较优势。但是如果一个新的产业方向已经非常明确，中国因不具备比较优势而放弃在这方面的研发，导致战略制高点被发达国家占领，中国未来想进入这个产业，很多技术都无法引进，或是需要很高的成本来引进。所以，即使现在不具有比较优势，从长期来看，现在不进入，未来再进入的成本和风险就会太大。

把中国现有的产业分成这五类，创新的方式各有特色。追赶型产业的创新主要是以引进、消化、吸收为主；领先型、弯道超车型和国防安全及战略型新兴产业的创新主要靠自主研发。转进型产业的创新方式，可以是进入附加价值高的微笑曲线两端，包括经营品牌、产品设计、营销渠道管理等，需要产品研发或管理方式的创新；也可以是把失掉比较优势的生产部分转移到国内或者海外工资水平比较低的地方去生产，这则需要根据产地的情况进行管理的创新。不同的产业应该用不同的创新方式才能够得到最高的效率。

在创新的过程当中，还要考虑到一些新的平台技术，例如，智能的生产方式以及互联网提供的机会，绿色的技术必须贯穿整个过程。这样才能实现五大发展理念所要求的"创新、协调、绿色、开放、共享"的目标。

创新和金融

创新需要资本的投入，需要与金融结合。追赶型产业的创新方式是以引进为主，它所需要的金融支持以银行的贷款或者发债的方式为主，银行还分大小银行，取决于产业中企业规模和资金需求规模的大小。如果是大企业，追赶的时候首先由银行来支持，包括并购等手段。如果是小企业，一些中小银行即可满足。对于必须以自主研发为主要创新方式的领先型、弯道超车型产业的创新来说，资金的来源也不一样。领先型产业里的企业通常相当成熟了，资金需求的满足主要靠股票市场的融资。对于转进型企业来说，开发新产品或者是进行渠道管理、质量管理，资金需求主要是以银行支持为主。弯道超车型产业，需要自主创新，此类金融支持方式更多地依靠天使资本、风险资本等能够分散风险的金融方式。对于国防安全和战略型新兴产业，由于此类产业还不具备比较优势，资金支持的方式主要是靠财政直接补贴，国家可以设立基金补贴研发或者国家通过财政进行采购，提供金融支持。

总体来讲，进入新时代，为了实现中华民族的伟大复兴，也为了让中国强大起来，并且满足人们对于美好生活的需要，必须进行各种方式的创新。在创新过程当中，必须根据不同类型的产业的特性来进行不同方式的创新。金融要服务实体经济，也必须根据不同产业的发展和创新的方式，以合适的金融安排来支持。并且在创新的过程中，关注协调、绿色、开放、共享，若能如此，相信党的十九大所提出的中华民族伟大复兴以及让中国强起来的目标一定能够实现。

中国经济突围：体制改革+创新

北京大学国家发展研究院经济学教授　周其仁

中国现在面临的国际形势：外需萎缩，反全球化，以及为什么

首先怎么理解中国经济从之前的高速增长转向 6%～7%中高速的增长？要先理解全球的格局。

假定有两个经济体，一个富有，一个贫穷。富国拥有 10 万元资本，300个人。穷国拥有 10 元钱资本，3 000 个人。前者类比的是欧美和日本，后者类比的是 20 世纪 80 年代的中国。这两个经济体中间之前由一道蓝墙隔开，大家各过各的日子，穷国就是没资本，没资本就没有提高生产率的手段，很大程度靠人力、靠自然力，经济进步就很慢。富国资本雄厚，可以转化为生产力，所以两国贫富差距会越拉越大。

现在把蓝墙打通，就是改革开放，把这个壁垒打开。打开以后：两个经济体加到一起算，资本总量就变成 10 万零 10 元钱，人口总量是 3 300人。要素的相对比例都发生了变化，用我们熟悉的话就是"竞争格局发生了变化"。

第一，富国的资本总量只增加了 10 元钱，但是人口总量加了 3 000 人，原来 300 人用 10 万元钱，现在 3 300 人用十万零十元钱，所以资本的稀缺程度提高了。为什么全球化以后，华尔街可以赚到很多钱，道理就在这里。

第二，富国有科技，3 300 人来抢科技成果，科技的稀缺性也提高了。但是富国经济的麻烦是，原来只有 300 人，现在要 3 300 人一起竞争工作

机会，劳动者的竞争加强了。这个过程中，富国的劳动者蓝领、下层白领难受了，因为他们要面临 3 000 个原来收入很低的人的冲击。所以发达国家失业率特别是年轻人的失业率，一直居高不下，道理也在这里。

这样造成的结果就是：第二次世界大战后发达国家的橄榄型社会结构被破坏，全球化以后两极分化严重，基尼系数上升。华尔街、硅谷赚到了大钱，但中间有很大一部分人群很失落，制造业工人、中下阶层，在全球化过程中面临的压力要超过他们得到的好处。当然好处也有，就是中国的产品很便宜，美国享受到了稳定的物价，所以，穷人实际的生活水平降低得不会那么严重。但是和华尔街、硅谷一比，相对收入的落差就出来了。

发达国家都是这样，第二次世界大战后高的基尼系数降下来，然后又涨上去，并带来了社会矛盾。因为很多美国的大妈大叔离金融和高科技比较远，人数上又是大头，就会有愤怒感，所以在全球化高涨当中发生了"占领华尔街"运动。

在现在的全球格局中，各个国家的发展水平是不一样的。我们的人均 GDP 从 1978 年的 200 美元，升到现在的 8 000 美元，其中深圳是 25 000 美元。而美国呢，从 1978 年的 13 500 美元升到现在也就 5 万美元。

所以，在所有大的变化中，并不是每一个人、每一个集团、每一个板块都可以获得同等收益，正是因为收益有高有低，有得有失，所以社会矛盾就会产生。

这里还要谈到一个术语：比较优势。李嘉图的理论，说的其实就是各国扬长避短，选择自己生产率高的东西干，这样整个社会的总体产出就高。但是萨缪尔森后来的研究结论说这不对，因为中国什么都搞，搞完袜子搞汽车，搞完汽车搞飞机，搞的大家优势趋同了，逼得发达国家不知道干什么了。萨缪尔森去世前就问了一个问题：原来造自行车的现在开始造飞机，原来造飞机的造什么呢？他的结论就是：在共同的比较优势下，一方可能永久损害另一方的利益。

从外部看，我们现在的经济下行首先就因为全球的外需收缩，我们在高速增长当中是高度依赖外需的，所以受的影响更大。

中国现在面临的国内形势：成本优势减弱，体制成本重新上升

从内部看我们现在面临的经济形势：是成本在变化，并且核心是体制成本的重新上升。

中国高歌猛进的全球化，就是因为有成本优势。改革开放前中国是个穷国，一开放发现穷就是"竞争力"。穷就是工资低，工资低就是成本低。同样一个产品成本低要价就低，全世界的买家都是一样的，物美价廉当然买你的。

但是现在这个成本在变化，劳动力成本、土地、能源，所有的价格都在经济高速增长中变化，最典型的例子是福耀玻璃的曹德旺在美国设厂。

成本变化最大的是什么呢？是体制成本。

仅仅把中国崛起归因于劳动力便宜并不准确，因为劳动力便宜并不能完全解释中国的崛起。没改革开放前，劳动力更便宜，那个时候没有中国奇迹，现在看非洲很多国家的劳动力比中国还便宜。不是要素便宜就能够变成竞争力，要素变成产品才有竞争力，要素变成产品要组织，组织要在一个体系中运行。这就引申出来体制的问题。

所以，让中国经济崛起的真正秘密不是原来穷，而是把原来导致穷的封闭变成开放，在开放当中允许组织创新，进行体制改革。比如，如果不包产到户，农民就不可能解放出来，没有生产积极性，依然还会是"十亿人口八亿农民，八亿农民搞饭吃饭还不够吃"。

有了体制改革，才有下面的一环扣一环。劳动力解放出来去哪里就业？这又逼出了民营企业。产能出来了，市场在哪里？所以又逼出了 WTO 谈判，中国加入 WTO 以后，把世界市场打开了，把原来的障碍打开了。进了 WTO，一开始还是"奖出限进"，后来尝到了甜头，全部杀进去，这才冲到了全球化的前沿。

所以，中国的成本优势不完全是原来的劳动力便宜，主要是第二项优势，通过改革，把原来奇高无比的制度成本大幅降下来了。

体制成本下降，加上原来的要素成本低廉，结合到一起再加第三个力量——学习曲线。最终构成了后来的"中国故事"。

但是现在新问题来了。新问题是成本又上来了，原来的成本优势消失了。现在我们一般讲成本优势消失讲的都是劳动力成本在涨，这个问题当然存在，但是被大家忽略的是：我们的体制成本重新在高速增长当中，举头向上。

1995～2012 年中国经济高速增长。我们的名义 GDP 增长了 8.6 倍，全国工资总额涨了 8.8 倍，税收涨 16.7 倍，政府除税收以外的收入涨了 18.8 倍，法定五险一金增长了 28.7 倍，最关键的是土地，政府独家供地获得的土地出让金，涨了 64 倍！

现在没有什么资本主义的大帽子，但是小绳索挺多的，这个不行，那个不行。这些事情加到一起摩擦系数就变大了。高速增长的时候加大摩擦系数没有关系，但是外需一收缩，问题就来了。

还有对待新科技的态度，一波三折。

还有城市化，我们的行政区划是组织化的。城市建设说好也好，但是也有不少浪费，修了多少没人去的设施，耗了多少水泥钢铁，产生了多少的排放，然后又回到我们的肺部。要跟着人口和资源的流动来进行城市化，人们愿意去的地方好好建设，建中心城市、城市群、城市圈。人们不愿意待的地方还林、还环境，造青山绿水。

中国经济的突围：体制改革+创新

那么，怎么确保我们的成本优势？两个方法：降低体制成本和创新。

中国现在面临的状态可以形象地比喻成三明治，我们夹在中间，成本已经上来了，但是我们手里还没有多少独到性的东西。

这个世界上的竞争就两句话，要么成本比别人低，要么手里有独到的东西。比如苹果卖到全世界，人们通宵排队买。他有你没有。现在我们40年改革开放高速成长的伟大成就，在全球格局中来看是夹在中间了，底下有印度、有越南，比我们成本低，招商引资的力度比我们当年还强。

在这种情况下，经济增长模式就会发生变化。现在要继续保持我们的成本优势，但是体制成本的降低光靠民间解决不了。没有党中央、国务院的领导，主动地发起一轮一轮的深化改革，体制成本很难降下来。

比如社保基金，我们现在很多的法定保障率定得比美国高。当初交那么多是没办法，当时国企大面积亏损，所以社保交费率定得比较高。但当时就有一句话，以后要把大型的赚钱的国有企业的资产划到社保去，用那个收益来抵社会保障。但是真要做的时候难度不小，十八届三中全会把这条写进去了，就是要划一批国有资产到社保基金，然后把法定保障率降下来。

我们的经验已经证明，体制成本下降，经济就会很好地发展，体制成本上升，整个国家民族就会被拖住。渐进改革的好处就是震荡低，不是一次性解决问题。但是渐进改革的难处是要"维持渐进"，所以体制改革一定要改到把体制成本再降下来为止。

既然体制成本短时间内降不下来，那么能不能把成本曲线往右推，尽可能延长它持续的时间。因为，这条成本曲线一定会上去的，但我们可以把整个成本曲线往右移，延长成本优势持续的时间。比如说工人很贵，那就生产附加值高的东西。所以对抗成本压力就是不断地右移我们的成本曲线，形成一条长期来看持续有竞争力的成本变动，这是商业世界的不二法门，也是经济体系竞争当中的不二法门。

降低成本的第一个突围方向，是刚才说的体制改革。而第二个突围方向是创新，通过创新来突破全球形成的新的僵局。引进新的产品，改变现有的品质，引进新的生产方法，开辟新的市场，夺取原料和半成品新的来源，创立新的经济组织，创新才能带来持续的经济增长。

创新很重要、很伟大，但是创新不是一定会发生的。成本曲线也不一定会右移，否则哪来这么多的过剩产能、僵尸企业、鸡肋企业，还有病危停滞的企业？创新是有条件的。

举例说，以色列 800 万人有 3 500 家初创公司，并且特拉维夫主导了美国硅谷的高精尖研发，美国没有一家大公司不在特拉维夫设立研发中心，他们靠的是人、想法、发明创造，靠的是对教育的重视。

总之，中国不创新、不改革，就没有出路。

改革改不动？稳住既得利益，先发展新体制

中国（深圳）综合开发研究院院长　樊纲

回顾改革开放 40 年，我是研究经济理论的，这些年研究了很多具体问题，但是我们还是做了一些理论的研究和分析。理论就是要把复杂的改革进程、各种复杂的问题抽象出来，概括成比较简单的理论模型和理论线条，使我们能够把握比较抽象复杂的世界。通过这些规律的探索和规律的描述，指导实践，指导未来。我在本文中向大家汇报我过去这些年来研究转轨经济学，把复杂的改革过程理论化的进程。

转轨经济学是制度经济学的组成部分，就是研究制度本身，其中包括制度变迁。下面一个分支是比较经济学，就是过去说的比较两种制度，计划经济和市场经济，在改革初期很多的讨论都是讲的这些问题，看看哪个更有效率，哪个更好。然后就有了转轨经济学，20 世纪 90 年代初期苏联解体，一大批经济学家跑去研究其体制变化，那时候创造出了一个词叫转轨经济学。现在说的转轨经济学、转型经济学、过渡经济学都是从这个词来的，是从那个时候开始的。

现在有一个问题，转轨经济学和经济变迁、制度变迁有没有差别？我觉得有一个重要差别，传统意义上说的制度变迁是你不知道你的目的是什么，大家根据情况的变化自己调整行为，今天改一点，明天改一点。例如，在中世纪的欧洲，对于一个农奴可不可以出去打工，那时候他们隔几年就有一个新的法律，今天可以往外走 20 英里去打工，过几年可以是 50 英里，通过这样一种自发性的变化，逐步向前走，是一个盲目的进化过程。

而转轨经济学描述的是向一个已知的甚至别人已经实行的制度转变，比如从计划经济向市场经济转变，市场经济是有些国家已经存在的或者历史上存在的。我个人认为中国是有一个明确的转轨的目标体系的，摸着石头过河这句话，"过河"是知道的，怎么过不知道，转轨经济学就解决这个问题，不再研究这两个制度哪个好，市场经济是我们的目标，到达目标的过程是转轨经济学要解决的问题。

体制改革、转轨经济的重要问题在什么地方？概括出来其实就两大问题，一是为什么有人反对改革；二是怎么改革，为什么改革会出乱子。

其实你仔细想一想，就这两个问题，怎么扫清既得利益障碍，怎么使大家接受改革方案；然后怎么改，怎么使得改革不出乱子。

这就是转轨经济学的理论框架，在一般的现象层面上是不愿改和不会改的问题，在基本的分析要素上是利益机制问题、制度信息问题，是你对各种问题的分析和了解的问题。理论概念就是所谓帕累托改进还是非帕累托改进的问题。帕累托改进是没有人受损，大家都获益，这件事是比较容易实行的。非帕累托改进是一定会有人受损失，这个时候怎么办？在制度信息问题上，在如何改的问题上会发生不协调成本，甚至在社会上出现混乱，怎么避免这些问题？

一个体制即便再不好，都会有既得利益，有人说以前的改革不会面对什么既得利益，现在既得利益越来越大，越来越难改，其实改革的时候改的都是既得利益，所以我们要找到办法克服。

基本的办法其实就是，努力稳住既得利益，先不动既得利益，先去发展新体制。价格改革是这么过来的，我个人认为企业改革、所有制改革也是这样一个规律，当你改不动原有的体制的时候，先发展新体制，新体制发展起来了整个改革环境就发生了变化，这就使得一个非帕累托改进变成了一个帕累托改进。

这样一个逻辑，就是中国的宝贵经验，新人新办法，老人老办法，我们先开始过渡，采取双轨制逐步往前走，这就是渐进改革的基本道理。这在现在都是有用的，比如住房改革、房地产税等，先把既得利益稳住，就可以往前走了。

如果还没有解决这个问题，还有人反对，所谓既得利益是一个相对概念，看着别人好了，尽管他原来的利益还在，但是他也觉得自己不好了，这个在一定意义上是无法避免的，一定有人反对改革，一定是有利益冲突的，这时候你再做点其他工作，比如说搞点补贴，缓解一下其既得利益受损失的感受。

但是说到底，最后还是有一些你解决不了的利益障碍，这时候就需要政治决定了，就是你必须得克服一定的反对，必须有一个推进改革的动力。只要一个新体制比旧体制的效率高，你不用做任何事情，在一个长期的时间里面这个体制改革就完成了，这就是所谓"渐进改革"的基本逻辑。

这个逻辑很容易证明，但是这个逻辑同时可以证明改革会出现逆转，如果既得利益集团利用自己的权力，通过各种方法，包括游说政府、截取其他部门所创造的利益，使得这个过程逆转过来，使得新体制的效率更低，这时候改革就会出现逆转。

这个过程说明什么？方向天天在变，体制改革一会儿向前、一会儿向后，会耽误很多时间。中国有一句话叫"不怕慢就怕站"，不仅是站，而且调头了，那就更慢了。只要方向正确，有时候渐进的改革可能慢一点，但是仍然会逐步地向前进。

关于改革信息不完全产生的问题。我们的体制改革是一个系统，所谓的体制是由多种制度构成的，各种制度之间相互关联、相互依存，而且相互影响，就有一个怎么互相配套的问题。某一个领域改革了，另一个领域没有改，就会使整个系统效率下降，产生所谓瓶颈的问题。如果其他领域都没改，一个领域里面改革冒进，也会出现混乱和不协调，所谓不协调成本，因此就有一个改革如何推进的问题，如何实施改革的问题，说是技术问题，其实也是一个基本的逻辑问题。

东欧改革当中有一个著名的词，也是亚洲金融危机以后，世界银行等都在提的一个词，叫作"循序渐进"，针对的问题是当年亚洲国家冒进了，在金融改革的问题上走得太快了，自己的内部还没有搞好，开放程度过大导致了各种混乱和经济危机。"循序渐进"指的是做完了 A 再做 B，做完了 B 再做 C，A、B、C 之间是相互影响、相互制约的，从逻辑上说要使这三方面的体制改革同时向前推进。因此我们就提出一个方案叫作"平行渐进"，就是我们通常所说的"综合配套改革"。必须在各个领域里面同时推进，有时候不见得是计划得很好，但是能推进哪个就推进哪个，然后相互之间协调配合，它们之间会产生矛盾，矛盾会提出进一步改革的要求，互相配套的要求。这里面还有一些复杂的问题，但是基本的道理是不要等，各个领域都不要等，各个领域平行推进，同时要看到某个领域和其他领域的相互关系，既不要出现瓶颈，也不要冒进，改革的推进就会比较顺利。

总之，改革就这么两个基本问题。一是如何减少阻力，二是如何减少摩擦成本。

开放在转轨中很重要，它在两个方面提供重要作用，一是引进新的利益主体，比如说外资对于在市场上有既得利益的中国企业来说，是新的利益主体，利益主体多了有利于改革。二是引进制度信息，使得你有更完善的关于市场经济的制度信息，这样可以做得更好。

特区很重要，试点很重要，试点在如何扫清既得利益障碍和如何获得各个部门各种制度相互关系的一些信息这两方面具有重要的作用，获得这些信息可以指导全局。区域竞争很重要，可以相互借鉴，可以使改革在各个区域、各个领域推向前进。

政策思考其实很简单，那就是"解放思想、实事求是"。

第二章

新发展理念推动高质量发展

化危为机，在大变局中加快培育增长新动能

国务院发展研究中心主任 李伟

国际国内经济形势正呈现深刻而复杂的变化

习近平总书记多次指出，当今世界正处于百年未有之大变局。从国际看，一方面，与过去相比，增长面临的挑战和不确定性大幅增加。首先，贸易保护主义、民粹主义日渐抬头，特别是美国单方面挑起的贸易摩擦不断升级，对全球资源配置、生产率改善和跨境投资等带来不利影响，拖累了全球经济复苏进程，中期增长前景受到抑制。其次，全球经济发展动能呈现周期性趋缓和结构性失衡。主要发达国家货币政策明显收紧，债务和融资成本快速上升，大宗商品价格及一些经济先行指标持续回落。再次，以新一代数字技术为主导的新技术革命引发国际产业分工的深刻变革。发展中国家主要依靠低成本的劳动力和资源优势实现后发追赶的难度会大大增加。此外，大国间博弈暗潮涌动，全球治理体系陷入碎片化，传统国际规则改革滞后，多边主义下的开放合作机制正遭遇前所未有的严重挑战，守成大国从战略焦虑转向战略遏制。以上多种因素叠加，国际权威机构纷纷调低 2019 年全球经济增速，全球增长的悲观预期和不确定性明显增强。

另一方面，得益于多数国家的共同努力，国际经济也呈现出一些积极信号或变化。2018 年 12 月，在阿根廷召开的 G20 峰会上，各国承诺将采取一切政策工具实现强劲、可持续、平衡和包容经济增长，支持对世贸组织进行必要改革以维护多边贸易体制，推动国际货币基金组织改革，落实 2016 年杭州峰会确定的可持续发展议程行动计划，并加强在教育、

卫生、粮食安全等领域的合作，完善全球经济治理。由此可见，共同营造自由、开放、包容、有序的国际经济大环境仍是众望所归、大势所趋。新一轮科技革命和产业变革继续快速推进，将从根本上推动全球生产率重振与价值链重构，对多数国家而言都是难得的历史性机遇。数字化、智能化和绿色化转型将加速传统产业升级和新兴产业迭代，那些已经建立起技术、人才和市场相对优势的后发经济体可能迎来换道超车的机会窗口。因此，酝酿中的国际经济格局调整并不是零和博弈，各国实现共赢潜力巨大。

从国内看，一方面，总体上保持了经济持续健康发展和社会大局稳定，我国发展仍处于并将长期处于重要战略机遇期。从 2018 年增长、就业、物价、国际收支等多项指标来看，我国经济呈现总体平稳、稳中有好的态势，经济增长的内生动力不断增强。产业方面，高技术产业、高端装备制造业和战略性新兴产业增速均显著高于工业平均增速，中高端制造业的全球竞争力稳步提升。新材料、新能源、机器人、生物制药、5G 通信等新兴产业快速发展，电子商务、数字经济、人工智能及"互联网+"多个领域的新业态保持高速增长。我国数字经济总体规模仅低于美国，且赶超势头强劲。创新创业活动十分踊跃，2018 年 1～11 月全国平均每天新登记企业数量高达 1.81 万户。统计局发布的"经济发展新动能指数"也呈逐年加速之势。

另一方面，经济运行"稳中有变、变中有忧"，激发和培育新动能的挑战也在增加。2018 年，经济下行压力加大。供给侧的工业与服务业生产指数，需求侧的固定资产投资、社会消费品零售总额和贸易顺差等指标的增幅都不同程度地持续回落。不少地方都正在经历着转型阵痛。短期内，我国面临外需回落与内需疲软叠加，企业盈利能力下降与抗风险能力下降叠加，人民币汇率承压与大规模减税下财政能力承压叠加的压力。中长期看，国内各项改革已进入"深水区"，金融、财税、土地、国企、科技、教育、政府职能等关键领域改革进入"啃硬骨头"阶段。改革的方式及推进效果将对创新潜力释放和经济发展质量产生重要影响。

变，是当前时期经济发展的突出特征；变，也有其内在历史规律。中国经济能否认识规律、把握规律、适应规律，并努力使其朝着有利的方向发展，以此为契机加快推动经济由高速增长向高质量发展转变，是我们必须高度重视、努力破解的大课题。中央经济工作会议指出，世界面临百年未有之大变局，变局中危和机同生并存，这给中华民族伟大复兴带来重大机遇。新形势下，我们要积极化危为机、转危为安，紧扣重要战略机遇新内涵，加快经济结构优化升级，变压力为加快推动高质量发展的动力。应对的关键是抓住新形势下决定经济增长的根本性问题，及时化解不利因素、扩大有利因素。

保持定力，以新一轮改革开放促进新动能加快形成

无论经济形势如何变化，经济增长的本质始终是生产率提升。不论是用劳动生产率、资本产出率，还是用全要素生产率来衡量，近年来，我国生产率增速都在放缓，行业间、地区间、企业类型间差距进一步拉大，与国际前沿差距缩小的步伐有所放慢。促进生产率快速提升，加快创新驱动发展和高质量发展，是我们化危为机的主攻方向。中央经济工作会议指出，我国经济运行的主要矛盾仍然是供给侧结构性的，必须坚持以供给侧结构性改革为主线不动摇，更多采取改革的办法，更多运用市场化、法治化手段，在"巩固、增强、提升、畅通"八个字上下功夫。以新一轮改革开放加快培育经济增长新动能，就是要在新发展条件下，构建一套新的体制机制来补齐效率短板。

一是要全面提升创新创业的质量和效率，有效发挥创新对经济转型升级的引领作用。加大创新力度是应对中美贸易摩擦的必然选择，更是实现经济长期健康发展和有效应对未来各种外部挑战的根基。当前，我国还有不少关键核心技术与发达国家差距较大，"卡脖子"问题在中美贸易摩擦背景下更加凸显。我们要更大力度地提升原始创新能力，加快突破关键核心

技术，在涉及国家经济安全和国防安全等关键领域实现自主可控。关键技术自主可控不是关起门来搞创新，而是要坚持走开放创新的发展道路，以更加主动的姿态融入全球创新网络，让全球创新资源为我所用。要从根本上弥补创新短板、激发创新活力，既要有效发挥政府作用，更需要发挥市场在创新资源配置中的决定性作用。其中，优化创新投入机制，提高创新治理能力，完善创新创业生态是重中之重。政府要多在基础研究、应用基础研究、关键共性技术和前沿技术研究等方面加大投入，市场导向的技术研究要多让企业牵头，以企业为主体。同时，要构建鼓励创新、审慎包容的市场监管体制，破除制约新技术、新业态成长的各种制度和政策障碍。企业家队伍是改革开放的先锋队，是创新创业的主力军。我们要深化产权保护制度与司法体制改革，加快建立与高质量发展相适应的知识产权保护制度，切实保护好企业家创新创业的积极性。

二是推动制造业高质量发展，做强做优实体经济。培育新动能，现阶段要把创新重点放在对既有产业和产品的升级上，创新的主战场要放在做强做优做大实体经济上。我们必须抓住新工业革命的机遇，深度参与甚至在某些领域引领新技术革命。在今后较长一段时期，质量提升、效率提高、结构升级、技术创新、产业融合互动和深度参与全球化，都将是形成我国增长新动能的重点。要实现这一系列新动能，离不开相适宜的市场体系和有效的产业政策。我们要加快监管方式转变和质量标准体系建设，以要素市场改革提高资源流动性与要素配置效率，促进产业政策相互协调。确保产业政策能够强化市场竞争，夯实竞争政策的基础性地位。要加快建立公平开放透明的市场规则和法治化营商环境，促进正向激励和优胜劣汰，更有效地支持民营经济和中小企业进一步发展壮大。要进一步深化金融体制改革，减少金融对实体经济利润的挤占，化解债务风险，扭转"脱实向虚"趋势。

三是坚定不移地推动全方位对外开放，构建开放合作新机制。尽管当前国际经贸及投资环境发生了深刻变化，但进一步扩大开放，丰富开放内涵、提升开放层次，始终是推动中国经济提质增效、深度融合世界经济的长期方向。在新一轮开放中，我们要正视逆全球化现象频发、区域经济一体化遇阻、大国间博弈加剧等不利因素。还要认识到我国参与国际竞争的传统比较优势逐步弱化，竞争新优势还在培育之中。要在进一步扩大开放中加快释放增长新动能，必须加快完善开放型经济新体制，建立高水平的开放合作新机制，培育国际竞争新优势。在倡导构建"人类命运共同体"、把共建"一带一路"推向深入的基础上，努力打造国际一流营商环境，主动参与国际经济治理体系重大改革。进一步放宽外资在服务业、制造业的准入限制，推动由商品和要素流动型开放向规则等制度型开放转变。

四是着力提升人力资本质量，为培育新动能构筑坚实的人才支撑。习近平总书记反复强调：创新是第一动力，人才是第一资源。随着我国经济转型升级和向技术前沿迈进，对基础研究和前沿技术以及创新创业的需求迅速增长，要求有更多的有较强创新精神和创新能力的各类人才。大数据、人工智能、机器人等新技术应用和创新加速，使知识结构更新节奏加快，未来就业的不确定性明显提高，要求劳动者有更强的学习能力和适应能力。经过 40 年的改革开放，我国人力资本规模有了大幅提升，但人力资本结构和质量不能满足高质量发展的需要，人才供需结构性失衡问题突出。因此，实现人力资本从规模扩张向质量提升转变，从"人口红利"向"人才红利"转变，是我国新时期人力资本发展的重点任务。新形势下，进一步提升人力资本质量，需要兼顾完善技能人才、科技人才、管理人才、企业家人才等各类人才的教育培训体系。加快转变教育理念和教育方式，培养出更多有创新精神和创造力的人才。要充分释放人才的创新活力，关键是营造良好的人才发展生态。要深化人才管理体制机制改革，完善科学、合理、有效的人才激励及评价机制，促进实现人才全方位的良性流动，进一步提高人才配置效率，为培育新动能构筑坚实的人才支撑。

2018 年，我们回顾了改革开放 40 周年的光辉历程，2019 年，我们迎来了新中国成立 70 周年，也是全面建成小康社会的关键之年。经过 40 年的改革开放，中国的综合实力已经大大增强，经济发展的基础更加牢固，内需空间十分广阔，政策回旋大有余地，抵御冲击的韧性更强，在国际事务中的代表性和发言权分量更重。我们完全有能力有条件加快培育中国经济增长的新动能，保持长期高质量发展的良好态势。我们的战略目标，就是要在质量变革、效率变革、动力变革的基础上，建设现代化经济体系，提高全要素生产率，不断增强中国经济创新力和竞争力。

打好防范化解重大风险攻坚战：思路与对策

国务院发展研究中心副主任　王一鸣等○

我国经济发展已由高速增长阶段转向高质量发展阶段，正处在转变发展方式、优化经济结构、转换增长动力的攻关期，新一轮经济转型的特征更趋明显。经济转型是经济发展向更高级形态、更复杂分工、更合理结构演变的"惊险一跃"。在这个过程中，各类风险易发高发，有可能集中释放。我们必须把防范化解重大风险放在更加突出的位置，把握这一时期风险形成机理和传导机制，坚持"主动防范、系统应对、标本兼治、守住底线"的总体思路，区别短期、中期和长期的风险防控重点，加强风险管理能力建设，建立健全现代风险管理体系，有效防范化解各类可能出现的风险，坚决打好防范化解重大风险攻坚战，为决胜全面建成小康社会、开启全面建设社会主义现代化国家新征程创造有利条件。

我国正处在新一轮经济转型背景下的风险易发高发期

我国新一轮经济转型，本质上是经济发展的阶段性转换，即从高速增长阶段转向高质量发展阶段，从工业化中后期转向后工业化时期，从中等收入经济体转向高收入经济体。在这一进程中，原有的发展方式、经济结

○ 国务院发展研究中心"经济转型期的风险防范与应对"课题组：总负责人李伟，执行负责人王一鸣，参加人张军扩、张来明、隆国强、余斌，课题协调人张承惠，执笔王一鸣、张承惠、高世楫、陈昌盛、吴振宇、陈道富、许伟、何建武、卓贤、朱鸿鸣、兰宗敏、李承健。

构、增长动力等平衡关系被打破，周期性问题和结构性问题相互交错，环境变化和体制变革相互影响，国内矛盾和外部冲击相互作用，存量风险和增量风险相互叠加，进入风险易发高发的窗口期，面临风险可能集中释放的挑战。

新一轮经济转型的主要特征

我国经济由高速增长阶段转向高质量发展阶段，开启了一次广度、深度都超过以往的新一轮经济转型。如果说，上一轮经济转型最鲜明的特征是通过建立社会主义市场经济体制和参与经济全球化进程，实现经济快速增长和财富积累，促进劳动力转移和居民收入水平大幅提升，加快工业化和城镇化进程，使我国发展成为经济大国的话；那么，新一轮经济转型是以全球经济环境深刻变化、外部需求扩张放慢，国内经济增长速度、结构、动力都发生明显变化为背景的，面临产能过剩、杠杆率高企和重大经济结构性失衡等多重挑战，转型的复杂度和艰巨度超过以往。这些挑战赋予新一轮转型不同于以往的新的内涵，那就是要通过全面深化改革、贯彻新发展理念和建设现代化经济体系，以供给侧结构性改革为主线，推动经济发展质量变革、效率变革、动力变革，跨越转变发展方式、优化经济结构、转换增长动力的关口，使我国发展迈上更高质量、更有效率、更加公平、更可持续的新台阶，为建设社会主义现代化强国奠定基础。

经济转型是经济发展阶段、条件和外部环境变化共同作用的结果。经济转型意味着原有的平衡被打破，需要重构新平衡；原有的结构不适应新的发展条件，需要加快结构调整；原有的体制不适应新的发展格局，需要加快体制变革。转型必然有风险，没有风险的转型是不存在的。从国际经验看，无论是日本、亚洲四小龙，还是拉美和苏联国家，在经历经济转型过程中都曾面临严峻挑战，要么爆发了严重的经济危机，要么出现了发展停滞，落入中等收入陷阱，有的国家甚至发生剧烈的社会动荡并出现社会倒退。只有少数几个国家，成功应对和化解了转型期的风险，进入现代化国家行列。当前和今后一个时期，我国正处在转向高质量发展阶段的重要关口，像其他经历过转型的经济体一样，这一时期往往也是高风险窗口期。转型期的风险也孕育着成功转型的机会，能否有效防范和应对各类风险，能否化风险为推动转型的机遇，不仅关系到能否成功实现新一轮经济转型，也将关系到能否实现决胜全面建成小康社会的目标并开启全面建设社会主义现代化国家新征程。

经济转型期往往是风险易发高发期

风险从萌芽、集聚到集中释放有一个演进过程。风险的演进取决于外部环境和内在条件的变化，也有长期性、基础性、结构性、制度性等因素的共同作用。影响我国当前风险易发高发的主要因素有以下几个方面。

1. 经济增速换挡使潜在风险显性化

在经济高速增长期，各类风险往往被掩盖和对冲，不容易暴露出来。2010 年以来，经济增速明显回落，从 2010 年的 10.6%下降到 2016 年的 6.7%，降幅接近 40%，企业利润、财政收入增速也随之大幅回落，地方政府性债务、国有企业高负债、房地产和金融系统聚集的潜在风险逐步暴露出来。根据中国经济 50 人论坛课题组"面向 2030 年的经济社会发展环境和战略研究"预测，我国经济潜在增长率还将继续放缓，由近年来略高于 6.5%下降到 2020—2030 年的 5%～6%。潜在增速的持续放缓，将进一步增大风险释放的压力。

2. 重大经济结构性失衡催生风险

经济转型期往往意味着一个经济体处于经济技术长周期的末端，依托成熟技术扩张获取规模效应的空间明显收窄，实体经济出现结构性失衡和产能过剩，产业利润率大幅下降，资金因追逐利润而"脱实向虚"，大量流入金融业和房地产市场，催生金融业过度繁荣和房地产泡沫。2016 年我国金融业增加值占 GDP 比重达到 8.3%，超过美国 7.3%、英国 7.2%的水平，反映了我国金融业过度繁荣的现状。当前，我国重大经济结构性失衡集中表现为实体经济结构性供需失衡、金融和实体经济失衡、房地产和实体经济失衡，这些结构性失衡不仅加剧了潜在风险积累，而且增大了经济金融风险的关联性和复杂性。

3. 投资效率下降引发债务率攀升

在经济转型过程中，过去投资增长较快的重化工业部门产能过剩问题凸显，投资效率大幅下降。2015 年我国增量资本产出比（ICOR），也就是每新增 1 元 GDP 所需要的投资达到 6.7 元，比 2010 年 4.2 元提高近 60%。在投资效率不断下降的情况下，要保持产出的稳定增长，必然要扩大负债规模。根据国际清算银行的数据，2010—2015 年我国非金融部门负债总规模年均增长 16.6%，比同期名义 GDP 年均增速快约 6%。债务杠杆率持续攀升，最终必然要通过各类风险的释放表现出来。

4. 顺周期市场环境加剧风险积累

在经济繁荣期，基于对未来经济增长和收入的乐观预期，市场主体倾向于高估自身的债务承受能力，整个经济体信用快速扩张，形成资产价格上升、负债规模膨胀、资产规模扩大的循环反馈机制。而一旦实体部门增长势头逐步减弱，就会出现资产价格下降、债务规模攀升、资不抵债或流动性枯竭的循环，绷得过紧的债务关系就会在薄弱环节出现崩裂，引致各种经济金融风险集中释放。与此同时，地方政府的投资冲动和金融机构的约束机制不健全，也在体制上加剧了这种顺周期效应。

5. 主要经济变量关系深刻调整

进入经济转型期，我国主要经济变量关系发生深刻复杂变化。以人口结构为例，2012—2016 年，劳动年龄人口累计减少 1 796 万人，年均减少 359 万，人口抚养比因劳动年龄人口减少和人口老龄化而明显提高。实证分析表明，储蓄率与抚养比呈逆向变化关系。抚养比每上升 1%，储蓄率约下降 0.8%。随着人口抚养比的上升，我国高储蓄率向下调整，并直接引致投资率的下降，进而影响到潜在增长率。人口结构变化特别是人口老龄化，还将加大养老和医疗保障的压力，影响到政府债务的可持续性，使风险释放的压力增大。

6. 外部经济金融环境变化带来的冲击

随着我国经济规模和体量不断增大，与世界经济联系的不断加深，国内外经济互动反馈效应不断增强。我国作为全球第二大经济体，通过贸易、投资、金融等渠道对国际市场产生巨大影响。与此同时，全球经济的重大调整，主要经济体的政策变化，也会对我国经济和市场形成重大的外溢效应。当前，国际金融危机后主要经济体实施的量化宽松和低利率政策面临调整，历史上从未有过的超低利率一旦逆向上调，将带来全球资产重新定价和债务条件恶化，引发国际金融市场动荡和大规模跨境资本流动，并将对我国形成较大的外部冲击。

7. 风险管理体系和管理能力建设滞后

长期以来，我国在应对各类经济金融风险中形成了较强的风险管理能力，但也要看到，我国在风险识别、评估、预警、应对和处置上还存在诸多薄弱环节。政府职能错位、越位和缺位现象仍然存在，部门机构设置不合理，职能交叉重叠，协调成本高，防范和化解风险的体系不健全。中央和地方财税关系尚未理顺，地方财权和事权不对称，对土地财政依赖度较高，容易引发显性和隐性债务膨胀。监管体系不完善，监管空白和监管套利并存，监管的穿透性、专业性不够，存在"铁路警察各管一段"的情况，在应对未来可能发生的各类风险中仍面临巨大挑战。

风险识别的六部门分析框架和传导机制

风险是现代经济社会的一部分，有其独特的形成、集聚和扩散过程。风险的基本构成要素包括风险因素、风险事件和风险结果。经济社会发展过程中形成的结构性、体制性矛盾和问题不断积累叠加并日益突出，一旦受到外部突发性事件的冲击，风险就很可能会集中释放并迅速蔓延，导致经济社会发展遭受重大损失。从历史和国际经验看，风险都不是孤立的。随着经济社会系统内各部门间经济联系和交互作用的日益深化，经济金融风险的交互性、传染性和网络化特征日趋明显，需要用系统化、网络化和交互影响视角来观察和分析经济社会发展中可能面临的重大风险。

风险识别的六部门框架

按照系统化、网络化的视角，可以将经济社会系统划分为六个部门。以经济系统中的居民部门、企业部门、金融部门、政府部门作为核心部门，运用"部门资产负债表"的方法，各部门间通过债权债务、投资权益和隐性担保，相互关联形成复杂的网络系统，通过分析期限错配、资本错配等找到风险的传递、转移路径。经济部门风险的外溢将激化社会部门的矛盾，一旦超过临界值，就有可能加快社会风险的爆发。在经济全球化的环境下，风险外溢和跨境传递效应增强，国内经济社会风险将增大面对外部冲击的脆弱性。

1. 居民部门

经济转型期居民部门最大的风险源来自于人口结构的变化。人口红利阶段，生产者超过非生产消费人口，储蓄率高、投资者年轻、风险偏好较高，众多生产者竞争有限的投资机会，导致居民部门持有的房地产等资产估值高企，家庭债务杠杆率上升。到人口红利逐渐消退的阶段，生产者比重下降，储蓄率下降，平均风险投资偏好下降，房地产价格面临下行压力，而家庭按揭贷款则面临违约风险。从国际经验看，日本房地产泡沫破灭，就发生在人口结构出现拐点之后。

我国居民部门负债水平较低，但增长较快，主要负债是住房消费贷款。根据国际清算银行数据，我国居民部门杠杆率由 2008 年的 17.9%上升到 2016 年的 44.4%，上升 26.5%，但 2016 年仍明显低于美国 82%和日本 71%的水平。居民部门负债端对应的主要是住房贷款。2008 年以来，每一轮房价上涨周期都伴随着居民部门杠杆率的快速增加。2012 年以来，我国房贷增速上行与 GDP 增速下行相互叠加，这意味着居民部门的最大风险是房价的大幅下跌，这将使居民部门的资产负债表严重恶化。

2. 企业部门

经济转型期往往表现为企业部门传统竞争优势减弱，投资边际收益下降，亟待培育新优势。若产业转型升级不畅，收益率持续走低，企业偿债能力将显著下降。在预算软约束和金融监管不力的情况下，企业部门往往通过借新还旧并累积债务的方式维系经营运转，形成低收益和高杠杆相互强化的资产负债表扩张。由于产业利润率下降，产业资本转化为金融资本，大量流入金融业和资本市场，催生房地产和资本市场泡沫。

企业部门杠杆率高且增速较快，是我国宏观杠杆率攀升的主要原因。2008—2016 年，我国企业部门杠杆率由 96.3%上升到 166.3%，远高于新兴市场平均 106%和发达国家平均 89%的水平，且过去几年持续上升。从内部结构看，国有企业杠杆率和增速都明显高于民营企业。企业杠杆率持续攀升表明，企业的生产效率和偿付能力在大幅下降。在经济下行期，企业的偿付能力风险和流动性风险将迅速上升，企业杠杆率过高必然会增大风险释放压力。

3. 金融部门

居民和企业部门积累的风险，都会以提高债务杠杆率的方式向金融部门转移，金融部门债务规模迅速膨胀。对于本就高杠杆运作的金融部门而言，转型期的盈利压力使其进一步推高金融部门杠杆率，从而累积流动性风险和信用风险。金融部门承担实体部门转移的风险，其实质是利用金融部门资源配置和风险管理的优势，为实体部门结构性改革赢得时间。如果实体部门结构性改革没有实质性推进，产业转型升级不畅，实体经济收益将难以支撑金融体系，金融部门资产负债表恶化，风险集中释放的压力必然会明显增大。

金融部门的风险，既表现为银行表内业务的资产质量下降、银行不良率和关注类贷款比重上升、拨备覆盖率下降，也表现为表外业务和非银行金融机构的快速膨胀。根据央行发布的《中国金融稳定报告 2017》，截至 2016 年年末，银行业金融机构表外业务（含托管资产表外部分）余额为 253.52 万亿元，表外资产规模相当于同期表内资产规模的 109.16%，表外业务中发展最快的理财业务存在期限错配风险，而非银行金融机构的资金主要来自于同业业务，一旦遇到风吹草动，可能将面临来自商业银行的挤提压力，这都会加大金融部门的信用风险和流动性风险。

4. 政府部门

除显性债务之外，政府部门还以隐性担保的方式，对居民、企业和金融部门承担着"或有债务"。对于居民部门，政府部门不仅承担着对其存款等的或有债务，还承担着弥补养老金缺口的或有债务。对于企业部门，政府部门既有对国有企业和大型民营企业的隐性担保，也有可能为维持僵尸企业运营而产生或有负债。对于金融部门，可能发生的危机救助成本是政府部门的或有负债。进入经济转型期，产业转型升级的不确定性增大，政府的不当担保可能导致居民、企业、金融倾向于过度承担风险，使得整个经济体的资产负债表快速膨胀和风险敞口急剧扩大。

我国政府部门显性债务规模占 GDP 的比重并不高，但增长较快，2008—2016 年由 27.1%提高到 46.4%。若考虑隐性债务，政府部门债务规模扩张明显加快，且近年来地方政府债务特别是隐性债务增长较快，有研究报告估算，已超过政府显性债务规模。

5. 社会部门

在经济转型期，一方面，社会部门自身面临许多特有的风险，如收入差距扩大、社会分化、生态环境事件等引发的社会矛盾，这些风险会对经济部门形成外部压力。另一方面，若经济部门的风险超过临界值，也有可能使社会风险进一步集聚。比如，居民部门的房地产等资产泡沫风险，将加剧收入及财富分配失衡和阶层固化；企业部门债务高企可能诱发大规模失业风险；金融部门挤兑风险及其引发的庞氏骗局暴露，将可能诱发群体性事件。与此同时，政府部门债务风险将制约其化解社会风险的能力。

6. 国际部门

国际部门的风险属于不可控的外生变量，有其偶发性和不确定性。经济全球化使各国通过贸易、投资和金融交易等方式更加紧密地联为一体。一方面，全球化形成的经济网络促使各国按比较优势扬长避短，有利于风险分担。另一方面，全球化也加快了风险跨境传递速度，容易产生风险共振效应。面对同样的外部风险，转型经济体更容易受到冲击，风险管理体系不健全或政策储备不足，还将使内在结构性矛盾暴露为显性风险。此外，国内部门和国际部门之间通过外币计价的投融资工具关联，容易出现汇率预期逆转，加大货币错配风险。

上述六个部门中，最为关键的是政府部门。政府拥有诸多政策工具，是风险管理责任最大的部门，承担着其他部门外溢的风险，发挥着"稳定锚"的作用。政府部门利用自身资产负债表的扩张能力，为居民部门、企业部门和金融部门修复资产负债表提供时间和空间，使经济社会系统从风险冲击中得以恢复，最终使政府部门的负债规模得以降低。政府救助的关键，在于以恰当的方式实现"花钱买机制"，推动实体部门和金融部门的结构性改革，增强经济活力和盈利能力，使经济转型目标得以实现。

风险传导机制

风险在六个部门间传导往往呈现阶段性发展特征。从国际和历史经验看，经济部门的风险通过资产负债表在居民、企业、金融和政府部门间传递、转移、集聚或扩散，进而再影响到社会部门，并与国际部门的风险交互影响。

第一个阶段，风险主要集聚在企业和居民部门，出现过度投资、不当加杠杆、资产错配等问题，在转型期结构调整压力下或在外部冲击下，企业或居民部门的存量风险不断集聚，有可能转化为短期流动性风险和偿付性风险。

第二个阶段，企业和居民部门的风险传递、集聚到金融部门，在金融部门的部分机构率先暴露，并通过资产负债表的权益渠道引发资产价格下跌，通过债务渠道引发大量不良债权，通过金融机构间的传染，导致整个金融系统风险恶化。

第三个阶段，政府部门介入，风险由金融部门部分转移到政府部门，中央银行、财政部等通过扩张自身的资产负债表来承接金融部门转移的债务，由政府信用替代私人信用，以空间换时间的方法处置金融风险。

第四个阶段，如果政府部门应对风险释放的能力不强，政府信用明显下降，筹资能力不足，则会进一步导致预期恶化、风险放大，使政府部门采取有效行动和应对措施的空间受到挤压，进而导致风险向财政、社会领域转移，并可能引发危机，甚至出现转型受阻，发展进程停滞。在此过程中，如果再遭遇外部冲击，风险爆发强度和影响将更加明显。

当前，我国企业部门和居民部门在经济扩张时期积累的过度投资、产能过剩、资产错配等风险正在向金融部门集聚和释放，正处在风险传导的第二阶段。短期看，风险防范的重点主要是流动性风险、资产泡沫风险、政府债务风险；中期看，风险防范的重点主要是企业生产效率下降、产业升级迟滞和竞争力不足，导致企业债务风险集中释放；长期看，风险防范的重点主要是加强风险管理体系和管理能力建设、有效化解各类风险、避免风险集聚并演化为危机，进而阻断既定的发展进程。

过度依赖债务驱动的增长模式是杠杆率攀升的根源

对债务驱动的增长模式过度依赖，终将使杠杆率持续攀升、风险不断积累。2008年后，为应对国际金融危机带来的巨大冲击，我国推出了新增

4 万亿元投资的"一揽子"计划,并先后对基础设施投资降低项目资本金比例,对住房按揭贷款降低首付,这在当时的情况下应对外部冲击是必要的,但客观上提高了基础设施和房地产投资的杠杆率。地方政府也通过各种方式扩大投资规模,地方融资平台债务规模快速膨胀,强化了过度依赖债务扩张拉动经济增长的模式。

这种模式必然使杠杆率持续攀升。根据国际清算银行的数据,2008—2016 年我国非金融部门、政府部门、居民部门和非金融企业部门杠杆率分别上升了 115.7%、19.3%、26.5% 和 70%。2016 年以来,尽管在政策导向上明确要"去杠杆",但杠杆率上升的趋势尚难扭转。这种模式还将导致风险的集聚和释放。2013 年年中出现的"钱荒",2015 年出现的"股灾"和汇市波动,2016 年房价大幅上升形成房地产泡沫,2016 年四季度后债市的大幅波动,这种市场轮番波动和风险不断释放的情况表明,我国已进入到风险易发高发期。

今后一个时期我国面临的主要风险

今后一个时期,我国长期积累形成的风险易发高发,有可能会集中释放。基于经济转型期六部门风险分析框架,需要重点关注的风险涉及金融、房地产、政府债务、产业转型、人口老龄化、社会分化和外部冲击等诸多领域。这些领域风险点多,影响面广,且相互叠加,传导机制复杂。如果应对不当,将对我国经济社会发展形成较大干扰和冲击。

金融领域风险

金融风险是实体经济风险集聚的镜像反映。经济转型期往往也是金融风险快速聚集和集中暴露期。在经济下行压力增大的背景下,实体经济结构性产能过剩、过度加杠杆和资产错配等潜在风险显性化,并加快传递和集聚到金融部门。

1. 金融机构资产质量恶化的风险

近年来，金融机构盈利水平降低，资产负债表脆弱性增加。截至 2016 年三季度，商业银行不良率达到 1.76%，连续 16 个季度反弹。虽然 2016 年四季度有 0.02% 的下降，但 2017 年三季度依然保持在 1.74% 的水平，关注类贷款占比为 3.56%，虽较 2016 年同期有所下降，但依然保持在高位。目前，国际上对我国商业银行不良率的估算与我们的估算差距较大。根据国际货币基金组织（IMF）2016 年 4 月发布的《全球金融稳定报告》，2015 年我国商业银行的公司贷款中，潜在风险贷款的比例为 15.5%，潜在风险贷款规模达 1.3 万亿美元，约合 8.2 万亿元人民币。

2. 中小金融机构风险上升

近年来，中小银行尤其是农商行、农信社、村镇银行，借同业业务逆势快速扩张，累积了大量流动性风险，加之缺乏专业人才和核心技术的支撑，又受到大中型金融机构业务下沉和互联网金融对小微金融业务的前后夹击，经营风险明显增大。与此同时，一些新设立的保险公司采取较为激进的业务拓展策略，通过发行高收益理财产品（如短期万能险）筹集资金，投资于流动性较差的基础设施、房地产、信托等另类资产，存在严重的期限错配和利率倒挂，风险集聚水平明显提高。

3. 债券违约风险

近年来，企业债券市场迅猛扩张，全口径企业债券包括中期票据、企业债、公司债、定向工具、资产支持证券、短期融资券，总规模超过 17 万亿元。据不完全统计，2015 年有 25 支企业债券发生违约，其中不乏过去被认为很安全的国企债券，如东北特钢、大连机床、中煤集团、中铁物资、川煤能源等。2016 年，债券市场违约事件 57 起，违约金额 402 亿元，比上年增长 2.2 倍。2017 年，山东天信集团、齐星集团、长兴集团等企业债务危机爆发，引发市场高度关注。由于金融机构持有的信用债比重高达 80%，如果违约事件频发，将导致金融机构资产负债表恶化。

4. 影子银行风险

影子银行是指游离于银行监管体系之外、可能引发重大风险和监管套利等问题的信用中介体系，以及各类相关机构和业务活动。对影子银行的统计有不同口径。2016年小口径的核心影子银行规模（委托贷款、信托贷款、未贴现银行承兑汇票之和）达到23.41万亿元，大口径影子银行规模（包括信托受益权、定向资产管理计划、表外理财产品等）超过50万亿元。影子银行的期限严重错配，加上高杠杆投资组合和刚性兑付，使银行等金融机构的挤兑风险上升。加之影子银行业务没有纳入资本金监管范畴，使得资本充足率被高估，将难以承受贷款损失和突发事件带来的冲击。影子银行业务的隐蔽性使得风险难以被测量和管理，容易导致风险跨市场、跨区域、跨行业传递。

5. 资本外流风险

近两年，我国外汇储备大幅下降，2017年1月一度跌破3万亿美元大关。虽然人民币不存在长期贬值的基础条件，但从市场博弈角度看，如果美元继续保持强势，人民币贬值预期就难以消除。如果遇到外部"黑天鹅"事件，人民币汇率大幅波动，就可能增大我国资本外流压力，并引发国内日益显性化的风险与外部风险共振，导致国内资产价格大幅缩水。

房地产领域风险

我国房地产市场已从总量供不应求转向供求总体平衡、区域结构矛盾突出的新阶段，特别是近两年来，房地产市场形成高价格、高库存、高杠杆、高度金融化和高度关联性的"五高"风险特征。今后一个时期，我国房地产市场面对的潜在风险仍然较大。

1. 住房结构性过剩风险

截至2015年，城镇常住人口家庭户均住房已达1.1套。过去几年城镇住房新开工面积较大，2013年达到20.12亿平方米的峰值，2014年、2015

年、2016 年分别为 18 亿、15 亿和 11.6 亿平方米。今后几年仍是住房面积竣工的高峰期，若住房新开工面积继续保持较高水平，住房市场出现供给过剩的风险将显著增大。住房过剩在三、四线城市表现尤为突出，结构性过剩的风险较为集中。

2. 房地产泡沫风险

2015 年下半年以来的房价上涨，不同于 2004 年、2005 年、2007 年和 2009 年在城镇住房总体供不应求的阶段发生的上涨，而是在住房总量平衡、经济增速较快回落的阶段发生的，利率大幅下调增大了居民住房购买能力，成为推动房价上涨的重要因素。据测算，2015 年央行五次降息、四次降准后，居民住房购买能力相当于提高了 39.5%，由此蕴含的市场风险显著增大。过去几年，一线城市房价收入比都超过 17，表明房价泡沫风险已累积到相当水平。

3. 房地产金融化的风险

目前，一线城市及部分二线城市房地产市场呈现出较强的金融属性，并带来巨大的虹吸效应，使得经济进一步"脱实向虚"。2016 年末，房地产贷款余额为 26.7 万亿元，占各项贷款余额的 25%。2016 年新增房地产贷款 5.7 万亿元，占各项新增贷款总额的 45% 左右。若考虑影子银行，则房地产领域的融资规模会更大。房地产金融化很可能将风险转移到银行等金融机构，导致金融机构资产质量恶化，引发金融风险。

此外，房地产还有显著的收入分配效应。房价暴涨透支了一两代人的购买力，加剧了贫富分化，年轻一代的财富积累变得更加困难。这种差距阻碍了劳动力、人才的社会性流动，进一步固化了社会贫富差距。

政府债务风险

经济转型期，政府往往采取扩张性财政政策拉动经济增长，缓释经济下行压力。政府债务扩张速度加快，政府债务占 GDP 的比重迅速上升，风险压力明显增大。

1. 地方政府性债务风险

根据财政部数据，2016 年年末我国中央和地方政府的债务余额约为 27.33 万亿元，负债率约为 36.7%，总体处于可控范围。但也要看到，地方政府举债约束机制不健全，近年来通过投贷联动、名股实债、表外举债、购买服务等方式，借地方融资平台、PPP、产业基金等渠道变相举债的现象较为普遍，隐性债务风险不断积累。与此同时，一些资源型、重化工主导的地区，受资源性产品价格下跌和重化工产能过剩的影响，财政收入和企业利润大幅下降，而产业重组、处置不良资产、安置下岗职工需要大量增加投入，偿还既有债务和新增债务的压力增大，风险水平明显上升。

2. 资产变现能力不足的风险

从资产负债表视角看，我国政府部门资产净值规模较大，即使出现较大的债务风险，也可以通过出售资产偿还债务。但也要看到，在政府资产构成中，非金融资产占有较大比例，主要是由楼堂馆所等固定资产和土地储备等构成。这些资产流动性不强，处置比较困难，而在风险集中暴露的时期，价格大幅缩水，资产难以变现，很难起到缓解债务压力的作用。

产业转型风险

我国在经历了制造业井喷式扩张后，产业规模和供给能力迅速膨胀，但是大多数还只能满足中低端需求，难以满足居民消费结构迅速升级的需求。随着制造业要素成本提高，经济效益下降，企业负债上升，偿债能力减弱，风险也会不断积累。

1. 产能过剩风险

近年来，钢铁、煤炭、火电等领域去产能取得积极进展，但有色、建材、石化等领域依然面临较大的过剩压力。受传统体制束缚，过剩产能市场化退出和出清机制尚未形成，僵尸企业沉淀的资源难以实现再配置，制约了制造业整体盈利水平改善，并进一步推高企业的负债水平。按照 2016 年年末我国企业杠杆率 166% 计算，企业总负债达到 123.5 万亿元。按一年期贷款 4.35% 的基准利率，每年的付息成本高达 5.4 万亿元，接近 2016 年新增 GDP 总量。显然，这样的债务水平是难以持续的。

2. 制造业竞争力下降风险

随着制造业要素成本优势逐步削弱，能源、土地、物流等方面的"成本弱势"逐步暴露，支撑制造业发展的主要因素已经由生产能力规模扩张转向提升产业价值链和产品附加值，创新能力不足的"瓶颈"制约逐步显现。根据科技部《2015 年规模以上工业企业 R&D 活动统计分析》，2015 年我国规模以上工业企业有研发活动的仅占 19.2%，有研发机构的企业仅占 13.8%。企业研发投入和创新能力不足，前沿技术创新体系尚未形成。在新一轮科技革命和产业变革加快推进的背景下，传统制造业生产能力和技术装备面临被淘汰的风险，进而会进一步加剧企业资产负债表的恶化。

人口老龄化风险

我国人口老龄化形势严峻。2016 年我国 60 岁以上的老龄人口占总人口的比重达到 16.7%，65 周岁以上达到 10.8%，预计到 2030 年这一比重将分别达到 25% 和 20%。我国具有明显的"未富先老"特征，在这样的情况下，养老和医疗保障制度在财务可持续性上面临越来越大的压力。欧洲主权债务危机的教训表明，养老保障体系的制度设计不健全，很容易导致发生债务危机，严重时还可能诱发社会领域风险。

1. 养老负担风险加大

根据有关报告测算，2030 年我国 60 岁以上老年人口将超过 4 亿人，老年抚养负担大幅上升。我国养老制度设计不完善，社会过度依赖政府的基础养老保险，第一支柱（基本养老保险）承担了 80% 以上的养老负担，第二支柱（企业年金）、第三支柱（商业保险）发展明显滞后。养老负担过度集中在第一支柱，导致养老金缺口持续扩大。2016 年，我国基本养老保险征收缺口达 4303 亿元，一些省份出现了当期扣除财政补贴养老金收不抵支的情况。按 2015 年覆盖率 67.3%测算，预计 2020 年城乡居民养老保险领取人数将达到 1.65 亿人，养老金支付将面临巨大压力。

2. 医疗保障支出大幅增加的风险

我国人口预期寿命不断提高，2015 年人均预期寿命达到 76.34 岁，比 2000 年 71.40 岁提高了 4.94 岁。人口老龄化带来了疾病模式的变化，心脑血管疾病、肿瘤、高血压、糖尿病等慢性非传染性疾病成为主要疾病，医疗支出大幅增加。根据经合组织的估计，65 岁以上人口人均医疗费用大约是 65 岁以下人口的 2～8 倍。2015 年，我国卫生总费用超过 4 万亿元，占 GDP 的 6%，政府卫生支出占卫生总费用的 30.9%，占 GDP 的 1.85%。未来人口老龄化加快发展，还将使卫生费用和政府支出大幅攀升。这不仅会增加政府债务风险，解决不好还将引发社会领域风险。

社会分化风险

在经济转型期，通常面临复杂的利益结构调整和深刻的社会结构变动，并导致社会分化，如收入分配差距扩大等。新华社开展的社会调查显示，中产阶层普遍存在"不期盼向上流动，但也不希望向下流动"的强烈意愿。今后一个时期，随着经济转型的深化，以及网络化、信息化的迅猛发展，社会分化将呈现出更加复杂的特征。

1. 收入差距扩大的风险

2008 年以来，在经济快速增长的同时，收入差距有所扩大。我国基尼系数在 2008—2009 年达到 0.49，成为亚洲收入最不平等的国家之一。近年来，基尼系数有所下降，但 2016 年仍高达 0.465。如果考虑家庭财产的因素，实际收入差距要更为严重。根据北京大学发布的《中国民生发展报告 2015》，我国家庭财产基尼系数由 1995 年的 0.45 上升至 2012 年的 0.73，顶端 1% 的家庭占有全国 1/3 以上的财产，底端 25% 的家庭拥有的财产总量仅占 1% 左右。居民家庭财富差距的扩大，还将通过人力资本投资、社会资本和婚配等机制影响到子代成年后的发展，使社会分化进一步加剧并积累各种社会风险。

2. 社会流动性下降的风险

进入 21 世纪以来，随着阶层分化的日趋明显，阶层间的流动性不断下降。零点集团的一项调研结果显示，当前社会民众中自认属于中下层、中层和中上层的比例分别为 60.8%、34.2% 和 4.3%，认为自己属于下层的公众中，有 86.5% 同时表示自己父母也是下层，认为自己是中下层的公众中，有 68.3% 认为自己父母也是中下层。他们基本保持了与父母一致的阶层属性，并没有实现代际阶层的向上流动。过去一个时期，"官二代""富二代"成为一种广受社会斥责的现象，这也在一定程度上表明，阶层之间的流动性有所下降，并出现代际传递的特征。

外部冲击风险

我国已高度融入全球经济和国际分工体系，随着我国经济占全球份额的不断上升，与全球经济的交互影响和互动反馈机制不断增强。经济转型过程中的风险释放与全球经济波动的外部冲击相互作用，将使我国面临的风险挑战明显加大。

1. 外部市场波动风险

国际金融危机以来，世界经济进入长周期调整阶段，目前仍处在深度调整中，国际金融危机后续影响还会持续相当一段时间。当前，美欧等主要经济体虽呈现出复苏势头，但复苏进程仍面临诸多不确定因素。正是在这样的背景下，逆全球化思潮抬头、贸易保护主义盛行，对我国的外需市场形成重要影响。虽然内需对我国经济增长的贡献率不断提高，但相当长一段时期内，外需对经济增长仍有重要的支撑作用，特别是在电子信息、机电产品和纺织服装等产业，我国仍然高度依赖国际市场，外部市场需求波动会对我国经济平稳运行造成冲击。

2. 外部金融冲击风险

2008 年金融危机以来，主要经济体普遍采取量化宽松政策，债务水平高企，杠杆率持续攀升，全球金融体系的脆弱性不断强化。随着美国退出量化宽松政策并开启加息和缩表周期，其他主要经济体也将逐步退出非常规量化宽松政策。全球货币政策的逆向调整，将大幅提升我国的偿债成本，并将带来全球资产价格的调整和资产重新配置，对我国的金融体系稳定带来外部冲击。

对主要风险领域的评估和我国应对风险的条件分析

经济转型期的风险涉及的领域多、传导机制复杂。以往的研究主要关注定性描述和分析，本课题尝试用德尔菲法，对主要风险领域进行初步评估。

对主要风险领域的评估

为提高风险评估的科学性，我们采用德尔菲法，由各领域专家独立对当前和今后一个时期的风险给出评估分值。在专家打分的基础上，判断各领域风险间的交互影响程度和各领域风险发生概率。

一是采用矩阵分析评估各领域风险间的交互影响。横轴为每个风险领域对其他 6 个领域的影响度，纵轴为每个风险领域受其他领域的影响度。影响度赋予 1～5 的整数值，5 代表影响度最大，1 代表影响度最小，得分值为问卷调查的平均值。评估结果表明，影响度从大到小的领域为：金融风险、房地产风险、政府债务风险、企业债务风险、外部风险、社会风险、人口老龄化风险；受影响度从大到小的领域为：金融风险、社会风险、政府债务风险、房地产风险、企业债务风险、外部风险、人口老龄化风险。

二是采用两两比较的方法评估各领域风险间的交互影响。将任意两个风险进行比较，影响力大的得 1 分，影响力小的得 0 分。评估结果表明，按影响力大小排序为：金融风险、房地产风险、企业债务风险、社会风险、政府债务风险、人口老龄化风险、外部风险。

三是采用专家打分的方法评估各领域风险的发生概率。将各领域风险发生的概率进行排序，发生概率最高的为 7 分，最低的为 1 分，对各领域得分取平均值。风险发生概率由大到小排序的结果是：房地产风险、金融风险、企业债务风险、政府债务风险、人口老龄化风险、外部风险、社会风险。

综合以上 3 种方法的结果，影响力较大同时也是发生概率较高的前四位风险领域是：金融风险、房地产风险、政府债务风险、企业债务风险。

我国防范化解风险的有利条件和面临的挑战

我国防范化解风险具有多方面有利条件。一是政府权威性高，执行力强，有利于调动资源，可短时间内集中资源处置局部风险，避免局部风险转化为全局风险，具有集中力量防风险的独特优势。二是中央政府拥有较强的信用，有能力扩张资产负债表，通过增加负债向社会补充流动性，实现资源跨期和跨部门配置，从而稳定社会预期，争取更多的时间和更大的空间推进结构性改革。三是我国储蓄率较高，仍处在略高于 46% 的高位，为家庭和企业部门应对风险提供了较大缓冲空间。四是我国债务融资的资金来源主要是国内储蓄，外债规模占总债务比重不到 3%，外部风险对实体经济部门资产负债表的冲击较为可控。五是我国外汇储备充足，在应对债务、房地产等各类风险中有更强的缓释能力，可以为主动化解风险赢得时间。六是我国是一个大规模经济体，风险在各个部门之间传递后延的回旋余地较大，增大了各部门风险腾挪的空间，可以通过空间换时间，在一定程度上对冲和缓释风险。

同时也要看到，我国正处在增长速度换挡期、结构调整阵痛期、前期刺激政策消化期"三期叠加"的阶段，经济风险集聚释放与经济增速下降、经济再平衡和高杠杆等各种矛盾相互交织和"碰头"，加之全面深化改革仍在路上，国家治理体系和治理能力现代化尚未完成，政府职能容易出现错位、越位和缺位，防范化解风险仍面临挑战。从建设现代风险管理体系的角度来看，市场尚未形成损益自担的风险分担机制，政府承担了较多的隐性担保和刚性兑付，政府部门成为各类风险事实上的最终承担者。这种风险处置体制，虽然在过去较长一段时间避免了大的危机，但也使得市场主体"风险免疫系统"没有经受洗礼，容易引发政府信用透支和道德风险。

综上所述，我国经济社会风险总体可控，但化解各类风险面临诸多挑战。我们应保持战略定力，既不盲目乐观，又不回避矛盾，坚持全面深化改革的战略方向，坚持以供给侧结构性改革为主线，处理好政府与市场、短期与中长期、促进发展与管理风险、重点防范与体系建设等方面的关系，主动转方式、调结构、换动力、去杠杆、防泡沫，有效规避风险集中释放对经济社会发展造成的冲击，守住不发生系统性风险的底线。

打好防范化解重大风险攻坚战

风险是挑战，也是机遇。要在转型中实现发展，总会面临各种风险。要将风险转变为发展的机遇，关键是要有效识别和管理各种风险，不断创新风险管理机制，建设现代风险管理体系，提高风险管理能力。

打好防范化解重大风险攻坚战的总体思路

针对经济发展阶段性变化和经济转型期风险易发高发的特征，要牢牢把握转型期风险形成机理和传导机制，坚持底线思维、系统思维、战略思维，按照"主动防范、系统应对、标本兼治、守住底线"的总体思路，有效防范化解可能出现的各种风险，确保不发生重大系统性风险。

1. 主动防范

经济社会发展风险都有一个从萌芽积累到最终释放的演进过程，若能在风险集聚阶段，把握住风险化解的时间窗口，并采取积极有效的措施主动应对，就会显著降低风险对经济社会发展造成的负面冲击。"灰犀牛"是指概率极大、冲击力极强的潜在风险。"灰犀牛"理论认为，风险的爆发并非发生之前的征兆过于隐蔽，而是因为人们的疏忽大意和应对不力，甚至不愿主动采取行动加以防范。"灰犀牛"比"黑天鹅"更可怕，人们往往在习以为常和麻木中错失了处置风险的最佳时机。

主动防范，就是要加强风险防范的顶层设计，系统规划、稳步推进，将"集中力量办大事"与"市场机制效率"有机结合起来，加强对各类风险的评估，建立风险预警机制，制定系统的防范和化解风险的实施方案，明确每个阶段风险管理的重点。不同于风险的被动出清，主动防范化解风险是一项复杂的系统工程，必须要有总体的战略谋划。比如，在处置高杠杆率问题上，从控制杠杆增速、稳定杠杆率、调整杠杆结构到最后降低杠杆水平，就需要制定"去杠杆"的总体战略方案。

2. 系统应对

在市场经济条件下，风险在不同领域之间传导和扩散速度明显加快，风险的传导机制更加复杂多样，特别是在全球化和开放型经济的环境下，加之互联网时代信息快速传播，市场预期迅速变化，这些都可能使不同风险之间的外溢效应更加明显，相互交叉传染和反馈放大效应更加突出。在这样的背景下，必须认识到，风险蕴含于经济转型之中，与重大经济结构性失衡是分不开的，各领域风险也不是孤立的，不能依靠碎片化的局部性措施来应对，而必须用系统性思维和网络化视角来防范和应对风险。

系统应对，就是要有系统性战略谋划，将防范化解风险作为一个系统性工程，从事前、事中、事后的整体视角进行设计，事前加强风险的预判和防范，事中加强风险的应对与处置，事后加强风险免疫和管理能力建设。

与此同时，要从推进经济结构战略性调整、全面矫正重大经济结构性失衡、完善金融监管框架、修复资产负债表、建立新型风险管理体系、加强风险管理能力建设等系统性视角来制定防范化解风险的方案和实施路径。

3. 标本兼治

防范风险主要是针对迫在眉睫的当前问题，大多是临时性措施，属于治标性质，而要从治本上化解风险，必须坚定不移地推进全面深化改革。风险集聚往往是经济失衡和资源错配的外在反映，根本原因是结构性改革滞后和体制机制扭曲，必须从结构性改革中找出路。从国际经验看，1998年和2008年两次危机虽然都爆发于金融领域，但从本质上看，很大程度上反映了实体经济的结构性失衡，导致金融领域的资源错配和风险的集中释放，最终必然爆发金融危机。金融危机后，西方主要经济体实施量化宽松政策，在短期内对实体经济起到了刺激作用，但结构性失衡问题没有根本解决，经济复苏的可持续性仍面临多种不确定因素。

标本兼治，就是要紧紧围绕市场在资源配置中起决定性作用和更好发挥政府作用，深化国有企业、财税、金融、社会保障和宏观经济管理体制等基础性领域和关键性环节改革，建立和完善经济运行所必需的内部约束和外部监管机制，在更高层次上推进社会主义市场经济体制完善和创新，提升我国的制度优势。在我国经济转型任务紧迫和市场经济制度尚不健全的形势下，要坚持市场化改革取向，避免风险向政府集中和政府兜底的预期，坚持"花钱买机制"，充分发挥市场机制在风险管理、处置和分担上的作用。

4. 守住底线

经济转型过程往往也是资产负债表重新配置和风险集聚释放的过程。如果对风险积累缺乏警觉，没有与风险赛跑的意识，风险就会不断集聚，积累到一定水平，就会集中释放，酿成系统性风险和经济金融危机。从国际经验看，东亚国家、苏联国家和拉美国家在经济转型过程中都曾发生严重的金融危机，危机处置不当，经济转型受阻，就会落入中等收入陷阱。

守住底线，就是要坚持问题导向、底线思维，防患于萌发之时，充分估计最坏的可能性。对最坏的情景一旦心中有数，就能迎难而上，化危为机。我们既要敢于面对风险，勇于担当，做"风险斗士"，又要保持头脑清醒，冷静客观地分析和评估风险，通过科学的风险处置，确保不出现最坏的情景，坚决守住不发生系统性风险的底线。

防范化解风险的阶段性安排

经济转型期有效防范化解风险，必须把握转型期风险形成机理和传导机制，根据不同阶段风险集聚的特点，明确短期、中期和长期风险防控的重点和主要任务。

1. 短期以处置金融和房地产风险为重点

从短期看，金融风险和房地产风险是当前最突出的风险领域，主要表现为宏观杠杆率过高、金融资源错配和房地产资产泡沫等风险。这些风险积累到一定水平，或遭遇突如其来的外部冲击，就有可能形成风险放大机制，并迅速传导至实体经济部门，继而引发系统性风险。要着力深化金融改革，健全市场化法制化违约处置机制，完善金融监管体系，补齐监管短板和监管空白，采取措施处置一批风险点，着力控制增量，积极处置存量，防止金融存量风险集聚，进而出现流动性风险。与此同时，加快研究，建立符合国情、适应市场规律的房地产基础性制度和长效机制，采取措施抑制房地产泡沫，避免房地产市场大起大落，酿成系统性风险。

2. 中期以处置实体部门风险为重点

从中期看，风险防范的重点主要是扭转实体部门杠杆率过高、全要素生产率下降、产业升级迟滞和竞争力不强等问题。要坚定不移推进供给侧结构性改革，着力振兴实体经济，进一步提高劳动生产率和全要素生产率，增强供给体系对需求结构变化的适应性，提升供给体系的质量和效率，促使实体部门发展从数量规模扩张为主的轨道转向质量效率提升的新轨道，重塑我国产业竞争力，促进形成新旧动力有序接续、协同拉动经济发展的新局面。

3. 长期以建设现代风险管理体系为重点

从长期看,政府部门风险管理体系建设滞后、风险管理能力不足是风险防范和应对的短板。风险管理是一个覆盖事前、事中和事后的全过程管理,而非仅仅是危机爆发后的应急处置。要加强风险评估、风险预警、风险应对、风险处置等能力建设,降低风险成本和风险损失,提高风险管理效率。创新激励机制,加强风险管理人才队伍建设,提高专业能力和水平,建设现代风险管理体系,筑牢防范化解风险的基石。

加快风险管理体系和管理能力现代化

风险管理体系和管理能力现代化,是国家治理体系和治理能力现代化的重要内容。我国在应对 1998 年亚洲金融危机和 2008 年国际金融危机中,形成了有中国特色的风险管理机制。但也要看到,风险管理体系不完善、风险管理能力不足,仍是国家治理体系和治理能力现代化建设中的一个短板,需要加快"补短板"。对一个大规模经济体来说,国家治理的核心内容之一,就是及时识别各种风险,有效管理各项风险,不断创新风险管理机制,特别是有效防范化解系统性风险。

1. 建立风险管理协调机制

在现有体制框架下,风险管理通常是以各部门制定与实施政策为基础的,而各部门决策往往又局限于本部门的视野和职责范围,这样就会形成风险管理空白,或形成风险管理交叉重叠和部门的相互牵制,还会出现过分重视某种风险而忽视其他风险的情况。随着各领域风险关联度越来越高,风险的时空跨度和覆盖范围越来越大,需要在国家层面建立综合性风险管理协调机制。就我国来说,可以充分发挥中央国家安全委员会的核心协调作用,建立以中央国家安全委员会牵头的统筹协调机制。或可在中央国家安全委员会下设立专门的风险评估和管理机构,吸纳专业机构和专业人士参与,定期组织开展综合性风险评估,跟踪分析风险演变,发出风险预警信号,确定风险管理的重点，提出防范化解风险的建议。强化风险管理政策协调，避免风险监管套利和风险监管竞争，提高风险管理的整体性和协调性。

2. 建立风险应对协调机制

要以完善国家风险管理体系为导向，建立各有关部门风险应对协调机制。做好风险信息共享，完善风险数据共享机制，提高风险管理部门自上而下的政策透明度，增强市场主体自下而上的信息反馈效率。加强风险预警协调，动态把握风险演化和传导情况，做好风险预警预测分析，为制定风险应对方案提供科学依据。

3. 建立风险隔离和缓冲机制

风险管理部门要加强对经济社会发展中风险传导链条的梳理，监测各风险部门的主要风险指标（如债务水平），建立有效的风险隔离机制，避免风险在某些领域的过度集聚和在各部门之间的无序传递，促进各部门资产负债表的再平衡。与此同时，在经济繁荣期，要注重建立各部门的风险缓冲机制，居民部门要控制家庭负债率，企业部门要运用好风险对冲工具，金融部门要提足风险拨备，政府部门要设立各类风险储备基金，进而降低各部门的风险脆弱性，增强各部门资产负债表的自我修复能力。

有效防范化解风险的政策建议

有效防范化解经济转型期的各类风险，要坚持问题导向、多策并举，增强政策的针对性和有效性，建立覆盖金融、实体、政府、社会和对外部门五位一体的风险防范政策体系。

有效应对金融领域风险压力

应对金融领域风险压力，需要长短结合、标本兼治。要完善金融监管框架，加快金融机构公司治理改革，完善金融基础设施，构建防范化解金融风险的体制环境。

1. 重构金融监管框架

按照权力有效制衡、提高监管效率的原则，完善金融监管体系。按照"一委一行一局"，即国务院金融稳定发展委员会、中央银行、中小投资者和金融消费者保护局的模式推进改革。加强对系统重要性金融机构和跨业经营活动的监管。规范市场行为，强化金融消费者保护。明确地方金融监管机构负责监管地方批准的金融机构和类金融机构，打击本地区非法金融活动，协助中央监管部门履职，真正实现金融监管全覆盖。

2. 加快金融机构公司治理改革

优化金融机构股权结构，综合考虑国家金融安全和经济效率的需要，调整国有控股的范围和比例。强化对股东特别是主要股东行为的监管，引导股东建立长期投资意识。探索和试点股权激励，将薪酬体系与金融机构中长期利润和风险挂钩。

3. 完善金融基础设施建设

完善人民银行的征信系统，适度扩大征信体系的收集和使用范围，将小额贷款公司、P2P平台借贷等民间借贷信息纳入征信体系，建立分层次、多维度的征信数据，提高对征信数据的再加工水平。完善资产登记（公示）制度，建立全国范围统一的租赁物、信贷资产、非标金融资产等的登记和公示系统。建立中小企业财务报表中心，由企业提供唯一的财务报表，供税务、工商、银行以及征信部门共同使用。加快建立覆盖全面、标准统一、信息共享的金融业综合统计体系。

4. 营造防范化解金融风险的宏观环境

适度提高金融风险容忍度，引入必要的"尽职免责"理念，防止承担不合理责任而引发机制性紧缩。打破债券市场刚性兑付预期，通过市场行为提升经营主体和个人的风险意识。在保持宏观经济稳定的前提下，密切监控流动性，营造适度宽松的货币环境，满足去杠杆、去产能以及风险处置中金融机构正常的流动性需求。

有效防范化解实体部门风险

实体部门包括企业和居民部门。防范化解实体部门风险，重点要推进国有企业改革，加快处置企业债务，积极稳妥处置房地产风险。

1. 深入推进国有企业改革

我国企业高债务问题主要集中在国有企业，国有企业杠杆率是民营企业的两倍左右，是去杠杆的重点领域。要以混合所有制改革为突破口推进国有企业改革，在电力、石油、天然气、铁路、民航、电信、军工等领域迈出实质性步伐。以提高核心竞争力和资源配置效率为目标，推进国有企业形成有效制衡的公司法人治理结构和灵活高效的市场化经营机制。

2. 加快处置企业债务

以市场化法治化债转股等方式推动国有企业主动去杠杆，积极发挥金融资产管理公司和地方新设立的资产管理公司的作用，鼓励具备条件的银行设立专门的资产管理子公司，引入创新机制开展债转股。积极推进企业兼并重组，推进形成过剩产能市场化退出机制，依法依规对僵尸企业实施破产清算，切实有效降低企业债务水平。扩大不良资产证券化试点范围，提升不良资产处置效率。

3. 积极稳妥处置房地产风险

在房价上涨过快的城市，采取首付比例和贷款利率反向调整的办法，逐步降低居民部门杠杆率。完善金融机构应对房价回落的压力测试机制，做好应对不同风险情境下的政策预案。释放正确有力的调控信号，引导社会预期回归理性。加快探索农村集体经营性建设用地入市。适当加快房地产税立法，可在中央确定房地产税基本原则的前提下，给予地方政府更大的空间，制定适合本地区的房地产税操作方案。

有效化解政府债务风险

我国政府债务风险，突出表现为地方政府债务率高，特别是隐性债务快速增长，根源是过度依赖债务驱动的经济增长模式。必须从深化财税体制改革、理顺中央与地方关系入手，从体制改革上解决地方政府债务风险。

1. 理顺中央地方财政关系

进一步完善分税制，在增值税中央地方"五五开"基础上，进一步研究所得税实行中央地方"五五开"的可行性，逐步取消历史遗留的基数返还问题。改革转移支付制度，大幅减少专项转移支付，增加一般转移支付，将一般性转移支付占全部转移支付的比重逐步提高到 2/3 以上。

2. 规范地方政府举债行为

按"堵后门""开前门"的原则，加强地方政府债务的法制化管理，推进债务信息公开，实行全口径、各层级、全过程的信息透明，接受上级政府、同级人大、金融机构和全社会监督。将地方政府性债务全口径纳入预算管理。建立风险预警机制，根据综合财力，严格控制下级政府举债上限，科学运用债务率、负债率、偿债率、逾期债务率等指标，对各级政府债务风险进行动态监管。

3. 全面规范地方融资平台融资行为

全面清理地方政府融资担保，推动融资平台市场化经营。政府不得干预平台融资行为，不得将公益性资产及土地储备注入平台。平台不得以政府融资职能进行举债。金融机构不得接受地方政府及所属部门以担保函、承诺函形式提供的担保。政府不得以借贷资金出资设立各类投资基金。严禁利用 PPP 等方式违法违规变相举债，不得承诺回购社会资本方的投资本金和最低收益。

4. 提高养老和医疗保障体系的可持续性

通过划拨国有资本等手段补充现有养老金缺口。逐步推动养老保障体制从现收现付制为主向预筹积累制为主转变。建立政府强制性基本养老金、企业年金、个人自主性或商业性养老储蓄的"三支柱"养老保障体系，在一定限额内给予第二、第三支柱的养老金计划税收优惠。大力发展商业性健康保险，有效缓解医疗保障资金和财政负担压力。

防范转型期社会风险

经济转型期收入差距扩大、社会分化、阶层固化等社会矛盾明显增多，有可能引发社会风险，必须采取更有力的措施加以解决。

1. 控制收入差距扩大趋势

着力实现就业和发展机会公平，加大对普通劳动者和低收入群体在技能培训等方面的扶持，规范国有企事业单位的选人用人机制，保障人人都获得公平的发展机会。强化税收的收入分配调节作用，推进税收结构从间接税向直接税转化，进一步加强累进所得税的调节作用。

2. 完善低收入群体社会保障体系

建立健全低保标准的动态调整机制，在保障家庭基本生活的同时，兼顾就业激励目标。加强低保与其他专项救助制度的协调，减少简单叠加，提高保障效率。改革完善养老医疗基本保险制度，实现法定人员全覆盖。

3. 提高社会纵向流动性

加大力度推进教育机会公平，为农民工随迁子女和农村留守儿童提供有质量保障的义务教育。提高高校招生的公平性和客观性，审慎对待自主招生等主观性较强的招生渠道，缩小直至消除经济、地区、家庭因素对招生结果的影响。打破地域、户籍、行业、编制、社会保障对劳动力流动的限制，构建全国统一的劳动力市场。

加强外部风险防范

随着我国经济体量和影响力增大，我国经济与全球经济交互作用增强，外部风险对我国的外溢效应超过以往。要在维护我国核心利益的同时，灵活处理国际经济关系，营造有利的外部环境。

1. 有效应对资本跨境流动风险

按照"放开汇兑环节管制，加强交易环节监管"的思路，有序改革资本项目管理方式，丰富政策工具。处理好资本项目开放进度及与其他改革措施的协调。提高金融机构的信息披露质量，合理引导市场预期，完善跨境资本流动监测预警体系和指标体系，加强对跨境资本流动的双向监测。

2. 维护多边贸易体系

积极落实 WTO《贸易便利化协议》，推进多哈回合剩余议题谈判。继续推进中美、中欧 BIT 和中国加入政府采购协定谈判，通过相互扩大投资准入和市场准入加强共赢机制建设，改善同发达经济体之间的贸易投资环境。积极同"一带一路"沿线国家商签自由贸易协定，建设自由贸易区网络。

3. 积极参与全球经济治理

主动适应国际经济政治格局的深刻调整，加强与世界各国的经贸关系和政治互信，通过平等协商、合作对话，制定具有约束力的国际规则。提高 G20 在全球治理机制改革中的作用，增强我国在国际事务中的话语权。进一步加强与主要大国的经济贸易联系，加强在国际事务特别是提供公共产品上的合作。加强国际宏观经济政策协调，增强我国议题创设能力。

加快推进与高质量发展配套的重点改革

全国政协经济委员会副主任　刘世锦

当前，我国经济转向高质量发展阶段，如何在保持可争取的增长速度的同时，把提高经济增长质量和效益的挑战转换为新的发展机遇，这些事情比简单地提高速度难度更大，更需要有所作为。转入高质量发展轨道，需要重构推动高质量发展的地方竞争机制，推进与高质量发展配套的重点改革，加快营造与高质量发展相适应的体制政策环境，真正做实做优中国经济。

推动高质量发展重在提高稳定性和持续性

党的十九大报告提出，我国经济已由高速增长阶段转向高质量发展阶段，正处在转变发展方式、优化经济结构、转换增长动力的攻关期。2017年中央经济工作会议也强调，中国特色社会主义进入了新时代，我国经济发展也进入了新时代，基本特征就是我国经济已由高速增长阶段转向高质量发展阶段。可以说，推动高质量发展是当前和今后一个时期确定发展思路、制定经济政策、实施宏观调控的根本要求。那么，中国经济如何转入高质量发展轨道，又该如何推动高质量发展？这是我们需要深入研究的一个重大课题。

分析发展阶段转换，可先观察宏观走势。从 2016 年开始，我们提出中国经济已经接近底部或开始触底，逐步进入中速增长平台。从 2017 年的情况看，这个判断得到确认，中速增长平台初步确立。从中国经济活动实时在线分析预测系统看，2016年下半年开始的这一轮回升，终端需求仍在下降，存货回升是需求侧走强的重要动因。但是存货在2017年二季度达到高点后回落，PPI也跟着回落，利润本来也应随之回落，但受到环保督察等因素影响，有些生产能力退出，利润依然保持高位，但一段时间后还将回落。从供给侧看，生产性投资依然下行，产出增加主要是产能利用率提高。这种状况决定了这一轮回升不会持续很长时间，更不会出现有些人所期待的大幅反转，甚至回到7%或者更高的水平。

终端需求中，房地产投资在扣除价格因素后，已经处在负增长状态，未来可能会在零增长附近徘徊。基础设施投资是一个大的不确定因素，目前这部分投资在终端需求中是最大的，如果防控风险、治理地方债等力度加大，基建投资的增速可能下降，这样中速增长平台将可能会有所下移。此外，存货、出口可能将出现低点，但是否以及如何回升有一定不确定性。生产性投资已处低位，有可能逐步回升，成为经济增长中的积极力量，但也不能期待像以往高速增长期那样大幅回升，按照国际经验，大体上也就5%左右的增速。总体看，存货、出口和生产性投资逐步进入回升期，有可能对基建投资减速形成对冲，这样，中速增长平台还是能稳得住的。宏观经济可能逐步进入大L形加小W形的运行轨道。

党的十九大以后，社会上又出现了大干快上的期待。大干快上倒没错，关键是干什么、上什么。中国经济的高速增长阶段已经过去了，不能认为只有把速度推高了才叫有所作为，才有成就感。党的十九大报告提出，"我国经济已由高速增长阶段转向高质量发展阶段""推动经济发展质量变革、效率变革、动力变革""坚决打好防范化解重大风险、精准脱贫、污染防治的攻坚战"，等。如何在保持可争取的增长速度的同时，把提高经济增长质量和效益的挑战转换为新的发展机遇，这些事情比简单地提高速度难度更大，更需要有所作为，做成了也会有更大的成就感。

因此，当前最重要的是做实做优而非人为做高中国经济。具体来说，就是要降风险、挤泡沫、增动能、稳效益，提高增长稳定性和可持续性。降风险主要是降低地方债务风险和其他方面的财政金融风险；挤泡沫主要包括挤出一线城市房地产泡沫和大宗商品泡沫等；增动能主要是增加实体经济转型升级、创新发展的动能；稳效益主要是争取企业盈利在行业间形成较为平衡和稳定的分布，这样就可以为企业降杠杆提供有利条件。

需要特别注意的是，无论是从短期防风险，还是从中长期增动能来看，不人为推高增长速度，把发展基础做得实一些，都是必要和积极的。实现2020 年两个翻番目标，今后三年每年增长 6.3%左右就够了。此后，中速增长平台的重心可能调整到 5%～6%，或者是 5%左右。这个速度实际上也是不低的。讲速度要有参照系，要和增长阶段挂钩。在以往的高速增长阶段，7%就算是低速度，而到了中速增长阶段，5%也可称为高速度。这点是尤为需要引起关注的。

重构推动高质量发展的地方竞争机制

实现高质量发展，首先有一个意愿问题，就是"想不想"；同时还有一个能力问题，就是"会不会"。过去 30 多年的高速增长，一个很重要的秘诀就是地方竞争机制。大家动脑筋、想办法，在比较和竞争中招商引资、培育环境、搞基础设施建设等。这些办法、窍门、模式不是事先计划好的，不是坐在办公室里想出来的，而是在第一线通过试错纠错形成并完善发展的，管用的就坚持下来了，并得到推广，不管用就被淘汰了。可以说，地方竞争机制是我们的一个重要制度优势。进入高质量发展阶段，这套机制仍然是有效的，不能丢掉，而且要创新、完善和提升。

重构推动高质量发展的地方竞争机制，首先要解决好对经济发展目标的认识问题。GDP 挂帅不能再搞了，但用什么样的新指标，需要深入研究。2017 年中央经济工作会议提出，"加快形成推动高质量发展的指标体系、政策体系、标准体系、统计体系、绩效评价、政绩考核"，就为此指出了明确的方向。其中，有两个办法可以考虑：一个办法是找一个新的主要指标，如就业指标；另一个办法是找若干个反映高质量发展的指标，如就业创业、质量效益、风险防控、稳定性、可持续性等方面的指标，形成一个指标体系或综合系数。

其次，要创新完善提升地方竞争的内容。与高速增长期相比，转向高质量发展阶段的地方竞争内容将会有很大改变和提升，将包括，促进产业转型升级的营商发展环境的竞争；培育创新环境、聚集创新资源、成为区域创新中心和创新性城市的竞争；吸引中高级生产要素、形成合理分工结构的竞争；"让人们生活更美好"的城市发展模式竞争；以人民为中心，创造性、包容性、稳定性内在一致的社会治理方式竞争，等等。

进入高质量发展阶段后，大都市圈、创新中心、新兴产业基地等机遇都会出来，最终落到哪里，很大程度上取决于地方竞争。在大方向明确的前提下，应当允许地方有较大的"自选动作"空间，允许有个性、有差别的发展，允许试错纠错，在竞争中发现和推广好的做法、模式和政策，以此更好地推动高质量发展。

切实加大改革力度实现高质量发展

国际经验表明，经济落后国家在工业化较早阶段实现高速增长相对容易，而从中等收入阶段向高收入阶段的过渡中，发展的难度明显增大。如果说在高速增长阶段数量规模扩张容易见效，短期内就能大变样，而到了高质量发展阶段，就需要花费相当长的时间才能使提高质量效益见成效、上台阶。转向高质量发展阶段，将会遇到以往高速增长阶段未曾遇到的挑战，要面对并解决许多新矛盾、新问题，在这一过程中，进一步推进与高质量发展配套的重点改革，加快营造与高质量发展相适应的体制政策环境，乃题中应有之义。

第一，加快打破行政性垄断，着力降低土地、能源、通信、物流、融资五大基础性成本。根据研究，在这五大基础性成本方面，中国大概比美国等发达国家高出一到两倍。中国人均收入远低于美国等发达国家，但我们的这些基础性成本如此之高，令人困惑和深思。分析起来，成本居高不下，除了资源禀赋外，主要还是相关领域不同程度地存在着行政性垄断、竞争不足、效率不高等问题。这些成本居高不下，不仅直接影响到实体经济特别是制造业的发展，还影响到民生乃至整个国民经济的健康发展。当前和今后一个时期，必须按照党的十九大报告所提出的，打破行政性垄断，加快要素价格市场化改革，完善市场监管体制。这对于发展实体经济、提高国民经济效率至关重要。

第二，结合推进减税与税改。中国企业的名义税率在国际上看并不算很高，但各种非税负担较重，税费综合水平较高。我国税制改革的方向，应从以间接税为主逐步转向以直接税为主。减税要与税改结合起来，才能有效推进。

第三，不断深化国资国企改革。党的十九大报告提出，推动国有资本做强做优做大。这是国资国企改革思路的重要调整。在这一过程中，要加快国有经济布局优化、结构调整、战略性重组，围绕服务国家战略，推动国有资本向关系国家安全、国民经济命脉和国计民生的重要行业、关键领域、重点基础设施集中，向前瞻性战略性产业集中，向产业链价值链的中高端集中，向具有核心竞争力的优势企业集中，努力提高国有资本质量效率。

第四，加快农村土地制度改革。党的十九大报告提出，"以城市群为主体构建大中小城市和小城镇协调发展的城镇格局""实施乡村振兴战略"，这两件事情是内在统一的。这些战略的实施，必须加快农村土地制度改革，真正按照党的十八届三中全会就已经提出的要求，"在符合规划和用途管制前提下，允许农村集体经营性建设用地出让、租赁、入股，实行与国有土地同等入市、同权同价""保障农户宅基地用益物权，改革完善农村宅基地制度，选择若干试点，慎重稳妥推进农民住房财产权抵押、担保、转让，探索农民增加财产性收入渠道"，让人员、资金、土地等生产要素在城乡之间进行市场化配置，从而真正保护和扩大农民利益，扩大最具潜力的中等收入群体。

第五，加快知识密集型服务业的开放。建设社会主义现代化强国，我们差距较大的一个部分是服务业，特别是知识密集型服务业，包括研发、金融、咨询、信息服务等生产性服务业，医疗、教育、文化、体育等社会服务业。知识密集型服务业有一个重要的特点，就是它的技术是软技术，知识是不可编码的知识、体验性的知识。吸收这类技术、知识、经验，与过去工业领域引进技术有很大不同，一定要深度开放和合作。同时还要以对外开放倒逼对内开放、改革和竞争，以此促进知识密集型服务业成为经济转型升级的重要动能。

如何渡过调整转型这一关

国务院参事、当代经济学基金会理事长　夏斌

曾经的判断

我在 2017 年 1 月 7 日的中国首席经济学家论坛上曾说过，2016 年刚刚过去，2017 年中国经济调整的逻辑没有变。为什么？讲了四条理由，重点讲了，一是这样一个大国，市场出清过程艰难，需要一个过程，没有两三年时间根本不行。二是民间投资未来预期不好转，调整转型就很难。

还曾讲到，调整到位的标志是什么？

第一，看能不能基本确立大体稳定的与经济增长相适应的大国消费市场。这是本轮调整转型成功的最基本的标志。

第二，根据多年来房地产市场波动对中国经济干扰程度的分析，可以说，在全社会能否基本形成房地产市场是以消费品为导向而不是以资产市场为导向这一局面，这是本轮调整转型最后能否成功的最重要的标志。

第三，看货币政策和货币供应能否基本回归常态。隐含的道理是，当货币供应回归常态时，经济还能正常运行，则说明过去遗留下的过剩产能、高库存及高杠杆风险已逐步得到释放。我们没有必要再继续过去以宽松的货币供应来平衡、来掩盖经济增长与金融风险之间的矛盾了。

在其后的 2018 年 1 月 6 日的中国首席经济学家论坛上我曾说，2018 年将继续 2017 年的发展轨迹，2018 年中国经济调整转型的逻辑仍然没有变。因为多年积累问题的解决，是需要经历一定的艰难时间的，不可能因为日历从 2017 年翻到 2018 年，翻过新的一页，翻过一两个月，庞大的经

济体的内在发展逻辑就立刻变化了，矛盾全解决了。那么如何把握 2018 年的经济工作？工作千头万绪，我们不要被一些专家教授提出的新概念、新词汇、新判断所迷惑，经济内在的发展逻辑仍然没有变，主要要牢牢把握好两个重要维度，一是实体经济的维度，就是通过改革创新，促进新旧动能转化，在这个过程中稳住经济增长。二是货币金融的维度，即 2018 年经济中遇到的矛盾、问题，不是突然产生的，都是基于 2017 年甚至以前更长时间的发展轨迹走过来的，存在着过去货币发行过多的"痕迹"。因此守住不发生系统性风险的底线，自然成为我国短期经济发展中一本难念的经。一方面要加快改革创新、结构转型，逐步释放风险，另一方面又要在这纠结的过程中守住底线，绝不能爆发系统性风险。这样，整个经济工作的主要矛盾自然表现为"稳增长与防风险"的矛盾。

经济形势怎么看？

2019 年的形势，稳中有变、变中有忧，环境更加复杂、更加严峻。经济下行压力进一步加大，对于这方面的判断可以说已经取得共识。关键是具体怎么理解？选择什么样的方针政策？

我理解，就我国经济与运行中的矛盾问题看，既有短期的也有长期的问题，既有周期性的也有结构性的问题，这么多年积累下来的矛盾与问题是复杂的。现在，又加上众所周知的中美贸易摩擦因素，2019 年全球经济增长减速的因素，以及国际地缘政治中可能暴露的新的局部战争风险，这些都是不能为我们所左右的外部的不确定性，必然会给我国经济的正常运行增加了复杂性、多变性。

在这样复杂、多变的 2019 年的内外环境下进行结构调整转型，而不是在像 21 世纪第一个 10 年世界与中国"超级繁荣"的增长环境下进行调整转型，过程本身是很痛苦的。因为多年积累的风险要逐步释放，企业经营困难自然加大，经济下行和失业压力也会加大，形势会是严峻的。现在，再加上最近宽松货币政策的意图传递到宽松信用、宽松信贷的边际效应在下降，内在的信贷需求在减弱，即宏观的调控能力在减弱。以及由于改革的滞缓、产权保护的不足，民营资本没有安全感、投资预期不看好，决定了经济周期下行的压力将进一步增加。这些压力的增加加上舆论与情绪的传染，又进一步给各类经济主体，不仅是民营经济等主体，普遍带来经营上的困难和压力。所以可以说，宏观调控能力边际上的减弱和微观活力明显的不足，必然给 2019 年复杂的经济形势带来更大的挑战。

从 2016 年以来"三去一降一补"的供给侧改革，发展到今天更加复杂、更加严峻的经济形势，2019 年是关键的一年。大家对经济下行压力的进一步增大也已形成共识。当然对于 GDP 的增速有不同的预测，有的说是 6%～6.5%，有的甚至说可能在 6%以下。面对这种局面，采取"稳中求进"的工作总基调是必要的。因为必须要首先稳住，只有采取逆周期的调控，稳住经济，防止经济出现断崖式的下跌，才能守住不发生系统性风险的底线。然后在稳的基础上，逐步市场出清、改革创新、结构调整，实现新旧动能转化，才能使中国经济逐步走上可持续发展的健康道路。但是，我认为，稳经济并不意味不能容忍经济增速出现适当的减缓，并不意味采取大水漫灌式的货币刺激。短期内采取救急措施是必要的，但同时必须仍然坚守经济调整转型、改革创新、促进新旧动能转化的原则。否则，中国经济容易开始步入慢撒气下的低迷增长之路。为此，中央高度重视，明确提出了下一步工作的全面要求，即"宏观政策要强化逆周期调节，结构性政策要强化体制机制建设，社会政策要强化兜底保障功能"，这是稳定经济与社会的基本要求。当然，在不可忽视的内外部新压力冲击下，具体如何操作好三者的平衡，确实很难。

"六稳"首要是"稳预期"

基于稳中求进的工作总基调，在坦承困难、容忍 GDP 增速有所下降的情况下，一方面应该尽快安排过渡措施，帮助企业解困，确保居民收入基本不下降，并在逐步释放风险中，守住不发生系统性风险的底线。另一方面，又如何通过持续不断的改革与调整，尽快推进形成持续增长的结构与动力？这些目标要求之间的政策如何搭配？如何理解？

继 2018 年 7 月底中央政治局会议之后，12 月底的中央经济工作会议再一次明确提出，要确保经济稳定，必须做好"六稳"：稳就业、稳金融、稳外贸、稳外资、稳投资、稳预期。这"六稳"之间又是什么逻辑关系？我理解，"六稳"中，"稳预期"是当前的关键，是首要的问题。

因为从长期看，中国经济增长预期不成问题。若按纯经济因素与经济逻辑分析，在世界大国中间中国拥有遥遥领先的高储蓄率，以及经过 40 年积累的庞大的人力资本，这两项构成了经济中长期增长有力的供给因素，当然，还有制度改革红利的供给因素。从需求看，已经形成的世界第二大消费国和中国城乡、地区间明显的差距，构成了中国长期增长纵深的需求因素。这些供与需的因素，决定了从 2019 年开始的未来五年内，中国仍具备比现有发达国家高得多的经济增长率，决定了在未来五年末，即使印度可能赶超英国成为世界第五大经济体，中国仍然能在前四大经济体中保持最高的经济增长率。现在经济的关键问题是短期。然而，长期是由短期连接而成的。没有短期也就没有长期。那么当前如何渡过调整转型这一关？

我认为，首先，要稳住大局。因为守不住底线、稳不住大局，经济崩盘了，就谈不上进一步的改革与创新，谈不上新旧动能的转化，整个经济就容易滑向慢撒气下的低迷增长或中等收入陷阱。

其次，稳住经济大局也是为了争取时间，为推进改革与调整赢得时间。但是，如果稳而不进，稳中不改、不调，或者改革与调整不能到位，虽然暂时稳住了，但从长期看，仍然挡不住经济会逐步滑向慢撒气下的低迷增长或中等收入陷阱。

再次，我们可容忍在短期内，为了稳住经济大局，难免行政措施与市场机制并举。但是，我们必须心知肚明，这些行政措施、行政刺激是暂时的、过渡性的，是迫不得已的，不能指望其长期化、制度化。

短期内稳住大局至关重要，那么又如何"稳"呢？我认为当前"六稳"中首要的问题是"稳预期"。为什么？

因为要稳就业、稳金融，取决于实体经济中的稳外贸、稳投资、稳外资。外贸、投资和外资不足，自然就业就稳不住。如果外贸、投资和外资明显减少，过去的合同合约已难以继续，那么一大批企业的资金链将断裂，从而金融体系也根本难以稳住。然而，要稳住外贸、投资和外资，针对形成 2019 年更加复杂、更加严峻形势的具体原因，必须对症下猛药，即在宏观调控方向与策略，在民企产权保护与企业解困等方面，采取近期内能立竿见影的调整措施。否则，老生常谈就不足以稳市场、稳民心、稳预期，进而不足以稳住大局，守住底线。

"稳预期"必须采取的措施

2018 年年底的中央经济工作会议就 2019 年的经济工作提出了七项重大任务，做出了全面的部署。在此仅就短期内"稳预期"，提出以下粗浅的补充意见。

（1）必须鲜明地提出当前宏观经济的调控方向是逆周期调控。中国已经是经过 40 年快速增长积累的世界第二大经济体，在宏观调控方面要发出坚定不移地扩大内需，特别是扩大消费的信号，这与供给侧改革不矛盾，就是要通过供给侧改革加快扩大内需。

（2）政府要加快降税费、减支出的步伐。针对目前微观企业大面积的经营困难，应在适当扩大财政赤字的同时，抓紧时间出台降税减费的具体操作方案，哪怕是一两年的临时方案，以增强市场信心。这已是市场共识，不要再由于拘泥于细节的来回讨论而耽误时机。针对降税减费后的财政收支压力，建议从 2019 年起，全国行政部门仿照 2008 年汶川大地震时的救急办法，要求政府各部门行政支出缩减 5%。政府带头过紧日子。

（3）全面清理国企与民企不一致待遇的规章制度，重点是各级政府、各个部门的规章。民企投资占 60%，民企预期不好，中国经济就没有希望。近期中央领导反复开会、反复讲话，给民企以信心。但在实际经济生活中，涉及各部门对国企民企不一致待遇的"玻璃门"问题并未彻底解决。因此建议国务院要求各部门就此问题进行一次普遍的自查对照，报告国务院，以方便社会的监督。对过去一些未依法处置或处置不公的案件，应予以及时平反，以取信于民企，取信于社会。

（4）围绕落实 2020 年 1 亿人落户目标，对各地已在城镇就业的农业转移人口的落户，提出限时的工作目标，以此推进人的城镇化，推动内需。因为要落实落户目标，将涉及教育、医疗、养老等各种财政支出。对农村土地制度改革的三项试点，不能停留于经验总结阶段，要有详细的工作部署，抓紧时间在年内大面积推广试点做法，目的是通过这项改革，千方百计让农民的口袋尽快鼓起来。

（5）当前就业、失业压力较大，应尽快落实 2018 年 12 月国务院出台的促就业文件，监督各地政府制定出台具体的实施办法。包括调整企业社保费的交纳办法和多种补贴办法，组织好对失业者的失业再就业培训等工作，并发动社会多方力量实施多种救助，以减轻企业压力、扩大就业。

（6）对目前相关部门特别是金融、环保部门，鉴于过去监管工作不力而开展的整顿、纠错、监管工作，要实事求是，要有宏观上的底线思维，重点安排好过渡的政策措施。环保部门监管要防"一刀切""运动式"。金融部门对影子银行、大资管、P2P 的整治与纠错，既要坚持正确方向，又要讲究整治策略，真正体现风险缓释的原则。防止环保以及金融领域的几个部门同时采取大力度的整顿政策，以造成对微观企业的不可思议的共振效应。

（7）房市调控要坚持逐步确立长效机制的原则。在具体实施中，应让市场清楚地知道，中央关于房市的调控方针是"一城一策"，各城市"各负其职"。房价以稳为主，稳中微涨。要在逐步建立长效机制的过程中，发出正确的市场信号，不刺激投资者进行城市间房价的简单攀比，逐步使投资者真正确立"房住不炒"的理念。

（8）在困难时期，同时要提高全社会对释放风险自觉性的认识。要让大家知道，不去自动释放已积累的风险，中国经济不可能走上可持续稳定增长的道路。如果不加条件地以过多的货币发行来刺激经济增长，那是对市场发出的最大的利空消息，同样不利于从根本上实现稳预期的目的。要相信市场是存在理性逻辑的。但是，释放风险意味着某些经济主体的资产负债表要"缩表"，一些企业要关闭破产，只有这样，社会资源才能得到合理配置。因此，对 2019 年可能会集中暴露的地方政府平台违约事件，要有准备。要约束其依法处置，包括准备重组、出售地方政府的资产。

（9）中长期改革咬住不放，具体内容不展开了。2019 年的改革内容很多，短期内要突出抓问题导向的，抓人民关切的，抓近期见效的，当机立断，以鼓舞信心稳预期。

推动我国经济实现高质量发展

国务院发展研究中心产业部部长　赵昌文

中央经济工作会议指出，中国特色社会主义进入了新时代，我国经济发展也进入了新时代，基本特征就是我国经济已由高速增长阶段转向高质量发展阶段。贯彻落实中央经济工作会议精神，必须坚持以习近平新时代中国特色社会主义经济思想为行动指南，以科学把握高质量发展的内涵为基本前提，以贯彻新发展理念为引领，以构建协同发展的产业体系为生产力基础，以深化供给侧结构性改革为主线，以推动国家治理体系和治理能力现代化为长效机制，以建立高质量发展配套政策体系为重要保障，推动我国经济在实现高质量发展上不断取得新进展。

实现高质量发展，基本前提是科学把握高质量发展的核心内涵

"推动高质量发展，是保持经济持续健康发展的必然要求，是适应我国社会主要矛盾变化和全面建成小康社会、全面建设社会主义现代化国家的必然要求，是遵循经济规律发展的必然要求。"尽管关于高质量发展的内涵尚无统一的表述，但可以综合以下两个视角和方法，对高质量发展的核心内涵进行把握。

一是通过识别经济社会发展中突出的不平衡、不充分问题，来界定高质量发展。比如，城乡区域发展和收入分配差距较大、风险过度积聚、环境污染严重、创新能力不足都不是高质量发展；反之，促进共同富裕、防

范化解风险、创新驱动和人与自然和谐共生的发展就是高质量发展。

二是坚持以人民为中心，以是否有利于解决新时代我国社会主要矛盾、是否有利于解决发展不平衡不充分问题、是否有利于满足人民日益增长的美好生活需要为根本标准，判断是不是高质量发展。有利于更好满足人民在经济、政治、文化、社会、生态等方面日益增长的需要，更好推动人的全面发展、社会全面进步的发展就是高质量发展。

实现高质量发展，指导思想是践行新发展理念

"发展是解决我国一切问题的基础和关键，发展必须是科学发展，必须坚定不移贯彻创新、协调、绿色、开放、共享的发展理念。"新发展理念是习近平新时代中国特色社会主义经济思想的主要内容，在推进高质量发展的过程中，必须坚定不移地贯彻。

贯彻创新发展理念，推动基础研究、实现技术创新及突破、培养造就高水平人才和创新团队，为创新发展提供科技和人才支撑。在微观层面调动人的积极性和企业创新活力，在中观层面推动金融、房地产与实体经济，生产性活动与非生产性活动报酬结构的再平衡，在宏观层面维持较高的企业纵向流动性，打开创新创业企业成长空间，为创新驱动提供不竭动力。

贯彻协调发展理念，坚持新型工业化、信息化、城镇化、农业现代化同步发展，实现城乡发展一体化。着力实施区域协调发展战略和乡村振兴战略，实现区域、城乡协调发展。着力实施军民融合发展战略，推动经济建设与国防建设融合发展。推动文化事业和文化产业发展，促进社会主义精神文明和物质文明协调发展。

贯彻绿色发展理念，加强环境监管，坚决制止和惩处破坏生态环境的行为，推动环境成本内部化，在更好发挥政府作用的基础上，充分发挥市场机制在推动绿色发展中的作用。构建市场导向绿色技术创新体系，推动和参与能源生产和消费革命，以创新推动绿色发展。

贯彻开放发展理念，以"一带一路"建设为重点，形成陆海内外联动、东西双向互济的开放格局。主动参与和推动经济全球化进程，发展更高层次的开放型经济，更充分利用比较优势和在全球范围内配置资源；在提高国际竞争力的同时，推动全球包容性增长，做全球发展的贡献者。

贯彻共享发展理念，打好防范化解重大风险、精准脱贫、污染防治三大攻坚战。完善托底性社会政策、坚持就业优先战略和积极就业政策，不断提高人民生活水平并缩小收入分配差距。推进以人为中心的城镇化和公共服务均等化，推进教育公平、努力让每个孩子都能享有公平而有质量的教育，拓宽创新创业渠道，破除妨碍劳动力、人才社会性流动的体制机制弊端，使人人都有通过辛勤劳动实现自身发展的机会。

实现高质量发展，生产力基础是构建协同发展的产业体系

经济发展就是技术和产业的不断升级。生产力视角下，建设现代化经济体系，需要着力加快建设实体经济、科技创新、现代金融和人力资源协同发展的产业体系，使经济发展建立在真正依靠科技进步、资本配置优化和劳动者素质提高的轨道上。

促进实体经济与科技创新协同发展。当前，实体经济高质量发展缺乏科技创新的有力支撑，导致产能过剩和有效供给不足并存。需要深化科技体制改革，建立以企业为主体、市场为导向、产学研深度融合的技术创新体系，加强对中小企业创新的支持，促进科技成果转化，促进新型研发机构的发展，不断提高经济发展中的科技创新贡献率。

促进实体经济与现代金融协同发展。金融需要坚持回归本源、服从服务于经济社会发展的基本原则，着力消除金融与实体经济报酬结构失衡、推动经济去杠杆、强化和完善金融监管、抑制金融过度膨胀，不断增强服务实体经济能力和防范化解系统性金融风险的能力，建设创新友好型、与实体经济良性互动的现代金融体系。

促进实体经济与人力资源协同发展。实体经济高质量发展仍面临高水平人才短缺、人才培养机制不畅、配置结构不合理、工匠精神相对欠缺等问题的制约。需要推动金融与实体经济、房地产与实体经济再平衡，抑制人才"脱实向虚"；实施人才强国战略，"建设知识型、技能型、创新型劳动者大军，弘扬劳模精神和工匠精神，营造劳动光荣的社会风尚和精益求精的敬业风气"；优化人才环境，"让各类人才的创造活力竞相迸发、聪明才智充分涌流"。

深度参与甚至引领新一轮工业革命。近代以来，但凡大国崛起，都必定深度参与甚至引领过一次工业革命。当前，全球新一轮技术革命和产业变革正在孕育，我国也已具备深度参与甚至引领新一轮工业革命的经济基础，达到了基本的产业技术门槛。我们要实现中华民族伟大复兴的中国梦，全面建成社会主义现代化强国，就必须抓住新一轮工业革命的机遇。在这一视角下，是否实现了实体经济、科技创新、现代金融、人力资源的协同发展，根本标准在于是否深度参与甚至引领新一轮工业革命。

实现高质量发展，主线是深化供给侧结构性改革

高质量发展需要提高供给体系质量，显著增强我国经济质量优势。这就需要以供给侧结构性改革为主线，推动经济发展质量变革、效率变革、动力变革，增强我国经济创新力和竞争力。

继续推进"三去一降一补"。破除无效供给，清理"僵尸企业"，强化环保、市场监管约束，推动化解过剩产能。加强地方政府债务管理，防控金融风险，积极稳妥推动经济去杠杆，使宏观杠杆率得到有效控制。

加快建立多主体供应、多渠道保障、租购并举的住房制度，完善促进房地产市场平稳健康发展的长效机制。降低制度性交易成本，深化金融、电力、石油天然气、铁路等领域改革，降低实体经济成本。着力补齐软性基础设施方面的短板。

加快建设制造强国。制造业是实体经济的主体，技术创新的主战场，

供给侧结构性改革的核心产业领域。需要以建设制造强国为载体，深化供给侧结构性改革，提高供给体系质量。在新一轮工业革命中，需要面向新技术发展趋势，推动互联网、大数据、人工智能和制造业深度融合；推动现代服务业发展，促进制造和服务的融合与协同发展；支持传统产业转型升级，推动传统产业的存量重组、增量优化和动能转换；培育若干世界级先进制造业群，构建和增强我国制造业的集群优势或产业配套优势。

推动要素质量变革。生产要素质量决定着产品质量，也由此决定着产业发展质量、供给体系质量和整个经济质量，是高质量发展的微观基础。着力提升创新成果质量及效率，提高科技成果市场化、产业化水平，提高技术进步对经济增长的贡献率。着力提高金融资本质量及效率。在推动金融与实体经济再平衡的同时，通过引入有效竞争、推动金融智能化转型等方式提升金融体系效率，推动金融资源更多配置到实体经济的薄弱环节和重点领域。

实现高质量发展，长效机制是推进国家治理体系和治理能力现代化

实现高质量发展，需要全面深化改革，着力构建市场机制有效、微观主体有活力、宏观调控有度的经济体制，推动国家治理体系和治理能力现代化。

构建市场机制有效的经济体制。一方面，完善产权制度，培育合格市场竞争主体，使竞争机制有效发挥作用。为此，需要完善各类国资管理体制改革，深化国有企业改革，推动地方政府融资平台市场化，完善地方政府举债约束机制。同时，充分发挥资本市场作用，完善各类所有制企业的产权制度和公司治理结构。另一方面，推进要素市场化，使价格机制有效发挥作用。为此，需要推动资源价格、资金价格（打破刚性兑付）等方面的市场化改革。

构建微观主体有活力的经济体制。微观主体有活力，不仅是企业有活力，更为关键的是要充分调动各方面干事创业的积极性。为此，需要推动构建新型政商关系的微制度创新，细化完善党政干部干事有为的容错纠错

机制，培育激发企业家精神的法治环境、市场环境和社会环境，完善科技成果转化的体制机制，保持足够的企业纵向流动性，形成让企业家心安、让科技人员心宽、让党政干部心热、让创业人员心动的体制机制。

构建宏观调控有度的经济体制。高质量发展有赖于稳定和健康的宏观基础。宏观调控有度，就是通过更好发挥政府作用而非更多发挥政府作用，推动宏观经济再平衡，守住不发生系统性金融风险的底线，促进国民经济正常循环。为此，要健全市场基础设施，为政府有度且有效的宏观调控提供抓手。要创新和完善宏观调控，特别是健全货币政策和宏观审慎政策双支柱调控框架，发挥国家发展规划的战略导向作用，健全财政、货币、产业、区域等经济政策协调机制。

实现高质量发展，重要保障是建立推进高质量发展的配套政策

推动高质量发展需要指标体系、政策体系、标准体系、统计体系、绩效评价、政绩考核，创建和完善制度环境等多个方面的相关配套政策。

建立推动高质量发展的指标体系。可考虑从长期与短期、宏观与微观、总量与结构、全局与局部等多个维度探讨高质量发展指标体系的构建。比如，长期看，高质量发展要求能够适应发展阶段的转换，抓住科技革命和产业变革的机遇。从宏观看，高质量发展要求经济运行不存在重大结构性失衡，整体风险可控。从总量看，高质量发展意味着经济增长保持持续健康稳定，没有明显偏离潜在增长率。从全局看，高质量发展要求经济发展与民主、文明、和谐、美丽基本协调。

建立推动高质量发展的政绩考核体系。弱化速度指标，坚持质量第一、效益优先。切实破除唯 GDP 论，完善干部考核评价体系，把质量提高、民生改善、社会进步、生态效益等指标和实绩作为重要考核内容。加快构建绿色 GDP 统计等高质量发展统计体系，为高质量发展政绩考核体系提供支撑。建立健全地方政府债务责任追究制。

推动其他相关配套政策的完善。健全标准制度，加强标准化工作，更多参与甚至引领国际标准制度，构建高质量发展标准体系。从完善宏观政策、产业政策、微观政策、改革政策、社会政策等多个方面健全更高质量发展的政策体系。在构建高质量发展指标体系和统计体系基础上，建立健全高质量发展绩效评价体系。

|第三章|

新时代，建设现代化经济体系

建设新时代的现代化经济体系

华夏新供给经济学研究院首席经济学家 贾康

中国共产党第十九次全国代表大会上，习近平总书记代表第十八届中央委员会向大会所作的报告中，深刻指出中国特色社会主义进入新时代，科学标定了我们所处的历史方位和时代坐标，提出我国社会的主要矛盾已经转化为人民日益增长的美好生活需要和不平衡、不充分的发展之间的矛盾。这些重要论断，成为以深化供给侧结构性改革为主线推进现代化宏伟事业的战略性认识依据和设计指导方略的关键性原点。

"新时代"：与时俱进中的历史方位新判断、新指南

报告明确指出，"经过长期努力，中国特色社会主义进入了新时代，这是我国发展新的历史方位"。这个新时代的显著标志，是中国共产党领导人民历经近百年的奋斗，终于使近代以来久经磨难的中华民族，迎来了从站起来、富起来，到强起来这一历史飞跃。我们比任何时候都更接近、更有信心和能力实现中华民族伟大复兴的现代化"中国梦"目标。

这一关于新时代、新的历史方位与历史起点的新判断，也对应着新时代中国特色社会主义思想的确立及其基本方略的系统化设计。这一马克思主义中国化的最新成果和党与人民实践经验和集体智慧的结晶，将成为全党全国人民为实现中华民族伟大复兴而奋斗的行动指南。

"不平衡"：关于我国社会矛盾的新判断、新分析

改革开放新时期，我们党重新确立实事求是的思想路线后，以 1981 年十一届六中全会的表述为标志，对我国社会主要矛盾的认识，回归了党的八大认识框架，表述为"人民日益增长的物质文化需要同落后的社会生产之间的矛盾"，至今已 38 年。基于进入"新时代"的历史方位的新判断，党的十九大报告明确提出了"我国社会主要矛盾已经转化为人民日益增长的美好生活需要和不平衡、不充分的发展之间的矛盾"的新判断。这一重要判断意义重大，对于我们在新时代继续推进社会主义现代化事业，具有统领和指导全局的理论支柱作用。

从基础理论层面分析，社会主义的生产目的是为了最大限度地满足人民群众不断增长的物质文化生活需要，即以解放生产力形成有效供给来不断满足社会需求。原来在十一届六中全会上所形成的社会主要矛盾的认识，抓住了供需的"对立统一"关系，指引我们坚定地以经济建设为中心推进"三步走"现代化战略。而十九大形成的关于社会主义矛盾的新判断，在延续原来需求与供给间对立统一认识框架的基础上，顺应新时代，明确地把原来的定义表述，转化为需求侧更综合、更具概括性的"人民日益增长的美好生活需要"，同时把供给侧回应需求所存在的问题，表述为发展的"不平衡不充分"。可进一步具体分析："充分"与否，是动态变化中更偏于总量描述的概念；而"平衡"与否，是动态变化中直指结构状态的更偏于质量描述的概念。原来的表述中关于不充分的问题，已由"落后的社会生产"指明，而新的表述中，是把这一不充分问题，放在了从属于不平衡的位置上，在"不平衡不充分"的问题中，最为关键的是"不平衡"，这是新时代我们必须追求的"质量第一、效益优先"发展中必须牢牢把握的"矛盾的主要方面"。关于新表述可展开的这方面新的分析认识，其政策含义是十分清晰的：其逻辑指向是与最高决策层业已反复强调、党的十九大报告称为"建设现代化经济体系"之"主线"的供给侧结构性改革战略方针一脉相承的。

"供给侧结构性改革"：着力化解社会主要矛盾的主线

既然新时代社会主要矛盾的内涵，清晰地聚焦于发展的"不平衡"这一关键性问题，那么总体上把握的现代化战略方针的主线，就必须顺理成章地紧扣以优化结构来化解矛盾的"供给侧结构性改革"。

我国经过改革开放后 40 多年的超常规发展，在取得一系列成就的同时，也面临矛盾累积隐患叠加的复杂局面，集中体现为种种结构失衡问题。为进一步大踏步跟上时代，突破"行百里者半九十"的现代化瓶颈期即关键的冲关期，必须在"目标定向"与"问题导向"下，着力以供给侧结构性改革以及供给体系质量和效率的提高，来化解"社会矛盾和问题交织叠加"的潜在威胁，在制度结构、产业结构、区域结构、收入分配结构、人文与生态结构等方面，有效地克服"不平衡"的问题。

以往的宏观"需求管理"，更多地侧重的是总量问题，而现在必须强调的"供给管理"，更多地侧重的是结构优化问题。依"主线"而推进的供给侧结构性改革，实为以改革为核心、以现代化为主轴攻坚克难的制度供给创新，以及以制度创新打开科技创新、管理创新的巨大潜力空间，形成动力体系和供给体系转型升级的系统工程式创新，它将以"全要素生产率"支撑我国的现代化进程在追赶—赶超路径上，继续实现超常规发展。这样才能于化解社会主要矛盾的动态过程中，在 2020 年实现全面小康，之后更进一步对接 2035 年前后基本实现社会主义现代化和 2050 年达到民族伟大复兴的战略目标。总之，深化供给侧结构性改革，就是我们着力化解社会主要矛盾而为现代化"中国梦"奋斗的主线。

变化中的不变：对我国基本国情和国际地位保持清醒头脑

党的十九大报告强调："必须认识到，我国社会主要矛盾的变化，没有改变我们对我国社会主义所处历史阶段的判断,我国仍处于并将长期处于社会主义初级阶段的基本国情没有变,我国是世界最大发展中国家的国际地位没有变。"这一强调意味深长。在新时代面对以"不平衡"为关键特征的社会主要矛盾,我们在创新与奋斗中的过程中,必须保持清醒的头脑,牢牢把握关于基本国情和我国国际地位的正确认识,也就是要牢牢立足"几代人、十几代人,甚至几十代人"才能走完的"社会主义初级阶段这个最大实际",并"牢牢坚持党的基本路线这个党和国家的生命线、人民的幸福线",把供给侧结构性改革的主线,紧紧结合于生命线、幸福线,在中国特色社会主义道路上坚持不懈的长期奋斗中,保持我们"无比强大的前进定力"。

共产党人的远大理想,是实现共产主义,关于这一未来"自由人的联合体"的美好社会何时实现,目前还无法以算命先生式的预测在时间表上来量化,但马克思历史唯物主义原理揭示的"两个必然"和"两个决不会",却在对这个理想彼岸逐步到达的"前进定力"问题上,给予了我们最基本的指导。在揭示资本主义必然灭亡、社会主义必然胜利的历史大潮流与长远趋势的同时,马克思1859年1月在《〈政治经济学批判〉序言》中清楚地指出:"无论哪一个社会形态,在它所能容纳的全部生产力发挥出来以前,是决不会灭亡的;而新的更高的生产关系,在它的物质条件在旧社会的胎胞里成熟以前,是决不会出现的。"马克思主义诞生以来,在人类社会文明发展的进程中,中国特色社会主义的伟大实践,既表明了社会主义初级阶段业已形成的蓬勃生命力,也表明了社会主义初级阶段难以避免的种种不成熟。如把我们必须充分认识到位的党的十九大报告中重申和强调的"两个没有变"结合起来认识,"两个决不会"的马克思主义基本原理,就是在时时提醒我们:中国现代化的新长征与共产主义远大理想的理性对接,只能在遵循社会发展基本规律而长期不懈的奋斗中形成,我们当下所处的新时代,又是基本国情和国际定位尚未发生根本变化的时代,我们要紧紧围绕党的基本路线实现可持续发展"一百年不动摇"。这是我们在学习领会十九大指导精神推进现代化事业时所必须稳稳站定的马克思主义原则立场和共产党人的党性立场。

中国奇迹的奥秘与续写奇迹的关键

北京大学国家发展研究院经济学教授　周其仁

自改革开放以来，中国经济经历了 30 年高速增长。对此，经济学者做了系统回顾。2008 年 7 月，年近百岁的诺贝尔奖得主科斯教授在芝加哥大学组织了总结中国经济制度变革经验的学术研讨会。是年年底，国家统计局发布公告，2008 年中国经济年增长率为 9.6%，虽比上年有所降低，但还是达到 1978 年以来 30 年平均增长率。次年，中国超越日本成为世界第二大经济体。再过一年，中国成为全球最大出口国。2013 年，中国又成为全球最大贸易国。2014 年，国际货币基金组织以购买力平价方法计算，宣布中国经济总规模超越美国成为全球第一。

也恰从 2008 年开始，中国经济增长态势开始发生新的变化，虽然 2009—2010 年因施加强刺激政策而维系了高增长，但下行压力终究尾随而至。回头看，2007 年第一季度中国 GDP 折成高达 15% 的年增长率，应该是一个增长阶段结束的空谷绝响。不过几年光景，世界第二大经济体减速一半以上。

这里带出一个新问题，如何阐释中国经济的起落？分开来处理，可以增长解奇迹，下行析成因。但如果我们不满足于此，希望在一个简明框架里获得对中国经济戏剧性变化一以贯之的理解，那就还须付出努力。下文从一个核心概念入手，试图在这个概念的基础上扩展相关分析，这个概念就是"体制成本"。

什么是体制成本？

人们熟知"成本"，那是任何经济行为主体要获得收益都不得不支付的代价。成本包括货币的、非货币的，时间的、精力和精神的，抽象出来作为谋求任何收益所必不可少的付出，构成经济行为最基本的约束条件。可是在过去很长的一段时间内，从事经济实务的人士以及经济学家和管理学家，关注重点一直集中于生产成本，即为生产某物所不得不发生的各项支付。唯有当大规模生产伴随大规模交易的现代经济成形之后，才开始注意生产成本以外的成本。1937年，年轻学者科斯首先提出"交易成本"的概念，他发现运用价格机制配置资源本身并不免费。因为存在着正的交易成本，市场里就存在企业和多种多样的经济组织，虽然以往的经济学思维往往对此视而不见。这一朴素发现，改变了现代经济学的基础。

无独有偶，当时也很年轻的中国经济学家张培刚在20世纪30年代从事抗战经济问题的研究时，提出"纯商业费用"的概念。他观察到当时湖南、江西等地的中国农民很穷，生产粮食的成本极低，但在沿海城市如宁波的粮食市场上，内地大米却竞争不过远道而来的泰国大米。经过仔细调查，张培刚发现从内地农村产地到沿海城市销地之间，经商成本过高是问题的关键，诸如地方割据、关卡需索无度及种种其他麻烦的顽固存在，把本来很有竞争力的内地大米排斥到沿海市场之外。他的结论是，如果有效改善商业通道，节约纯商业费用，战时中国的粮食供应将得到改善。考虑到当时张培刚还不可能读过上述科斯那篇论文，我们可以说一位中国学者独立发现了在生产成本之外还存在其他成本。这再次说明，当学者直面真实世界时，有机会提出一个新概念来阐释可观察到的反常现象。

经历多年沉寂之后，"交易成本"终于引起学界注意并得到进一步阐释。1969年，后来获得了诺贝尔经济学奖的阿罗提出，科斯提出的交易成本实际上就是"一个经济体系运行的成本"。他因此打通科斯经济学与古典经济学传统的关系，因为在斯密那一代学者那里，最关心经济体系的运行，而不是孤立而零碎的经济活动。另一方面，科斯的一些追随者则把交易成本概念扩展为"制度成本"。这是说，在直接生产之外需要付出的代价，还远不止狭义的交易成本。

在真实世界，制度无处不在。人们从事生产、消费、储蓄、投资等各项经济活动，无不受制于特定的产权与契约安排，无不组成特定的组织与机构，如家庭、社区、企业、市场、货币体系、立法、税收与政策制定、政府及一系列监管部门。这些交织到一起的组织、机构和制度，不仅源于个人的自愿选择而自发生成，而且受到传统、流行观念与"社会强制力"的作用而被构建。因此，为了在交易成本（或"纯商业费用"）和制度成本的基础上继续前进，我们要把观察和分析的重点转向成体系的制度，特别要关注那些由社会强制实施的组织与制度怎样影响个人的选择，并以此影响经济运行。

本文中的体制成本，是指经济运行所必须支付的一种成本。体制由一系列制度构成，运行于由社会强制执行的产权与合约的基础之上。举凡体制确立、运行和改变所耗费的资源，就是体制成本。体制成本的性质和变化，对经济增长的影响至关紧要。

与狭义的"交易成本"或"纯商业费用"相比，"体制成本"不但可以扩展到对形形色色非市场交易行为的分析，而且可以深化对市场及非市场行为的一般理解。人们习惯于把市场交易视为利益诱导下的自愿选择和契约组合，因此无须涉及那些带强制性质、包括合法强制的力量与机制。"体制成本"则不同。

作为真实世界里约束人们行为的一组集合，社会强制力包括流行观念、政府权力以及由此生成的政策制度禁止或许可，从一开始就是经济体制不可或缺的要件。对体制成本的观察和分析，涉及国家行为，离不开国家理论。与"制度成本"相比，"体制成本"更强调成体系的制度而非单一的、个别的制度安排，特别是把重点放到约束着自发自愿行为的社会强制力本身的约束条件。

回溯过去，狭义的交易成本和单一的制度成本，可以看作是体制成本的局部或特例，我们的认知从局部和特例开始，走向更一般的抽象。

"中国奇迹"的奥秘在于大幅降低体制成本

中国经济高速增长并不是一个自然现象。远的不提，1980年中国制订1981—1985年计划（即第六个五年计划）的时候，确立下来的年平均增长目标不过是4%，"争取达到5%"。为什么处于高速增长起点时段的中国，定下那么一个事后看来低估自己潜力的增长目标呢？

因为当时中国经济面临难以突破的瓶颈。最大问题是在当时这个"十亿人口、八亿农民"的国度，吃饭问题还没有解决，占人口绝大多数的农民非常贫困，无从支持工业和城市发展。那么，为什么农业拖后腿、农民贫穷？答案是存在严重的体制障碍：不论政府多么急切地希望发展农业生产，也不论几亿农民多么急切地希望改善生活，当时成体系的经济体制，运行效果就是事与愿违，怎么也打不开鼓励农业增产的阀门。

是的，并非单项制度或单项政策，而是成体系的、彼此纠缠到一起的观念、制度安排和政策措施，共同导向此类困境。

这里首先是人民公社生产制度，集体出工、集体劳动、集体分配，虽享有一定规模经济的好处，但因难以准确计量个别社员的付出与贡献，从而难以调动生产劳动的积极性。不仅如此，那种集体生产模式还常常因错误指挥和武断命令而遭受严重损失。

其次，农村土地的集体公有一旦建立，似乎就再也不需要也不允许在农民家庭之间划出必要的土地产权界限。

再次是农产品统购统销，由政府全盘管制农产品流通，政府一手定价定量收购，一手定量定价在城市配给，基本排除市场机能。

最后，为了维系农产品生产，国家禁止农民外流，不得自由转入收入较高的非农业部门。

在这种情况下，即使拥有数量充沛的生产要素也无济于事。劳动力不能自动转为生产力，数量庞大的人口不但带不来红利，反而成为包袱，最后导致严厉的生育控制政策出台。按照传统分析，生产者之间的激烈竞争导致较低的产出品价格，从而激发需求增加，转过来拉动供给。但此分析忽略了一点：过高的体制成本妨碍要素的有效组合，从而限制产出增加，结果就在农业生产要素极其充裕的条件下，农产品却长期供不应求。于是，低农业生产成本——它的另一面就是农民贫穷——与农产品短缺长期并存，成为中国经济增长难以克服的瓶颈。这说明，需要对体制成本做出恰当分析，才能理解长期得不到解决的那些中国经济问题的症结。

中国解决上述难题是靠体制改革。由于制度障碍并非孤立的、个别的，而是自成一套体系，破解之道就是必须多管齐下。当时先实施的治标政策是休养生息：政府动用极为稀缺的外汇，增加进口粮食以减少征购量，让负荷过重的农业、农民和农村缓一口气。接着政府又动用财政资源——当时要靠赤字维持——提升超额出售农产品的收购价，在边际上增加农民增产的激励。更重要的是解放思想，尊崇实践是检验真理唯一标准的务实哲学，鼓励地方、基层和农民突破原有体制的束缚，大胆改革创新。特别是当安徽、四川等省区自下而上冒出来包产到户的时候，中央政府不失时机地运用自己的政治权威给予其自发改革以合法化承认。结果，仅仅几年时间，在农业生产大幅增加的基础上，中国农业从生产、流通、分配到土地产权制度，渐进而又全盘地推进了改革。

很清楚，被历史短缺和农民贫困逼出来的改革，大幅度降低了体制成本，才打开了农业劳动力转化为现实生产力的阀门。农业增产、农民增收，从供给和需求两个侧面支持了国民经济增长。回头看历史检验了以下结论：农村改革这场奠基礼，突破了1981—1986年中国经济原先计划"保四争五"的格局，为后来中国经济更高速增长创造了条件。

到20世纪80年代中期，人们已经明白，中国并不需要把八亿农民束缚在农业和农村。数以亿计的"农村剩余劳力"转向生产率更高的非农产业和城镇部门，构成中国经济高速增长的扎实基础。不过，这波经济潜力的释放要求突破更为严重的体制障碍，包括对从事工业和城镇经济活动的国家垄断，也包括对非公经济包括个体户、私人合伙以及民营企业雇工经营的法律禁止。在那个时代背景，这两大障碍比承认农业家庭经营更难以逾越，因为触及更成体系的意识形态、法律以及习俗惯例。幸亏中国已积累了渐进改革的经验，那就是允许和鼓励先行先试，从局部地方的改革试验入手，直到新选择所表现的经济社会效果为多数人接受，再完成改革的全局合法化。大体到 20 世纪 90 年代，在经历了一轮又一轮思想政治方面的反复之后，中国特色社会主义市场经济体制终于得以确立。

更大挑战接踵而至。中国突然爆发出来的务工经商生产力，到哪里去寻找能够容纳得了它们的市场？出路是融入全球化。首先是借力发达经济体的市场。这也是从实际出发的选择，因为日后凸显的中国制造能力并非内生而成，从一开始，包括来自发达国家的资本、技术以及商业模式，就参与中国制造能力的形成。后来被称为"世界工厂"的中国，靠全球市场消化自己惊人庞大的生产力，合乎逻辑。通常看法，经济学上历久弥新的比较优势定理，应该是分析中国经济崛起最合适的框架。

问题是，比较优势理论要获得用武之地，需要一个必不可缺的前提，那就是在发达国与后进国之间存在大规模贸易。问题是，究竟具备什么条件，潜在的比较优势才能被唤醒并受到强有力激发？

无须强调，潜在的低生产成本从来都不会自动生成比较优势。关键是能不能消除妨碍生产活动的体制束缚。不幸的是，潜在超低的生产成本常常伴随极为高昂的体制成本，妨碍经济运行，以至于本来有机会显露的竞争潜能，根本无从发生。人口多包袱重，劳动力多就业难度大。若问为什么在那种情况下劳动密集型产业搞不起来，答案是原本极低的生产成本受到极高的体制成本的拖累。更具有决定意义的是，倘若落后国不开放，根本拒绝与他人比较，那又怎么可能谈得到比较优势？

中国的基本经验不是别的，正是经由改革开放大幅降低体制成本。这是实现经济增长的前提。举其大要，破除国家对工业和其他较高收益产业的行政垄断，欢迎外资落地，鼓励民营企业发展，解除国际贸易的国家专营，启动汇率改革（特别是主动减除严重的本币高估），持续改革进出口体制，根本改善外贸服务，所有这些改革硬仗，一役也不能少。归结起来，就是把先前几乎无穷高的体制成本大幅度降下来，同时也包括降低中国人接受一切先进技术管理知识的学习成本。在此前提下，中国潜在生产成本优势才开始得到激发，中国出口才开始发力，世界也才得以发现中国经济拥有惊人的比较优势。因此，真实的中国经验是以降低体制成本为纲领，靠改革开放释放出中国在全球市场的比较优势。为理解和阐释中国经验，有必要扩展比较优势的内涵，把生产成本与体制成本一并纳入分析框架。

体制成本的经济规律和重新上升

体制成本也是成本，终究服从成本行为的一般规律。在经济学理论上，所有成本曲线一律先降后升。之所以如此，传统的解释是边际收益递减。那是说，随着经济规模的扩大，在合理的要素结构范围内，增加某一要素的投入，会在边际上带来产出增加，此时对应于产出规模，成本下降；但是过了合理临界点，增加某要素投入带来的产出增量不增反减，于是成本曲线见底回升。

中国的现实让我们格外关注体制成本。体制成本不是个别生产者、消费者或个别厂商在竞争中为获利所自愿支付的成本，而是成体系的、即使行为个体不自愿也非承担不可的成本。这类体制成本具有强制缴纳的性质，不受一般市场竞争和讨价还价的约束，因此更不容易得到合理节制，可能比生产成本和交易成本曲线更早、更大幅度上涨。

让我们先看一组数据。根据国家统计局的数据，1995—2012 年，中国名义 GDP 从 60 793.7 亿元到 518 942.1 亿元，共增长 8.5 倍。这显然是第二次世界大战后大国难得一见的高速增长。不过无可避免，中国高速增长也必须付出代价即成本。对此，人们曾普遍关注，是不是劳动力成本的过快增长削弱了中国制造的竞争力？不过我们发现，同期全国工资总增长 8.7 倍，几乎与名义 GDP 增速持平，并没有特别快于经济总增长的出格表现。期间大大快于总经济增长的，是以下几个变量：第一，税收，同期全国税收总额增长了 16.7 倍，相当于经济总量增长倍数的 197%，或工资总额增长倍数的 192%。第二，包括税外收益的财政收入，期间增长了 18.8 倍，快于税收增长。第三，全国社保缴纳，期间共增长 28.7 倍。第四，土地出让金，同期全国土地出让金总额增长了 64 倍。

以上诸项，都是为生产附加价值所必须付出的成本。加到一起，在以上观察期中国经济运行的一个显著特征，是法定的、带强制性成本项的增长速度，不仅大大超过经济总增长速度，也大大超过受市场法则支配的其他成本项的增长速度。这说明，转型中的中国在取得高速增长成就的同时，尚没有形成持续约束体制成本增长的有效机制。这是渐进改革远没有到位的表现，也必然对中国经济的持续增长产生消极影响。比照早期以"解放思想、放权让利"为纲领的改革，随着中国开始在全球市场上因发挥比较成本优势而实现高速增长，一度大幅降低的体制成本又重新掉头向上，并以远超高速经济增长的更高速度回升。实际情形很像一匹巨型骆驼，早期减负促其快跑，却在高速行进中不断被加载越来越沉重的负担，终于令其前行乏力。本文认为，对于一个迄今为止靠比较成本优势在全球立足的经济体，中国高速增长轨迹的变动，可用体制成本的下降和重新上升给予解释。

还有一些体制成本，或难以在统计上得到反映。观察表明，经济活动中涉及产权界定、合约纠纷、新产品开发与相关市场准入、政府专营范围变动、行政诉讼和民事案件审理等事务，无一例外，都需要在直接生产成本之外另有耗费。虽然这类广义的交易成本或本文定义的体制成本在一切所谓成熟的市场经济中也照样发生，但对中国这样一个转型经济而言，这些非生产成本的形态还是颇具特色、自成一家。以笔者曾经研究过的民营快递案例来简要讨论这类成本的性质。

随着商业活动的频繁，诸如商业文书、样品以及后来大成气候的电商包裹的快递业务蒸蒸日上。20 世纪 90 年代民间出现"小红帽"，而联邦快递等五大国际物流公司也先后进入中国市场。可是，快递业务起步就面临新问题：非邮政机构有权经营快递吗？邮政部门持否定立场，因为 80 年代通过的《邮政法》，明文规定送信业务属于国家专营。新问题是，原先的法规到底能不能自动覆盖过去从来没有出现过的新业务？对此原邮电部的立场是，为保护公民通信自由，非坚持邮政专营不可。于是，争议重点转到新兴快递商业包裹，究竟是不是还属于原先的"信件"范畴。

利益纠葛使咬文嚼字成为一门必修课。何谓"信件"？1990 年的《邮政法实施细则》指明，"信件包括信函和明信片"，而"信函是指以套封形式传递的缄封信息载体"——按此释义，套封传递并缄封的《二十四史》《资本论》或《大英百科全书》，是不是也统统可以划入信函？还有，何谓"其他具有信件性质的物品"？该细则声明，"是指以符号、图像、音响等方式传递的信息的载体"。考虑到中国人对常用语汇的理解可能有所不同，该细则还特地宣布，邮政专营的"具体内容由邮电部规定"。

上述案例，在高速增长的中国经济里似乎小到不足为道。不过深入案例，才清楚认识中国经济所遭遇体制摩擦的经济性质。很明白，在直接生产成本或直接服务成本之外，经济运行还要支付其他耗费。这些"额外的"代价，可以大到足以让许多商业活动根本无从发生。

结论：体制成本至关紧要

本文定义的体制成本，是"成体系的制度带给经济运行的成本"。它不但包括由前辈学者原创、极富启发性的交易费用或纯商业费用，而且包括在市场以及非市场环境里通过一系列制度强加给各方当事人的成本，其中包括税费、管制、审批、法律政策的限制及禁止，以及围绕希冀这些变量发生变化的观念、舆论、公共政策辩论以至于政治竞争等相关耗费。强制性成本之所以得以普遍发生，是因为任何经济活动都离不开国家及其代理机构或代理人参与其中。在产权受到合格保护（这本身就是一种国家行为的结果）、资源利用基于自愿选择的场合，形形色色的契约真要得到执行，在事实上离不开合法强制力居中提供服务。在命令经济即国家直接配置资源的场合，强制力内生于政企合一的行政经济综合体，体制成本直接构成经济体系的运行成本。在任何一种情况下，国家强制力都参与经济运行，经济增长都支付体制成本。体制成本为零的世界，不过是想象中的乌托邦。

转型——从计划命令经济转向市场经济——就是体制变革，即一系列制度发生转变从而影响经济体系的运行。由于体制变量在转型经济中居于更为显著的中心位置，因此超越直接生产成本和狭义交易成本的体制成本，相对容易被纳入转型经济研究者的视野。要理解和阐释转型经济的种种现象，诸如变革动力、阻力与摩擦、潜在生产力的突然释放、长期经济走势的起落，皆离不开对体制成本的分析。

中国经济提供了一个难得的案例。改革前令人难堪的贫困，同时意味着拥有极为低廉的直接生产成本，表明在中国经济体内蕴含着极为巨大的潜在比较成本优势。要解决的问题，是把高昂的体制成本大幅度降下来，为此必须打破原有体制坚硬的外壳。改革开放实现了以上使命，经由一系列制度变迁——观念的、法律的、成体系政策设计与组织安排的转变——使得中国潜在比较优势在全球市场上破门而出，由此改变经济体系运行的轨迹与绩效，创造了高速增长的中国奇迹。因此，理解中国经验的基本线索，不是别的，正是以一系列制度的变革大幅度降低了经济体系运行的成本。

不过，改变了世界经济格局的伟大中国成就，并没有也不可能改变冷峻的经济法则。成本曲线终究先降后升，体制成本甚至在高速增长中升得更急。伴随高速经济增长，人们观察到曾经大幅下降的体制成本重新上升，并由此削弱中国经济在全球的比较竞争优势，拖累一向靠成本优势发力的中国经济增长。形势很清楚，以全面深化改革抑制并扭转体制成本重新急升的势头，是中国经济持续增长必不可缺的前提条件。

穿越金融下行周期的河流

如是金融研究院院长、首席经济学家 管清友

焦虑的时代

这是一个焦虑的时代。

我们大多数人都呈现出不同程度的焦虑，我们为什么会面临如此普遍的焦虑，其原因无非来自三个方面：

其一，产业变迁。

产业变迁的速度太快了，以至于我们一时无法跟上。过去十年，尤其是过去五年，我们看到最多的是什么？是产业结构、产业内部不同企业之间的变动非常快。很多时候并不是我们自己没有努力，而是我们身处一个相对传统的行业，被其他新兴产业远远抛在身后，所以我们会焦虑。而且，这种产业的变动仍然在持续。所以，我们会焦虑。

其二，资产泡沫。

在过去十年，各个领域的资产，权益资产、固定收益资产、不动产、另类资产，都不同程度地出现了一轮泡沫，有的泡沫很大，有的泡沫已经破灭了，有的形成了更为坚硬的泡沫。在此过程中，有的人抓住了资产的泡沫，成了所谓的人生的赢家，有的人则失去了抓住泡沫的机会，也被社会其他阶层落下了。所以，我们会焦虑。

其三，快速迭代。

处于互联网时代，大家最强烈的感受是，无论对于商业模式而言，还是对于产品、服务而言，包括我们今天所说的话语体系，包括我们看到的

所谓新物种、新部落，都在快速迭代，我还没有理解上一个词的意思，下一个词已经出来了。

在资本市场中，我们看到了非常多的风口，东南西北风不停地吹。"风口太多，猪都不够用了"，在快速迭代的过程当中，我们无所适从。所以，我们会焦虑。

泡沫的背影

2015年是一个重要的年份。2015年以后股灾、债灾、房地产严控，我们几乎经历了各类资产泡沫的破灭。实际上，这个泡沫从2008年就开始了。在最近十年，我们实际上经历了金融化到对金融化进行整顿，去杠杆、去金融化的过程。20年前，1998年曾经进行过这样一轮去金融化，各类资产泡沫一个都没有少，治理整顿的过程这些泡沫一个也跑不了，所以我们也不要心存侥幸。

刺破泡沫，有主动的原因也有被动的原因，主动的原因占主要部分。先说被动的原因，2008年以后，全球主要经济体量化宽松，在理论和实践上我们确实遇到了前所未有的挑战。凯恩斯主义那套行不通，实践中我们看到这种量化宽松政策造成了严重的资产泡沫、严重的社会分化，造成了全要素生产率不但没有提升反而下滑。过去十年，美国经历了伯南克经济学、耶伦经济学，日本经历了安倍经济学。

中国也在不停地探索，三期叠加的判断、新常态的提出、供给侧结构性改革的施行、新时代中国特色社会主义政治经济学的倡导，都是对当下中国如何应对危机、走出新路，甚至是引领世界的尝试。大家对于全球金融危机之后走出困境各显神通，成功与否现在还没有定论，从不同的角度看很难说。有一点是我们看到的，过去十年确实经历了资产的剧烈波动和泡沫，也经历了货币政策、宏观政策的来回摇摆，社会各个阶层财富占有的差距，已经影响到主要经济体的政治社会生态。特朗普总统上台其实和这点有很大的关系，对于资产泡沫、社会分化，其实各国都是试图尽快地走出来，这是被动的因素。

再说主动的原因。从中国的情况来看，有些人是过去五年金融泡沫和资产泡沫的受益者。金融化和泡沫化的时候，离金融资本、房地产最近的当然是最受益的。所以金融政策紧缩的时候这些人也是最难受的，这就是我们眼下正在经历的事情。

我们在主动刺破泡沫。从我个人的观察来讲，2015 年是一个分水岭，2015 年有两件事情触发了我们主动刺破泡沫的决心。

一是股灾。2012 年十八大以来，总体上是鼓励，延续前五年金融创新、鼓励创新的模式，整个环境相对宽松，这个过程中伴随着比较宽松的货币金融环境，也出现了一些不当的创新，打着创新的幌子制度套利、跨市场套利。当我们说价值投资的时候，我一直要打个问号，过去五年是价值投资吗？有一部分，但大部分是制度套利和跨市场套利。

二是 2015 年年底正式提出供给侧结构性改革。股灾的发生让我们意识到过度宽松的货币政策、过于宽容的金融监管导致了资产泡沫及其破灭，影响了整个经济系统和金融系统的稳定，甚至威胁到了国家金融安全，这是 2015 年发生的重大转变。

股市和债市出现这么大的波动，监管政策并没有马上调整，一直到 2016 年四季度甚至 2017 年上半年才逐渐显现出来，这是因为中间有一个决策时间差。中央定调和一线执行也需要时间，因为中央层面管得没有那么具体，所以我们看到 2015 年股灾以后开始探讨成立一个跨部统筹的大监管机构，最高当局已经开始要下定决心整顿金融，这是我们站在今天的角度回过头去看当时的情况。

货币政策不能再这么宽松了，不光是我们，美国、欧洲也逐渐步入货币政策的常态化，美国 2015 年已经进入弱加息的周期了，这就是为什么2015 年重要。

2015 年年底的中央经济工作会议专门提出的供给侧结构性改革，开始下决心"三去一降一补"，要解决产能过剩的问题，要解决房地产高库存的问题，要解决企业融资成本高、企业负担重的问题。2015 年发生这种转变我想也与资产的泡沫、产能过剩、大量的企业跑路有关系，所以这是主动刺破泡沫的开始。

2016 年我们看到的情况是逐步进入去杠杆的过程，"三去一降一补"从钢铁、水泥、建材等行业开始逐渐蔓延到整个传统行业，2016 年四季度到 2017 年上半年开始正式蔓延到整个金融行业各个业态中。

2017 年，我也经历了很多事情，但对形势的判断，基本上还是看清了趋势、踏准了节奏。《迟到的出清》谈了中国正式进入全面的市场出清阶段。《回头却不是从前——从 1998 到 2018》系统总结了中国式的经济运行、宏观调控和危机应对特征及其影响。《金融王气黯然收》较早预言了监管和整个金融行业生态的变化。《庞氏金融的崩塌》把造成今天局面的宏观金融原因做了梳理，并对未来做了预判。《最后的泡沫》是对资产泡沫破灭以及时间节点的分析。

加速的集中

由于政策的严格、刚性，一些地方政府、地方平台公司重新进入一个调整期，所以在这种情况之下，我们看到地区、产业、企业之间的分化和集中已经开始。

首先，地区的分化。

长三角、珠三角和全国其他地区的差距在进一步拉大，也就是说全国其他地区和长三角、珠三角这些能够在过去十年里主动调整经济结构、主动地腾笼换鸟的地区差距在拉大。东北地区的争议甚嚣尘上，对过去改革不彻底的反思已经非常深刻。城市之间的竞争加剧，新一线城市崛起，与其他城市的分化日趋严重。很多地区的经济增长正在经历挤水分的过程，辽宁、内蒙古、天津滨海新区这些地方已经爆出，一些发达省份和经济大省的统计水分也不可小视。

其次，产业的分化。

中国正在经历美国在 19 世纪和 20 世纪经历的并购、重组、产业集中度提高的过程，美国的钢铁行业先是从卡内基钢铁公司发展起来的，卡内基钢铁公司的钢铁出口占到美国钢铁出口的 70%，后来被摩根收购了。中国实际上也在经历这样的过程，产业的集中并购、重组，但中国的情况非常特殊，我们特殊在两个方面，一方面是国有企业拉郎配，同时民营企业借助资本市场进行并购确实有些不错的案例。另一方面，我们的二级市场还不太规范，很多情况下是以并购为名，行市值管理之实，只是变相炒股票，引发监管层对并购重组的高度重视。这是两个特点。不管怎么说，中国确实会经历美国在 19 世纪和 20 世纪经历的产业大整合，即产业+资本的融合过程。

几乎所有的行业，无论是传统行业还是互联网行业，都出现了向龙头和上游集中的特征。企业身处其中，真是逆水行舟，不进则退。如果进不了前十，前二十，很可能就会被淘汰。

在各类富豪排行榜中，传统的富豪是重资产行业，而新兴的富豪大都来自于互联网、金融等行业。创业者之间的分化也非常严重，很多创业公司两三年之内就做成了独角兽，当大家称其为巨无霸的时候它却轰然倒下，这种快速的迭代是互联网时代的一个重要的特征，也引发了泡沫、引发了人们的焦虑。

这个分化还表现在一级市场、二级市场上。过去十年我们经历了一级市场、二级市场的各类泡沫，潮水退去之后我们发现真正的价值投资，即基于商业模式、产业的投资为数不多，所以在一级市场、二级市场的泡沫是非常之大的，真正做出来的企业其实是凤毛麟角。

我们看到，在很多产业中已经出现这种加速的集中，企业龙头在一级市场、二级市场、整个国际市场的地位都更加凸显，所以赢者通吃、胜者全得。

中国的股票市场也经历了严重的分化，A 股日益港股化，未来我们会看到很多"仙股"，没有多少交易，无人问津。龙头行业、龙头企业的市场占有率优势明显，这也是我们在 2017 年股票市场看到的龙头企业受到资金追捧的一个非常重要的原因。当然，在整个金融收缩、金融下行的过程当中，对于投资者、投资机构而言，最优的选择当然是买安全边际最高的标的，所以龙头行业、龙头企业就成为大家的首选。

所以今天的中国企业家、中国的创业者、中国的普通老百姓也开始觉醒，这些群体已经不太愿意被征收"智商税"，所以他们在拼命地学习，拼命地读书，想在泡沫破裂以后能够看清事物的本质。

跨界的创新

中国的新兴业态，实际上是在市场的夹缝当中产生和生存的。今天我们看到的 BAT 等互联网公司没有哪一个不是从市场的缝隙当中产生出来的。

从需求来看，中国有最广阔的市场，再大的创新也需要市场。ICQ 在以色列不行，QQ 在中国就能迅速发展。

从供给来看，中国在很多领域的市场结构，还是垄断式的结构，体制僵化，管制盛行，任何一个松动的改革，都会释放巨大的供给潜力。供给侧结构性改革十分重要。国企改革是重中之重。

从技术来看，互联网技术让世界变平，互联网与具体产业的结合，提高了效率，改变了商业模式，改善了用户体验。人工智能正在逐渐商业化，区块链技术尽管遭遇了投机炒作，但泡沫过后，依然会留下适应市场的模式。关键在于，技术的发展，突破了很多政策壁垒，让中国出现了从"后发劣势"到"后发优势"的转变。

从监管来看，监管的滞后给了一些创新迅速发展的机会，也带了风险。中央监管和地方监管的诉求和功能不同，也给很多创新带来了难得的缝隙。当木已成舟时，与监管博弈的机会就出现了。当然，监管的僵硬，也是企业家必须认清的中国特征。

主动的选择

在这种情况之下，我们怎么去选择？

如果以消极的态度来讲，我总结几句话"活下来、熬过去、坚持住、等风来"。

如果从积极的角度来看，我们用积极的心态应对这种情况，我想是"深挖洞、广积粮、早称王、不称霸"。

对睿智者，这是最好的时代；对平庸者，这是最坏的时代。

在未来的 3~5 年或者是 5~10 年，在整个金融下行周期环境当中，保住你的财富可能是首要目的，金融下行周期意味着全市场利率水平的提高，企业融资更难了、成本更高了，中小企业生存环境更差了，监管趋严了。

当融资的成本更高了、融资更难了，企业经营压力更大的时候，我觉得相对消极一点的做法就是防范风险、熬过去，准备超越这个周期。

我们不得不承认在未来 3~5 年挣钱更难了，我们不大可能再赶上特别大的资产泡沫了，挣钱最快的时代过去了，金融回归实体的时代确实回来了。

如果有人告诉你今天刮东风，明天刮南风，我希望你不要被风吹得晕头转向，当然也希望各位用积极的态度应对金融下行周期。

"深挖洞"

为什么是"深挖洞"？对于企业来说，做好风险控制是当前第一个要注意的。无论是大企业还是小企业，都面临来自于政策的风险、来自于监管层面的风险、来自于经济下行的风险。

"广积粮"

什么是"广积粮"呢？要把企业所需要的条件要素合理地配置好，要学会做减法，要抓住核心的东西。

在过去十年我们经历了太多的风口，各种酷炫的新事物。但是我们必须清楚认识的是，做外卖还是要把饭做好，做好饭是我们核心的东西、核心的要素。做内容的，当然要把内容做好，分发的平台再多，精品内容仍然是稀缺的。这也是我愿意做一个独立第三方投资研究平台的初衷。做投资，总要选择比较良好的标的吧？新零售，无论如何新，产品总还是要做好吧？所以今天这个时代，"广积粮"的意义在于我们要在泡沫化的时代用一种工匠精神重新认识到我们所做事情的本质。

"早称王"

什么是"早称王"？未来企业分化会越来越快，赢者通吃、胜者全得的现象愈发明显，我们要早日成为细分行业的龙头。

如果是一家全球性的公司，你至少要占据中国市场；如果目标是细分区域市场，你一定要成为区域的龙头。"早称王"，在于你能不能在细分市场、细分领域进一步提升客户的体验，抓住客户的心。

这个过程实际上是非常残酷的，也意味着当你成为龙头的时候，绝大部分人成了炮灰。

"不称霸"

为什么要"不称霸"？当你成为行业龙头的时候要低调，不要忘乎所以，多做善事，与社会、自然环境和谐友好相处，维持良好的政商关系。

最后，再说一遍：对睿智者，这是最好的时代；对平庸者，这是最坏的时代。

选择什么样的产业政策至关重要

国务院发展研究中心研究员　吴敬琏

选择什么样的产业政策去实现我们的目标，这是一个至关重要的事情。

林毅夫、张维迎两位教授在北大有一场引起了学界、产业界、政界广泛关注的关于产业政策的讨论，这场讨论影响很大。这是一个非常重要的问题，采取什么样的产业政策关系到中国经济能不能持续稳定地发展。

产业政策有不同类型，不可一概而论

一概否定产业政策或者一概肯定产业政策的人，其实都没有注意到，我们现在讨论的产业政策是有不同类型的。因此，有些人心目中想到的产业政策是指 20 世纪 80 年代主要从日本和韩国引进的那种产业政策，或者日本在五六十年代所采取的那种产业政策。其实，这只是产业政策的一种主要类型。

日本的产业政策，是日本战时统计经济的遗产，也靠五六十年代的一批经济学家的助推，当时的产业政策主要是两种——产业结构政策和产业组织政策，其中最重要的是前者。核心内容就是"运用财政、金融、外贸等政策工具和行政指导的手段，有选择地促进某种产业或者某些产业的生产、投资、研发、现代化和产业的改组，抑制其他产业的同类活动"。用我们现在的话来讲就叫作"有保有压，选择产业"。所以这种产业政策后来就被叫作"选择性的产业政策"。

1973 年，日本第一次石油危机时，石油价格猛涨，发生了长达四年时间的经济衰退，从 20 世纪 60 年代 10%以上的年均增长率下降到负增长，这个时候，许多日本经济学家就对产业政策提出了怀疑。他们并不否定产业政策，而是根据新古典经济学认为，在市场失灵的情况之下，应该靠政府的干预来弥补、补充市场失灵，来提升市场的功能。后来，日本的产业政策就开始从选择性的产业政策向提升市场功能的产业政策转变。这些日本的经济学家提醒要注意三个问题。

第一点，要正确地判断市场在什么情况下出现了真的失灵，需要政府进行干预。这对我们很有启发，从我们引进产业政策以来，存在把市场失灵泛化的倾向。有一些说法很明显是误读的，比如，把市场失灵说成是市场天然的缺陷，这就等于把市场失灵泛化了，使得政府合理的干预就变成了没有界限的干预。

第二点，针对不同的市场失灵应该采取不同的政策措施。

第三点，认识到市场失灵需要政府干预的时候，还要注意，政府干预也是会失灵的，这就需要权衡。有时候，为了弥补市场失灵而采取市场干预措施，造成的损害比市场失灵造成的损害还要大。这就需要在制定政策的时候，采取各种各样的办法，使得收益最大、损失最小。

产业政策的发展与完善是一个艰难的过程

从 1987 年我国正式引进产业政策以来，我们经历了一个探索实践的过程。这里特别值得注意的是，当时担任国家计委产业规划司副司长的刘鹤，长期做产业政策规划和执行的工作，他在 1995 年写了一篇论文，非常明确地提出，应当用功能性的产业政策来逐步替代差别化的产业政策（刘鹤把选择性产业政策叫作差别化产业政策）。他说变革的主要内容是：逐步淡化传统计划经济模式下差别对待不同产业的色彩，以增强其产业的竞争力，遵循反对垄断、保持竞争和广泛提供信息等原则来支持产业的健康发展。

提供信息、建立市场秩序、强化市场竞争功能，将成为新的产业政策的主要特征。这段话我觉得说得非常深刻，而且是切中时弊。可是要做到这一点是很不容易的。因为这个转变不但跟人们原有的观念相冲突，而且涉及有关主体的利益。

比如 1973 年，日本的石油危机以后很多人的思想就开始转变，而且他们反对日本的选择性产业政策，特别是学界的力量很强大，但改变仍然不容易。因为这些力量都是年轻一代的，受过现代经济学教育的经济学家几乎都持有相同的意见，但是又跟老一代的经济学家没法达成一致，而老一代经济学家都是日本经济学界的"大佬"，很有地位。

我亲身经历的案例就是日本利用产业政策支持开发模拟式高清电视的失败。当时各国都在开发高清电视，日本通产省和日本广播公司 NHK 研究后选定了模拟式的技术路线。模拟式的方法确实有优势，比如只要加强扫描密度，清晰度马上就提高了，这种策略最初取得了成功。但是模拟式电视机也有两个缺点，首要的缺点是创送流程复杂，成本高——因为它传播的时候不能用数字信号，而是用模拟式的波传播，接收以后变成数字，处理完以后再转化成模拟波。

而在美国，不是由哪个政府机构来选定技术路线的，而是各家企业自己搞自己的，于是在 1990 年出现了数字电视的苗头。就这样，日本太注重短期利益，所以大量的产业政策都去支持开发性研究，而不注意基础性研究，而美国的基础研究比日本强得多。通过基础性研究，也就是算法的研究，美国解决了信号的压缩和解压缩问题。这之后，传输就不成问题了。所以，日本便吃了一个大败仗，举国之力投资搞的模拟式高清电视全部打了水漂。

清华大学产业发展与环境治理研究中心曾邀请日本嘉宾来讲，20 世纪90 年代后，日本的政府对于强化竞争政策、消除政府选择性干预的影响所做的工作。他们说日本的四任首相都致力于消除旧体制和产业政策的负面影响，来强化竞争政策，但是到现在并没有完全成功，这个任务非常艰巨。

上文讲到刘鹤在 1995 年就提出了这个问题，对于这种意见学界很多人都觉得非常对，说得很准，但是进展起来非常困难。

选择什么样的产业政策是至关重要的事情

改善产业结构、提高效率具体的表现，就是"三去一降一补"，"三去一降一补"有两种办法实现，一种办法是用行政的干预，有选择地去扶植一些产业、抑制另外一些产业；另外一种办法，就是通过提升市场的作用、通过加强竞争来实现。中国的这项工作已经进行了几年，今后也是我们经济工作的一个核心部分，但是选择什么样的产业政策去实现我们的目标，这是一个至关重要的事情。

现在很有必要加快产业政策的转型，如何进行产业政策的转型呢？

第一，要认真总结 30 多年来执行产业政策的经验和教训。改进的方向已经非常明确，我们要沿着这个方向去做——要使市场在资源配置中起决定性的作用，更好地发挥政府的作用。政府的职责是什么呢？政府的职责和作用主要是保持宏观经济稳定，加强优化公共服务，保障公平竞争，加强市场监管，维护市场秩序，推动可持续发展，促进共同富裕，弥补市场失灵。

在现实的条件下，实现转化的要点就在于处理产业政策和竞争政策之间的关系，一定要改变过去所提出过的政府经济政策的中心就是产业政策，产业政策只是竞争政策的辅助。所以，我们要确立竞争政策的基础性地位，实现这个转型的要点就在于，从以产业政策为中心转向以竞争政策为基础。

第二，进行产业政策转型很重要的前提是，要按照党中央决定的方向，充分吸取中外关于产业政策研究的成果。采取什么样的产业政策？怎么来执行产业政策？一直是经济学研究的一个非常重要的课题，有许多好的成果值得吸取。

比如，罗德里克有一本书《相同的经济学，不同的政策处方》里讲，现在不是要否定产业政策，也不是要制定更多的产业政策，而是要有更好的产业政策。他提出一个问题叫"信息的外部性"，即对企业来说，存在市场失灵，就是因为其很难取得产业进一步向什么方向发展的信息，这个信息的取得是有外部性的，拿到准确的信息是需要付出成本的，要消除这个外部性，政府其实可以做很多工作。

第三，这个问题的关键是政府要做到有所为、有所不为。许多方面不应该用行政方法介入，而有些方法能够提升市场的功能，能够强化竞争，政府还有很多事情可做。

从三个维度看现代化经济体系建设

中国（海南）改革发展研究院院长　迟福林

中国社会主要矛盾的历史性变化

中国进入新时代，经济发展的阶段性特点，是由高速增长转向高质量发展。实现这一战略目标，就是要在质量变革、效率变革、动力变革的基础上，建设现代化经济体系，提高全要素生产率，不断增强中国经济创新力和竞争力。

（1）社会主要矛盾变化。中国特色社会主义进入新时代，中国社会主要矛盾已经转化为人民日益增长的美好生活需要和不平衡不充分的发展之间的矛盾。中国稳定解决了十几亿人的温饱问题，总体上实现小康，不久将全面建成小康社会，人民美好生活需要日益广泛，不仅对物质文化生活提出了更高要求，而且在民主、法治、公平、正义、安全、环境等方面的要求日益增长。同时，中国社会生产力水平总体上显著提高，社会生产能力在很多方面进入世界前列，更加突出的问题是发展不平衡不充分，这已经成为满足人民日益增长的美好生活需要的主要制约因素。

（2）高质量发展阶段。在产业结构上，由资源密集型、劳动密集型产业为主向技术密集型、知识密集型产业为主转变。在产品结构上，由低技术含量、低附加值产品为主向高技术含量、高附加值产品为主转变。在经济效益上，由高成本、低效益向低成本、高效益的方向转变。在生态环境上，由高排放、高污染向循环经济和环境友好型经济转变。最终将体现为国家经济实力不断增强，居民收入得到较快增长。

（3）发展内涵的提升。新时代的发展要能够满足人民日益增长的美好生活需要，要以更平衡更充分为目标，增进人民获得感。

发展条件的深刻变化

党的十九大报告指出："当前，国内外形势正在发生深刻复杂变化，中国发展仍处于重要战略机遇期，前景十分光明，挑战也十分严峻。"

（1）国际市场环境的变化。党的十九大报告在提出"世界正处于大发展大变革大调整时期，和平与发展仍然是时代主题"的同时，强调"世界面临的不稳定性不确定性突出，世界经济增长动能不足，贫富分化日益严重"。

（2）国内发展环境的变化。人民日益增长的美好生活需要与现有供给体系的矛盾突出。以老年人服务需求为例，当前中国老年人医疗健康消费需求规模每年不低于1万亿元，而实际供给不到2 000亿元，"有需求、缺供给"的矛盾相当突出。如果能够通过深化供给侧结构性改革，在教育、医疗、健康、环境等民生领域扩大供给规模，改善供给质量，降低供给价格，就能够精准提升"获得感"。

（3）转型发展的历史关节点。经济转型升级的趋势和特点突出，比如产业结构变革——产业结构正由工业主导向服务业主导转型。2017年前三季度服务业增加值占GDP的比重达到52.9%，预计到2020年有可能接近或达到60%左右。更重要的是，在服务型经济比重不断提升的同时，新产业、新业态、新模式不断涌现，成为助推产业变革的新动能。

再如，消费结构变革——消费结构正由物质型消费为主向服务型消费为主转型。估计到2020年，城镇居民服务型消费比重将由目前的40%左右提高到50%左右。

还如，城乡结构变革——城镇化结构正由规模城镇化向人口城镇化转型。预计到2020年，常住人口城镇化率有可能由2016年的57.35%提高到60%以上。新型城镇化和乡村振兴融合并进的趋势明显增强。

建设现代化经济体系的重大任务

（1）加快建设创新型国家。党的十九大报告提出："创新是引领发展的第一动力，是建设现代化经济体系的战略支撑。"

（2）实施乡村振兴战略。党的十九大报告提出："农业农村农民问题是关系国计民生的根本性问题，必须始终把解决好'三农'问题作为全党工作重中之重。"

（3）实施区域协调发展战略。党的十九大报告提出："加大力度支持革命老区、民族地区、边疆地区、贫困地区加快发展，强化举措推进西部大开发形成新格局，深化改革加快东北等老工业基地振兴，发挥优势推动中部地区崛起，创新引领率先实现东部地区优化发展，建立更加有效的区域协调发展新机制。"

发展理念的转变与提升。

（1）一条主线：深化供给侧结构性改革。建设现代化经济体系的首要任务就是适应新时代社会主要矛盾变化，以供给侧结构性改革破解"有需求、缺供给"的突出矛盾，适应人民美好生活需要，不断提升产品与服务的供给水平，持续释放巨大内需增长潜力。

一是加快建设制造强国，加快发展先进制造业，推动互联网、大数据、人工智能和实体经济深度融合，在中高端消费、创新引领、绿色低碳、共享经济、现代供应链、人力资本服务等领域培育新增长点，形成新动能。

二是支持传统产业优化升级，加快发展现代服务业，瞄准国际标准提高水平。促进中国产业迈向全球价值链中高端，培育若干世界级先进制造业集群。加强水利、铁路、公路、水运、航空、管道、电网、信息、物流等基础设施网络建设。

三是坚持去产能、去库存、去杠杆、降成本、补短板，优化存量资源配置，扩大优质增量供给，实现供需动态平衡。

四是激发和保护企业家精神，鼓励更多社会主体投身创新创业。

五是建设知识型、技能型、创新型劳动者大军，弘扬劳模精神和工匠精神，营造劳动光荣的社会风尚和精益求精的敬业风气。

（2）三大变革：质量变革、效率变革、动力变革。质量变革是主体。中国近 40 年的发展，速度很快，规模已经相当大，但是经济发展质量还不是很高。和发达国家相比，中国在一些技术上、质量上仍有不小差距，特别是一些制造业环节。

效率变革是主线。当前中国还有不少低效率的地方。比如，经济泡沫、金融风险等问题，归根结底是一个效率不高的问题。

动力变革是条件。从 2012 年开始，中国 15～59 岁的劳动力人口每年减少 200 万人左右，劳动力总数已经在减少，工资水平在上升。下一步要把过去的劳动力规模优势转化为人力资本优势。

（3）发展目的：提高全要素生产率。党的十九大报告中提出了提高全要素生产率的要求。提高全要素生产率，就是要把过去过度依赖自然资源的发展方式转向更多依靠人力资源的发展方式。

加快完善社会主义市场经济体制

党的十九大报告指出："必须坚持和完善中国特色社会主义制度，不断推进国家治理体系和治理能力现代化，坚决破除一切不合时宜的思想观念和体制机制弊端，突破利益固化的藩篱，吸收人类文明有益成果，构建系统完备、科学规范、运行有效的制度体系，充分发挥中国社会主义制度优越性。"

1. 必须以完善产权制度和要素市场化为重点

党的十九大报告要求："实现产权有效激励、要素自由流通、价格反应灵活、竞争公平有序、企业优胜劣汰。"

（1）完善产权制度。比如，完善非公有制企业产权保护制度、保护企业家创新收益、加强知识产权保护、完善农村土地产权制度、推进产权保护法治化等。

（2）实现要素市场化配置。比如，深化资源要素价格改革、实现农村土地要素市场化配置，以及实现劳动力、人才要素市场化配置等。

2. 推动国有资本做强做优做大

党的十九大报告提出："要完善各类国有资产管理体制，改革国有资本授权经营体制，加快国有经济布局优化、结构调整、战略性重组，促进国有资产保值增值，推动国有资本做强做优做大，有效防止国有资产流失。"这是一个重要突破：一是体现了从"国有企业"向"国有资本"的重要转变，突出了国有资本保值增值；二是以管资本为主改革国有资本授权经营体制，赋予国有企业董事会充分的决策权。

3. 发展混合所有制经济

党的十九大报告提出了新的改革目标——"深化国有企业改革，发展混合所有制经济，培育具有全球竞争力的世界一流企业。"这就要求在去产能取得阶段性成果的情况下，要把发展创新型国有企业作为改革的重要目标，推动国有企业转型升级；在发展混合所有制结构中，扩大社会资本参与，给民间投资提供更大的制度空间。

4. 统一市场和公平竞争，打破行政性垄断，防止市场垄断

党的十九大报告指出："全面实施市场准入负面清单制度，清理废除妨碍统一市场和公平竞争的各种规定和做法，支持民营企业发展，激发各类市场主体活力。深化商事制度改革，打破行政性垄断，防止市场垄断，加快要素价格市场化改革，放宽服务业准入限制。"

当前，优化营商环境不仅成为中国参与全球经济竞争的现实需求，而且成为激发国内市场活力、振兴实体经济的关键所在。优化营商环境，重点是破除垄断，关键是形成公平竞争的市场环境。

（1）全面实施市场准入负面清单制度。要以服务业市场开放为重点，全面实施市场准入负面清单制度，通过国内自贸区负面清单管理在全国范围内普及推广，在创新市场准入制度方面取得新突破。

（2）重点破除服务业领域的行政性垄断和市场垄断。初步估算，中国服务业规模有可能从 2016 年的 38.4 万亿元增加到 2020 年的 50 万亿元左右。这就需要进一步清理、修改、废除国有垄断行业、城市公用事业、公共服务等领域导致行政垄断的行政法规；探索实施符合新经济领域发展规律的反垄断方式，并形成有效的反垄断审查机制。

（3）以发展中小企业为重点维护公平竞争。近年来，中小企业数量明显增加，其发展在中国经济转型升级中的作用日益凸显，但其成长与发展并不稳定：中小企业平均寿命短，仅有 2.5 年，与美国的 8.2 年、日本的 12.5 年有较大差距。据全国工商联调查，90% 的小企业和 95% 的微小企业没有与正规金融机构发生任何借贷关系，其融资多依靠民间投资市场。

5. 完善市场监管体制

过去几年，简政放权改革在多方面取得重要突破，在激发市场活力、稳定实体经济上发挥了重要作用。面对经济运行中的各类风险因素增大，以监管变革为重点加快政府改革步伐，有利于使市场在资源配置中起决定性作用和更好发挥政府作用。

为防止各类经济风险的发生，守住不发生系统性金融风险的底线，需要加快推进监管的转型与变革。比如，尽快实现由分业监管向混业监管的过渡，建立综合性金融监管体制；尽快形成统一的国家反垄断体制，强化反垄断的权威性、统一性，建立既适用于内资又适用于外资，法治化、规范化的反垄断体制；尽快形成统一权威的食品药品监管体制，以适应全社会消费结构升级需求，形成安全而又良好的经济社会环境。

6. 完善促进消费的体制机制，增强消费对经济发展的基础性作用

当前，中国消费结构正由以物质型消费为主向以服务型消费为主转型。2017年前三季度，全国社会消费品零售总额同比增长10.4%，增速与上年同期持平。最终消费支出对经济增长的贡献率达到64.5%，比上年同期提高了2.8个百分点，消费对经济增长的基础性作用进一步巩固。中国正进入一个"新消费时代"。

7. 深化投融资体制改革，发挥投资对优化供给结构的关键作用

当前，发展实体经济仍面临民间投资增速下降的突出矛盾。从扩大民间投资、振兴实体经济的现实需求看，深化投融资体制改革的现实性、迫切性全面增强。

8. 加快财税金融体制改革

党的十九大报告要求："加快建立现代财政制度，建立权责清晰、财力协调、区域均衡的中央和地方财政关系。建立全面规范透明、标准科学、约束有力的预算制度，全面实施绩效管理。深化税收制度改革，健全地方税收体系。深化金融体制改革，增强金融服务实体经济能力，提高直接融资比重，促进多层次资本市场健康发展。健全货币政策和宏观审慎政策双支柱调控框架，深化利率和汇率市场化改革。健全金融监管体系，守住不发生系统性金融风险的底线。"

（1）加快税收结构调整。一般来说，直接税比重高更有利于服务业发展、有利于消费释放，有利于收入差距调节。从国际经验看，高收入国家直接税占比平均达到63.56%。中国目前仍以间接税为主体。根据统计数据计算，2015年，中国直接税比重为42.4%，间接税比重为57.6%。适应中国经济转型升级的趋势，需要尽快改变直接税比重偏低的状况。

（2）以降低制度成本为重点的税制改革。进一步加大减税降费的力度，实质性降低企业制度成本，是优化营商环境、振兴实体经济的重大举措。

（3）加快建立金融支持实体经济的体制机制。主要是防止金融脱实向虚，重点解决中小微企业贷款难的问题。

推动形成全面开放新格局

党的十九大报告强调："开放带来进步，封闭必然落后。中国开放的大门不会关闭，只会越开越大""主动参与和推动经济全球化进程，发展更高层次的开放型经济，不断壮大中国经济实力和综合国力"。

1. 要以"一带一路"建设为重点，形成双向互济的开放格局

党的十九大报告要求："以'一带一路'建设为重点，坚持引进来和走出去并重，遵循共商共建共享原则，加强创新能力开放合作，形成陆海内外联动、东西双向互济的开放格局。"在经济全球化新的十字路口，"一带一路"倡议不仅是中国"二次开放"的重大战略布局，也是中国拓宽经济转型升级空间的重要选择。

（1）以基础设施互联互通为依托。目前，"一带一路"框架内的基础设施在建项目已经覆盖了 44 个国家。未来 10 年，要加快打通"一带一路"在陆上、海上、空中的贸易流、物流、人流、信息流通道，形成放射性、网络化的交通布局，着力构建连接中国与自由贸易伙伴的经济大走廊，提升贸易物流便利化水平。

（2）以产能合作和服务贸易为重点。从趋势看，"一带一路"沿线国家和地区的经济互补性较强，在国际产能和装备制造业合作方面潜力巨大。据国家发改委预测，中国对外产业投资将从 2015 年的 1 200 亿美元增加到 2018 年的 1 600 亿美元。中国（海南）改革发展研究院课题组初步估算，2014—2020 年中国对"一带一路"国家和地区投资规模预计达到 9 600 亿美元。

（3）以建立自由贸易区网络为目标。未来"一带一路"面临的国际环

境更加复杂，干扰因素将明显增多。这既是"一带一路"的重大挑战，也是重要机遇。不管形势如何变化，制度性安排可以保障"一带一路"的稳定性，而多种形式的自由贸易区网络就是主要的制度安排。同时，通过构建"一带一路"自由贸易区网络，巩固中国与周边及沿线国家的经贸合作关系，拓展国际合作领域，创新合作机制，使"一带一路"在全球经济治理中发挥重要作用。

2. 实行高水平的贸易和投资自由化便利化政策

（1）全面实行准入前国民待遇加负面清单管理制度。形成对外开放新体制，完善法治化、国际化、便利化的营商环境。

（2）大幅度放宽市场准入，扩大服务业对外开放。2013 年 9 月—2017 年 3 月，国务院先后批复成立上海、广东、天津、福建、辽宁、浙江、河南、湖北、重庆、四川、陕西 11 个自由贸易试验区。目前，国内自贸区的负面清单仍有 95 项，其中 70 项针对服务贸易。应该进一步精简负面清单，健全服务贸易促进体系，有序扩大服务业对外开放。

3. 优化区域开放布局

（1）西部大开放带动西部大开发。推进"一带一路"建设使中国西部从开放"末梢"变身开放前沿。应把握住丝绸之路经济带建设的历史性机遇，把西部地区特色优势转化为经济优势，以西部大开放带动西部大开发。

（2）形成"一带一路"东北开放的大格局。开放度低是制约东北经济发展的"最大短板"，是产业结构调整滞后、体制机制改革难以破题的症结所在。为此，东北地区应加快融入"一带一路"倡议，构建东北对外开放的大通道、大平台、大布局，由此形成东北振兴的新动力。

（3）推进沿边大开放。深化与周边国家和地区合作，实现沿边开放的重大突破，是沿边地区主动融入和服务"一带一路"倡议的重要任务。

4. 赋予自由贸易试验区更大改革自主权，探索建设自由贸易港

（1）以服务贸易为重点加快自贸区转型。适应新形势的需要，应当鼓

励支持现有的自贸区在服务贸易发展和服务业市场开放上先行先试。

（2）积极开展产业项下的自由贸易政策。从不同区域的特定优势出发，支持具备条件的地区率先实行旅游、医疗、健康、文化、职业教育等产业项下的自由贸易政策，走出一条开放转型的新路子。

（3）推进粤港澳服务贸易一体化。这是粤港澳区域一体化的重大选项。这不仅有利于推动粤港澳区域经济一体化，充分发挥三地在服务贸易方面的优势，而且对促进和服务于"一国两制"将产生重要影响。当前，重要的是在管住货物贸易的同时全面放开人文交流。

5. 创新对外投资方式

党的十九大报告要求："创新对外投资方式，促进国际产能合作，形成面向全球的贸易、投融资、生产、服务网络，加快培育国际经济合作和竞争新优势。"2017 年 8 月，国务院出台的《关于进一步引导和规范境外投资方向的指导意见》对对外投资作了明确要求。

（1）鼓励开展的境外投资。支持境内有能力、有条件的企业积极稳妥开展境外投资活动，推进"一带一路"建设，深化国际产能合作，带动国内优势产能、优质装备、适用技术输出，提升中国技术研发和生产制造能力，弥补中国能源资源短缺，推动中国相关产业提质升级。

（2）限制开展的境外投资。限制境内企业开展与国家和平发展外交方针、互利共赢开放战略以及宏观调控政策不符的境外投资，比如房地产、酒店、影城、娱乐业、体育俱乐部等境外投资。

（3）禁止开展的境外投资。禁止境内企业参与危害或可能危害国家利益和国家安全等的境外投资。

中国经济：新时代新思维

清华大学中国与世界经济研究中心主任　李稻葵

新时代中国经济三大特点

中国特色社会主义进入了新时代，我认为，新时代的中国经济有三个新特点。

第一个特点是超大规模的实体经济和储蓄过剩。现在随处可见的共享单车几乎是一夜之间蹦出来的，它反映了中国人生产自行车的能力很强。目前，我国自行车的生产量至少占全球一半以上，而且生产能力还有剩余。目前，中国实体经济规模为 5.5 万亿美元，远远超过美国。2001 年，美国的实体经济是我们的 3.7 倍，日本的实体经济比我们高一点。但现在，我们实体经济的规模是美国的 1.3 倍。

当今中国经济的储蓄非常多。清华大学团队花了 13 年时间，研究了北宋、明朝、清朝的经济结构、经济规模，发现从北宋到明朝、清朝，储蓄的增长速度每年也就是 0.3% 左右，当时储蓄率高的年份是 3%。

储蓄非常重要，它是经济增长之源。1868 年日本才开始明治维新，而在 1894 年就开始和中国打仗了。按照《马关条约》，清政府赔给日本的银两，相当于日本每年财政收入的 6.8 倍，对日本工业化起到了极大的促进作用。

现在中国的固定资产投资比率非常高，增长速度一般都超过了 GDP 的增长速度。2016 年是经济增长速度不算快的一年，但是固定资产投资增长速度仍然超过了 8%。尽管很多人批评中国经济存在投资过度的情况，但即使这样，还是没有用完我们的所有储蓄。怎么办呢？于是就出现了资金出国，一部分钱借给我们的"穷兄弟"，比如中国去埃塞俄比亚修铁路并暂时获得经营权，这部分资金就是来源于整个中国人民的储蓄。

此外，中国每年有 1.2 亿人次出国旅游，接近全国人口的 1/11，一些人还出国去买房子，这些现象的本质也是中国储蓄的外流。按照经济学原理去分析，过剩的储蓄通过什么形式消化？一定是我们的产品自己老百姓不愿意消费了，才出国去买。

在新时代里，中国经济的第二个特点是要素相对成本的大逆转。

现在的中国劳动力价格已经上涨，但资本和资金依然相对充足。一些重要的电器生产商已经开始用无人车间，在车间里见不到人，全是机器。快递业也方兴未艾，20 年前送快递是蹬着三轮车，现在是汽车、厢式火车，甚至是高铁、无人机。这些变化实在不可想象。

在过去十几年，中国的劳动力几乎没有增长，但是，资本存量，也就是设备，正在以 300%以上的速度增长，可以发放贷款的银行资金，也就是存款，涨得更快。如果算上贷款，那就是 7 倍以上的增长。这说明我国的劳动力贵了，但资本已经不贵了，这就是中国经济新时代的另一个重大特点：我们已经不是一个资本和资金短缺的国家，相反我们是资金和资本相对充足的国家。

土地价格过去十几年翻了一番，土地价格上去了，资本的相对成本就下降了。此外，获得技术已经不难，资本不再短缺。现在已经有公司在试验用无人机送货，同样说明中国经济的技术获得能力已经很强，技术不再那么昂贵，中国的发明专利数量已经是世界第一。

中国经济进入新时代的第三个特点是国民的需求高端化、多元化。

一旦国内满足不了高端需求，消费者就会出国消费。目前，宝马汽车全球最大市场在中国，超过了美国的使用量，其在中国市场上热卖的车型是中高端车型，在美国反而是低端车型。这证明中国人的消费能力在升级，中国的消费已经占到了 GDP 的 47%，而且每年能够上升 0.7%～0.8%。这些年来，消费始终是拉动经济增长的力量。

怎么能够满足高端需求从而让经济升级，怎么能够让产业升级，把这些不断升级的需求留在国内，而不是把消费者推到国外？怎么保证中国经济不断发展？这是我们面临的挑战。

中国经济新愿景

中国经济的未来怎么样？十九大给我们描绘了一幅值得期待的蓝图，我们把它翻译成经济学的语言去解释。

第一个节点是 2020 年。经过我们的测算，按照 2016 年的美元计算，2020 年我们人均收入应该能够达到 1 万美元，这个数字非常接近于世界银行所定义的高收入国家的门槛，即 1.2 万美元。

当然，全面建成小康社会远不只收入水平这一项。2020 年按照购买力平价计算，我们的人均收入将会达到美国的 27%～30%。到了 2020 年，中国人也可以骄傲地说，我们没有拖全球经济发展平均水平的后腿，迈入了平均水平之上。

从另一方面看，由于全球的发展是极其不平衡的，高收入国家的水平很高，但是有大量的地区发展水平较低，两极分化严重。所以，到 2020 年，当我们人均收入达到 1 万美元时，同样可以使全球不平衡的格局大大改善。到 2020 年绝对不只是收入水平提高，更重要的是全面消灭贫困，把过去非常贫瘠的农村转变为现代化的富裕农村。

2035 年，十九大描绘的蓝图是"基本实现社会主义现代化"。经济层面上而言，我们就跨入高收入国家的行列了，发展水平进入中大型国家 30 强，而且人均 GDP 将达到美国的 50%。这个意义很重大，按一般的发展规律，只要人均 GDP 到了美国的 50%，经济就会比较稳定，因为我们的人口数量是美国的 4 倍。折算下来，届时中国经济总量就将是美国的 2 倍以上。

到 2035 年，我们的人均收入水平将跟西班牙差不多。老百姓收入水平高了，社会民主、法治、百姓的文明程度以及百姓的心态，都需要跟上。

2050 年，我国发展水平进入中大型国家 20 强，人均收入和法国差不多。人均 GDP 应该至少达到美国的 70%，GDP 总量是美国的 2.8 倍，这是一个很大的发展前景。2050 的发展目标，绝对不仅仅是经济发展水平，更重要的是社会不断进步，社会法治、民主、文明建设得更加完善。

2020、2035、2050，这些美好愿景会不会太乐观？事实上，这样的推算是保守的。比如达到前面所说的那几个标准，只要我们在前面的 13 年按照 5.5% 去增长；接下来的 10 年按 4% 增长——4% 是最近金融危机爆发后韩国的发展速度，不算很高；再接下来最后那 10 年按 3% 增长——3% 也不算什么，美国也有几年增长速度达到 3%；按 5.5%、4%、3% 这个标准区间发展。

新时代中国经济面临六大挑战

中华民族伟大复兴绝对不是轻轻松松就能够实现的，一定要有艰苦付出的思想准备。哪些地方需要我们艰苦付出呢？我们未来的挑战是什么呢？新经济的发展需要一些新思维，有几个方面需要特别关注。

金融危机坚决不能有

国际经验证明，一旦发生金融危机，经济发展可能倒退十几年。金融危机爆发后，韩国砸锅卖铁，老百姓连金戒指都卖了，韩国第一国民银行也被卖给了美国私募股权公司。整个金融体系元气大伤，优质企业也得不到融资。

金融危机到底会以什么形式在这些国家出现呢？有两种形式：一种形式是自己没钱，借了很多钱。别人忽悠你："你经济发展情况不错，我利率很低，借给你吧。"拉丁美洲国家、当年的东南亚国家、韩国都是这个情况，别人忽悠他们，借钱给他们。但是，之后债主们突然就变脸了："你们的经济发展好像不太好，你们的企业好像竞争力不太行，你们的政治制度没搞好，我不跟你续约了。"甚至说："你把钱提前还给我吧！"拉丁美洲反反复复的金融危机就是这么产生的，这叫"国际收支的危机"。中国出现这种危机的可能性不太大。中国目前是储蓄大国，同时我们从外面借钱非常谨慎。

关键在于必须提防第二类金融危机。第二类金融危机有点像 2008 年美国式的金融危机——金融体系自身没有建设好，过分依赖贷款、投资，于是产生了一大堆不值钱的金融资产，短期内的交易一旦出现问题，大家都去抛售。一旦抛售就会使资产价格下降，导致公司破产，金融体系缩水，金融体系一缩水实体经济跟着倒霉。

党的十九大报告指出，健全金融监管体系，守住不发生系统性金融风险的底线。2017 年 7 月召开的全国金融工作会议，关键词也是"稳定"，不能发生风险，这是底线，坚决不能突破。

目前，中国的主要金融风险是流动性太大，大量的金融资产以流动性很强的存款和现金的形式存在，约合 23 万亿美元，而央行只有 3 万亿美元的外汇储备。按照现在的换汇制度，只要有 5%的中国人不相信中国的金融体系，准备要出国，我们的金融就会出现问题。所以未来的十年、二十年，资金跨境的流动恐怕都需要管理，绝对不能听一些所谓的国外主流学者、经济学家的忽悠，这条线是不能碰的。如果把这些银行存款和现金逐步转换成老百姓持有的公司债和国债、地方债，使流动性下降，情况会稍微好一点。

大国发展思路解决发展不平衡问题

发展不平衡不充分有很多表现，包括医疗、教育、公共服务等。从经济层面来讲，我们现在集中表现为区域发展不平衡。即使是两个相邻的省份，经济状况差距依然很大。江苏省是全国人均 GDP 最高的省份之一，人均 GDP 是安徽省的两倍以上；安徽省人均 GDP 全国倒数第六，这就是中国经济的不平衡。

不平衡恰恰是经济增长的潜力，就是要让那些短期内还没有发展起来的地区发展起来。这就是我们大国发展的潜力，归根结底怎么弥补发展不平衡？经济层面上讲，资源尤其是生产力要素，要流动起来：或者资金带着技术从江苏省流到安徽省，或者是人口从安徽省逐步挪到江苏省。

提高劳动力素质

第三个挑战可能更加长远，即劳动力素质问题。现在北京快递员的平均月收入还不错，他们也应该是最有忧患意识的群体。因为未来社会的竞争主要是劳动力跟劳动力的竞争，同样的装配线，同样的流程，中国的劳动力能不能干得比意大利强，能不能够让工厂的生产能力留在中国，而不是去意大利或者匈牙利，这是关键。说到底这是劳动力要提高生产效率的问题，工作能力要提高，单位时间的效率要上去，"周末不休息只加班"的模式不可持续。中国要实现 2035、2050 的愿景，劳动力的技能一定要提高，一定要对标世界发达国家的水平，仅仅对标东南亚、印度是不行的。未来，快递小哥、工人等这部分人能不能够操纵机器，能不能够适应未来的柔性化生产，这是关键。

未来还有一个竞争，就是人跟机器的竞争，会不会出现一个科技陷阱呢？快递小哥们会不会被以后的自动送快递的机器和车取代了呢？十年内恐怕很多快递工作就被机器取代了，届时上百万的快递小哥怎么就业呢？一定要依靠教育、教育、再教育，提升劳动力的素质，去适应未来需要。

我们现在的短板在哪里，事实上是在高中阶段的教育。现在初中毕业的一大批劳动者，收入可能很高。大量的学生初中毕业赶紧去就业，没有耐心读高中。他们还没有意识到自己的饭碗很快将被机器替代，必须转变工作方式，所以政府要采取对应的政策，要求他们在学校里多学几年，要多学点软的技能，包括心理学、历史、外语等，这才能够适应未来中国社会发展的需求。

在这个问题上，需要政府与市场同向使劲，比如政府增加教育投入，在未来几年内迅速普及高中阶段教育，同时政府也必须给相关的家庭提供经济激励，让这些家庭和孩子有经济能力去读书，而不是在初中毕业后就进入工资日益高涨的打工大军。企业也必须有激励，多雇用短期来看工作能力不能迅速提高的高中毕业生，而不是更年轻的初中毕业生。

合理应对老龄化

根据联合国 2015 年的预测，2050 年中国 65 岁以上的人口将达到 3.6 亿，约占人口的 25%。要通过制度创新、政策创新来解决老龄化问题。最好的前景是老龄化问题，对于有工作能力还可以继续工作一段时间的人，愿意干就干；不愿意干，老有所乐也行，建议专门设置老年活动区，给老年人娱乐用。

根据北京大学健康老龄与发展研究中心的预测，到了 2050 年有接近 1/4 的家庭只有一个人。人最怕的是健康出问题，长期住院，给社会、家庭带来负担。人生应该有三件事都得搞好：第一，智商要高。第二，情商要高。第三，"健商"要高，要懂得怎么管理自己的健康。管理好自己的健康其实不容易，仅早睡早起这一件事来说，道理很多人都懂，但就是做不到，所以"健商"很重要。

新型开放发展战略

第五个挑战来自于新型开放发展战略。中国储蓄率高，必然要走出去投资。投资的学问很大，投资不仅不能浪费我们的血汗钱，还要获得好的回报，而且要对世界做出新贡献。"一带一路"的目的就是用好我们的剩余储蓄，支持周边沿线还没有发展起来的兄弟国家搞建设，让他们跟中国经济一起往上走。所以 2035、2050 不仅仅是中国梦，也是一个世界梦。

海外投资不能仅仅把储蓄配置在美国资产上，不能像当年日本一样，匆匆忙忙一窝蜂出国购置资产，那样一定会吃亏。走出去投资一定要谨慎，一定不能钱多、人傻，被世界笑话。

从中国故事到中国理论

中国发展起来了，世界不理解，觉得中国人占了西方人的便宜。面对误解和曲解，需要讲好中国故事。但仅有中国故事还不够，还要有中国理论，理论上不去，理论立不住脚，在国际上、在政策发展问题上难有发言权。

18世纪60年代，英国人搞工业革命，1776年苏格兰人亚当·斯密出版了《国富论》，这本书被认为是经济学的《圣经》。《国富论》的基本思想是：自由市场经济能够自我平衡。自由市场经济中，人人都能发挥效益，且人人都从中受益。亚当·斯密不仅创造了理论，还创造了一种思想，影响了许许多多的人。

接近一个世纪后，马克思研究当时兴起的英国资本主义市场生产方式。他的《资本论》有着非常鲜明的斗争性、实践性，充满了哲学的思考。他说，资本主义的制度是暂时的，不是永恒的，因为资本主义制度有着潜在的本质性矛盾。马克思的理论恰好给当时的工人运动提供了思想指导，并指导了各个国家工人运动和科学社会主义的发展、思想和理论。

1933年大萧条，工人大规模失业，有人想买东西，但是工厂又不能开工。英国人凯恩斯作为那个时代顶尖的经济学家，看到了自由市场经济本身的冲突、矛盾，提出政府必须干预，政府发债券、雇佣工人从事劳动。他的思想在哲学层面实际上是继承了马克思。

美国建国200多年来，绝大部分时间是搞贸易保护的，美国内战的结果是，搞贸易保护的北方战胜了支持自由贸易的南方，完全背离亚当·斯密、大卫·李嘉图的基本原则。美国从内战结束以后一直到第二次世界大战结束，没有出经济学的大家，没有出思想家为自己辩护。第二次世界大战结束，美国要主导国际秩序，出现一位米尔顿·弗里德曼，芝加哥大学自由经济的领军人物，继承了维也纳学派。这符合当时美国所主导的自由市场经济的精神。第二次世界大战之后，哈佛大学当时最有名、最有影响的教授阿尔文·汉森，把凯恩斯主义引入美国，美国这么强大的经济体还要到英国去学凯恩斯主义，可见当时他们的经济学思想还是落后的。阿尔文·汉森的学生萨缪尔森奠定了很多经济学的基础，建立了现在整个经济学的理论体系。但是严格意义上来讲，萨缪尔森是一个技术上的先驱者、完美者，但并不是思想的领先者，他把凯恩斯主义和自由市场经济混在一起，称为古典综合。

这就是美国经济学的走势，一步一步地发展，总体而言，称得上成功。但是坦率地讲，思想层面有点欠缺，重大思想都是来自于欧洲的亚当·斯密、大卫·李嘉图、卡尔·马克思。

最悲情的故事发生在日本。日本的经济衰退为什么持续了将近 30 年？日本人非常勤奋，技术上精益求精，做一件产品几十年如一日。但是日本人的缺点是什么呢？没有学到西方的精髓，思想层面缺乏创新。

1998 年，亚洲金融危机冲击日本。此前，日本借了很多钱给东南亚国家，日本非常希望东南亚国家能够缓一口气，能够把这些钱还回来。国际货币基金组织的钱不够，日本建议由他们成立一个亚洲货币基金，由日本来营救亚洲国家，希望把这些国家扶起来之后能还钱给日本，就像美国人扶持墨西哥一样。美国人说，坚决不行，一定要按照国际货币基金组织的要求统一行动，日本就这样放弃了原来的想法。

我们有责任把中国故事在理论上讲清楚，在 2035 年、2050 年不仅要解决具体问题，而且要把中国的理论讲出来，为什么我们要这么做？为什么要市场跟政府同时使劲？过去我们成功的经验是什么？未来我们为什么要坚持这些经验？要把这些在理论上讲清楚，这是我们的责任。中国的经济学乃至整个社会科学仍然要走过漫长的道路。

第四章

制造大国向制造强国转变

高质量发展阶段的制造强国战略

工业和信息化部部长　苗圩

　　党的十九大报告从党和国家事业发展全局出发，描绘了新时代全面建设社会主义现代化国家的宏伟蓝图，做出了我国经济已由高速增长阶段转向高质量发展阶段的重大战略判断。在新时代的历史方位下，加快建设制造强国既是全面建设社会主义现代化国家的重要支撑，也是高质量发展阶段增强我国经济质量优势的关键。我们应该如何认识制造业，如何加快建设制造强国？

我国制造业肩负的新使命

　　在新时代的历史方位下，我国制造业肩负着怎样的新使命？

　　中国特色社会主义进入新时代，这是我国发展新的历史方位。以习近平同志为核心的党中央站在历史和时代的高度，做出一系列重大战略判断，确定了决胜全面建成小康社会、开启全面建设社会主义现代化国家新征程的目标和任务。面对新时代新目标新要求，制造业所承担的任务艰巨、责任重大、使命光荣。

　　制造业是实现工业化和现代化的主导力量，也是国家综合实力和国际竞争力的体现。从全球范围看，发达国家也常被称为工业化国家，说明现代化与工业化密不可分。国际金融危机后，发达国家重新聚焦实体经济，纷纷实施"再工业化"战略，加强对先进制造业的前瞻性布局，在人工智能、增材制造、新材料等新兴领域加快部署，谋求占领全球产业竞争战略制高点。反观一些发展中国家，在工业化中后期由于未能坚持发展制造业，现代化进程严重受阻。这些经验和教训表明，制造业始终是一个国家和地区经济社会发展的根基所在。

改革开放以来，我国制造业经过几十年的持续快速发展，建成了门类齐全、独立完整的制造体系，规模跃居世界第一，创新能力不断增强，支撑我国实现了从贫穷落后的农业国到具有全球影响力的经济大国的转变。在新时代，要实现建成社会主义现代化强国的奋斗目标，发展仍然是解决一切问题的基础和关键。制造业是实体经济的主体，是技术创新的主战场，是供给侧结构性改革的重要领域。制造业对于经济社会发展的意义，不仅体现在直接创造了多少经济价值，更体现在对创新活动和高端要素的承载作用，对经济结构优化的带动作用，以及对国民经济发展质量变革、效率变革、动力变革的长效驱动作用上。在高质量发展阶段，制造业必须以创新驱动发展为根本路径，努力实现从数量扩张向质量提高的转变。

习近平总书记多次强调，工业是我们的立国之本，只有工业强才能实现国家强。随着新型工业化、信息化、城镇化、农业现代化同步推进，各行业对装备升级的需求、人民群众对消费品质量和安全的需求、国防建设对装备保障的需求，都要求有更先进更强大的制造业作支撑。打造具有国际竞争力的制造业，是提升我国综合国力、保障国家安全、建设世界强国的必由之路。在中国特色社会主义进入新时代的崭新历史时期，我们必须坚定不移地发展制造业，扎实推进制造强国建设，为实现"两个一百年"奋斗目标和中华民族伟大复兴的中国梦做出新的更大贡献。

为此，以习近平同志为核心的党中央以全球视野和战略眼光，立足治国理政全局，提出实施制造强国战略。作为制造强国战略第一个十年的行动纲领，中国制造2025确定了"三步走"的战略目标，自2015年发布实施以来，各项工作取得积极成效，制造强国建设迈出实质性步伐。

一是制造业新动能培育取得新进展。深入推进制造业创新体系建设，国家和省两级制造业创新中心建设取得积极进展。持续实施工业强基工程，一批"卡脖子"问题得到解决。开展智能制造试点示范，关键产品和装备智能化步伐明显加快。广泛开展绿色制造，重点行业能耗水平和污染排放强度持续下降。高端装备创新发展，一批标志性成果不断涌现。

二是传统产业改造提升取得新成效。高新技术产业和传统产业不是截然分开的，传统产业经过改造提升也可以转化为高新技术产业。通过完善技改升级政策措施，企业产业技术水平和先进产能比重不断提高，近两年来技改投资在工业投资中占比 40% 以上。利用综合性标准依法依规推动落后产能退出成效明显，两年来共化解钢铁过剩产能 1.15 亿吨以上，"地条钢"产能全部出清，电解铝、水泥、平板玻璃一大批过剩产能也已化解。

三是制造业与信息技术融合发展迈上新台阶。国务院先后印发了《关于深化制造业与互联网融合发展的指导意见》《关于深化"互联网+先进制造业"发展工业互联网的指导意见》等指导性文件，通过政策引导和各方努力，互联网技术已广泛融入制造业企业研发设计生产等各环节，加快培育一批面向行业和细分领域的工业互联网平台，加快推进制造业"双创"平台建设。

四是制造业发展环境有了新改善。编制发布《中国制造 2025》"1+X"规划体系及配套政策，各地方政府也结合实际制定了贯彻实施方案和行动纲要，基本形成了横向联动、纵向贯通、各方协同的制造业政策体系。统筹区域布局，通过制定发布《"中国制造 2025"分省市指南》，推动形成差异化发展新格局。针对困扰企业的成本负担问题，推出多项降本增效措施，让企业轻装上阵，提高竞争力。

提高我国制造业的发展质量

党的十九大提出，建设现代化经济体系，必须把发展经济的着力点放在实体经济上，把提高供给体系质量作为主攻方向，显著增强我国经济质量优势。制造业是实体经济的主体，提高我国制造业的发展质量，面临哪些问题和挑战？

近年来，我国制造业供需结构性失衡问题比较突出，低端供给过剩、高端供给不足，在一些行业存在产能严重过剩的同时，大量关键装备、核心技术和高端产品还不能满足需求。这已成为影响制造业发展的主要矛盾，背后则反映了我国制造业发展的深层次问题。主要表现在：一是创新能力整体偏弱，以企业为主体的创新体系尚不完善，产业共性技术的研发和产业化主体缺失等问题突出；二是基础配套能力不足，先进工艺、技术标准和知识产权保护等基础能力较为薄弱，关键材料、核心零部件成为瓶颈，严重制约了整机和系统的集成能力；三是部分领域产品质量可靠性亟待提升，突出体现在产品可靠性、稳定性和一致性等方面；四是品牌建设滞后，产品档次不高，缺少一批具有国际影响力的品牌和领军型企业。

尽管面临这些困难和挑战，但我国制造业发展长期向好的基本面没有改变，制造业转型发展拥有广阔空间。习近平总书记强调，提高发展质量和效益，关键是加快转变经济发展方式、调整经济结构；要立足自身、放眼长远，推进供给侧结构性改革，探寻新的增长动力和发展路径。我们要按照这些指示要求，增强战略定力，坚定发展信心，加快制造业实现从数量扩张向质量提高的战略性转变，推动中国制造向中国创造转变、中国速度向中国质量转变、中国产品向中国品牌转变。

改革的着力点是什么

当前制约我国制造业发展的很多问题，主要症结仍然是体制机制方面的障碍。破解这些深层次发展难题，关键是深化体制机制改革，核心是处理好政府和市场的关系。在发挥市场在资源配置中决定性作用的同时，政府要在弥补市场失灵、优化产业结构、维护产业安全、促进公平竞争等重点方面更好地发挥作用。

一是营造公平有序的市场环境。要围绕重点领域关键环节持续加大简政放权力度，做到该放则放、放而到位、管而有效。落实企业投资主体地位，完善市场准入负面清单制度，保障各类市场主体依法平等参与市场竞争。完善事中事后监管体系，对新技术新业态采取鼓励创新、包容审慎的监管模式，进一步激发市场活力和社会创造力。建立健全优胜劣汰市场化退出机制，切实保障企业依法实现关闭或破产，加快处置低效无效资产，实现资源的优化配置。

二是积极推进要素市场改革。要加快生产要素市场化改革步伐，凡是能由市场形成价格的都交给市场，政府不进行不当干预。深化利率和汇率市场化改革，进一步健全多层次的资本市场，大力发展产业链融资，鼓励引导服务于制造业的金融创新，增强金融服务实体经济的能力。积极培育新要素资源，清理制约人才、技术、数据等要素自由流动的制度障碍，充分发挥市场机制放大社会生产力的乘数效应。特别是结合大数据战略，按照数据开放、市场主导的原则，制定数据资源确权、开放、流通、交易相关制度，打破信息壁垒、推动信息共享，构建以数据为关键要素的数字经济。

三是重点改善创新薄弱领域和环节。要在促进科技成果转化、知识产权保护、扩大新技术新产品市场空间等方面进一步加大支持力度，形成有利于创新的制度环境。重点是优化政府对创新支持的作用机制和作用方式。比如，通过设立中国制造2025产业发展基金，聚焦制造业基础性、战略性、先导性领域，以财政资金为引导，带动社会资本投入。再比如，针对产业共性技术缺失的问题，我们推动制造业创新中心建设，以市场化为原则，建立了"公司+联盟""小核心+大协作"的组织架构，在技术与资本结合、知识产权共享、科技成果转化等方面进行了有益尝试，取得了初步成效。未来，我们可以因势利导，在体制机制上进行更多尝试。

推进制造强国建设

制造强国建设是一个长期过程。制造强国建设"三步走"战略目标，既是支撑社会主义现代化强国建设的时间表，也是任务书。当前和今后一个时期，要坚定贯彻新发展理念，坚持质量第一、效益优先，以供给侧结构性改革为主线，以提高供给体系质量作为主攻方向，深入实施《中国制造 2025》，推动制造业发展质量变革、效率变革、动力变革。

要促创新。创新是引领发展的第一动力，是建设现代化经济体系的战略支撑。要加快建立国家制造业创新体系，建成一批高水平制造业创新中心。突出应用牵引，推动产业上下游协同。持续推进技术改造升级，全面提升产品技术、工艺装备、能效环保水平，实现重点领域向中高端的群体性突破。

要强基础。夯实制造之基，不仅关乎一国制造的品质，更决定着制造业发展的潜力。要持续推进工业强基工程，突破重点领域发展的基础瓶颈。要把质量品牌作为制造强国建设的生命线，持续开展质量提升行动，增品种、提品质、创品牌，加快提升中国制造的价值内涵与国际声誉。

要促融合。构建产业竞争新优势，必须做好信息化和工业化深度融合这篇大文章。要把握智能制造主攻方向，支持企业加快数字化、网络化、智能化改造。要推动工业互联网发展，积极培育基于互联网的个性化定制、在线增值服务、分享制造、众包设计等新型制造方式，培育新的经济增长点。

要抓示范。"中国制造 2025"国家级示范区是推动规划全面落地的重要抓手。要高标准创建，动态化管理，探索制造业转型升级的新路径、新模式。要将示范区建设与培育世界级先进制造业集群更好结合起来，形成若干有较强影响力的协同创新高地和优势突出的世界先进制造业集群。

要育人才。人才是制造强国建设的关键。要以先进制造业发展需求为导向，加快培养和引进一批专业技术人才、经营管理人才、高技能人才和领军人才，积极探索产教融合人才培养新模式。要不断健全培育企业家精神、劳模精神和工匠精神的制度措施，营造劳动光荣的社会风尚和精益求精的敬业风气。

新一轮科技革命和产业变革

纵观世界历史，每一次工业革命在推动社会生产力大跃升、人类文明大进步的同时，也使全球竞争格局发生深刻改变。正如习近平总书记所指出的，谁抓住了科技革命的机遇，谁就将发展的主动权掌握在自己手里。近代以来，由于历史原因，我国曾屡次与工业革命失之交臂，错失了发展良机。当前，全球正迎来新一轮科技革命和产业变革。这一轮变革是在经济全球化背景下孕育兴起的，其速度、广度、深度前所未有。一些重大颠覆性技术创新正在创造新产业新业态，信息技术、生物技术、制造技术、新材料技术、新能源技术广泛渗透到各个领域，带动了以绿色、智能、融合为特征的群体性重大技术变革。其中，大数据、云计算、人工智能、虚拟现实等新一代信息通信技术与制造技术融合创新持续深入，给制造业生产方式、组织管理形式和发展模式带来革命性影响。

经过长期积累，我国科技整体能力持续提升，一些重要领域方向跻身世界先进行列，某些前沿方向开始进入并行、领跑阶段，正处于从量的积累向质的飞跃、从点的突破向系统能力提升的重要时期。特别是信息通信技术迅猛发展，我国数字经济加速成长，融合领域不断拓展，不仅为孕育新兴产业提供了沃土，也为传统产业效率提升和结构优化提供了新动力。更重要的是，我国已形成完备的产业体系和坚实的制造基础，拥有吸收新技术的巨大国内市场，具有抓住这次科技革命和产业变革机遇的产业基础条件和广阔需求空间。我们将充分利用各种有利条件，加快新旧动能转换，巩固和发展我国制造业的既有优势，加速实现制造业转型升级，加快迈向全球价值链中高端，打造国际竞争新优势。

从企业案例看中国制造业创新趋势

北京大学国家发展研究院经济学教授　周其仁

企业必然会遇到"成本诅咒"问题

RUST-BELT（"锈带"，指已陷入经济困境的老工业区）曾经是引领美国工业化的地方，有着非常好的景观，但如今看到的是锈迹斑斑的庞然大物。怎么会变成这样呢？这其中有什么值得我们后起的后工业化国家思考的地方？

这里面包含着一定的经济逻辑，这个逻辑就是我们每天打交道的成本曲线。我们的经济活动就是以本博利，没有不花钱的事情，所有成本降了后还会升上来，降到最优点后在边际上一定会升起，无一例外，对于一个人、一个家庭、一个地区、一个国家都是如此。

搞企业的人应该很容易懂，为什么成本会先降？因为我们做一件事情时开始不熟，规模没有达到标准，一条生产线制作出一双鞋，这双鞋的成本当然高，然后生产量越来越大，工人越来越熟练，一条生产线生产一百万双鞋，这样成本就可以摊薄。

为什么后来成本又上来了呢？我想上第二条生产线，生产 200 万双鞋，这样管理能力、协调能力可能会出问题。所以成本降了一定还会升的。

我很佩服任正非，他最厉害的是他所奉行的哲理好，他说所有的中小企业最后都会死的，我们是努力让它们晚死一点，向死而生。成本线降的时候很开心，高歌猛进，但是升起来的时候就会变成挑战。无数企业在竞争降低成本，无数企业在跟成本再升起来做斗争，谁控制成本好一点，谁就有可能做得更好。

不进则退，早在工业革命之前，日本、韩国的钢铁冲击了美国，最早的支柱工业会在成本的诅咒面前出现这个下降又上升的局面，这种情况如何应对？要么成本领先，至少比竞争对手要升得慢一点；要么与众不同。大量企业是成本领先，真正与众不同很难实现。

优秀的企业家懂得开发潜在需求

为什么创新很重要？不可能几十年不变还可以安然无恙，因为世界在变，所有要素供应在变，市场需求在变，如果我们不能以变对变，那是没有办法解决问题的。

经济学家熊彼特说，总要引进新的产品，或者提升现有产品的质量，要运用新的生产方法，开辟新的市场，发展原料和半成品新来源，创立新的经济组织。但是并没有告诉我们引进哪一种新技术、哪一种新产品，我们处在信息、技术各方面极其快速发展的时代，怎么做选择？

如果我们下决心创新，怎么创新？拿什么东西牵着我们创新往前走？我先讲讲潜在需求概念，我们经过这么多年的高速增长，明显满足不了的需求看不到了，什么是潜在需求？比如说是剃须刀是在欧洲发明的，是一体的，可以折的一把刀，非常贵。美国工业革命的特点，就是把欧洲少数人的消费品变成大众消费品，剃须刀怎么变成大众消费品？当时在欧洲剃须刀的售价是 5 美元，对于普通美国人来说，价格很高，如果把欧洲剃须刀照原样到美国生产，就没有客户。后来一个名为 Jenury 的先生，发现了一次性瓶盖技术，并将其引进食品工业，又把一次性概念引进到剃须刀中。刀片是一次性的，用一次换一次，这种刀片制造成本非常低。买回来刀把，一个礼拜买一次刀片，原来刮不起脸的人就可以自己刮了。这样一来，市场就大了。

刀把和刀片定价准则不一样，刀把零利润，你买了我一个刀把，每礼拜就会买我的刀片，虽然刀片单价低，但毛利率高，一分钱产品卖五分钱。再比如说汽车，整车很便宜，零部件很贵，你买了我的车，要换我的轮胎、配件，这成为很多行业打入新市场的招数。

我们要知道什么叫客户，买我东西的人叫客户，但是很多人没有买我的东西，但是要用这个东西，是用户，用户由于一定限制可能现在还用不起。优秀的企业家会一直琢磨这个事情，会把潜在需求开发出来，把潜在用户变成客户。

从企业案例看如何挖掘潜在需求

下面我们来看看客户、用户的概念，选了几个广东佛山的案例。

一个灶、一个锅、一个油烟机，这些都是很平常的厨房用具，但在佛山有一个团队，为这么一套厨房用具组织一个团队，对十个省三十个城市两千户人家进行访问，做了一万多份问卷，深入每一户，拍一个半小时视频，关注从准备做菜到菜上桌的全过程。他们一一分析发现，市场上到处推销的产品中，有很多没有满足用户要求。

分析后发现问题大了，做饭时火有大和小，火的变化是一门艺术，平均做一次饭下来 27 次弯腰，大家弯惯了不觉得是问题，但是这个团队认为这是一个"痛点"。这个团队对锅进行改进，加了一个蓝牙设备，把遥控器安装到锅把上。这个团队所在的公司叫广东顺德东方麦田工业设计股份有限公司，是一家工业设计公司。

我到了这家公司，重新改变了对工业设计的认识，他们不光做产品外观，而且深入到产品工艺过程、制作过程、使用过程、消费过程中。每一个过程都要设计，都要研究怎么能够让消费者用得更加舒服和便利，这就是潜在的需求。

佛山市海天调味食品股份有限公司（以下简称"海天"）是国内专业的生产企业。五味杂陈，酸甜苦辣，海天把辣去掉，把鲜放进去。一开始我以为鲜是形容词，后来到日本才发现他们说鲜是感觉，什么东西可以满足鲜？海天有一款产品叫味极鲜，里面有一个关键指标：氨基酸态氮，其含量是 1.2 克/100 毫升。穷的时候要吃得很咸，因为吃不起菜，所以传统时代对菜的评价是下不下饭，越咸越下饭就越好。但是生活好了以后要吃得清淡，要吃得鲜。

我在海天访问很有启发，他们有一个方程式，味蕾经过什么反应，在大脑中形成鲜。这个需求一定会持久增长。

广东飞鱼电子商务集团有限公司（以下简称"飞鱼电商"）是一家电商企业，开始也是做设计的，但是客户没有钱付设计费，就用工业产品抵债，给了一堆产品。幸亏飞鱼人没有放弃，赶上淘宝的光棍节，他们把产品设计成电商产品，两天就把抵债的产品卖光。然后，他们跟债务人说，再给我一点货，债务人说两天卖光不可能，我一年也没有卖掉这么多，说不给，要自己卖。然后飞鱼这群年轻人就被逼出一条路——做电商。

后来这个团队开始研究潜在客户，他们认为如果是大企业生产的产品或者是太细分的产品都不值得去做，一定要去做有一定市场份额的产品。挑来挑去，他们挑中了加湿器。研究一下加湿器，可以列出好多痛点，也许消费者习惯了不觉得痛。比如加湿器要翻过来加水，加完水又翻过来，又比较难看。飞鱼团队没有工厂，但可以让珠三角这么多工厂生产。

飞鱼电商的成功说明，只要用心研究用户潜在需求，就有可能对抗成本的诅咒。

还讲一个故事，广东精艺金属股份有限公司（以下简称"精艺股份"），是一家已经上市的企业，我很佩服该公司的老总。他非常有见识，从一开始做任何东西都能做到有过人之处，他的一个理念是"不行就改进"。

家电都需要用到铜管，他在铜加工上带头做研发。他给我展示过一个零部件，是一个铝和铜合成的产品，用于空调机中，该产品的好处是成本较低，但是没有办法回收利用。因为在回收过程中，需要把产品切开，铝和铜分别进行回收。该公司通过创新研发，以全铜产品替代此前的合成品，使该零件可以回收、再利用，符合环保要求。

精艺股份每次开发新产品都要用到新的设备上，但是制造商满足不了，精艺股份就自己研发设备。这还没有完，他们还把自己研发生产出来的新设备再卖给对手，卖给其他制铜企业。我曾经问过公司老总，我说你卖给对手，他们岂不是可以在生产效率和成本上跟你竞赛，你岂不更吃力吗？他的回答是我就要这个吃力，因为有对手追赶，我才能再往前走，而且我们对自己很有信心，我们相信我们总能研究出新产品和新设备。

一般企业都是防着对手，但精艺股份是把对手当客户，所以进行商业活动时，他们永远会有更高的境界。这也说明，只要用心去研究和琢磨，是不会被那条成本曲线打垮的。

企业家要坚守在创新链无可替代的岗位

为了满足潜在的需要，企业家一方面要关注需求，包括潜在的需求，另一方面要确保团队对这种需求或潜在的需求能够灵敏地做出反应。

这个观点是广东德冠薄膜新材料股份有限公司的董事长罗维满提出的。我曾两次到他的公司进行访问，他跟我说，发现需求后就去做，但是哪个需求最先成熟，是没有办法预先知道的，等到苗头一起来，就看团队的反应能力够不够。

企业家有的是发明家，但多数不是，大部分企业家是搜索市场上有什么技术。为谁搜索呢？为潜在的客户搜索。新技术要解决问题，新要新得恰到好处。太新也是灾难。

如果现有的技术不能满足需求，就要组织研发来满足。要对科学的进展保持兴趣，我们不一定懂，但是要注意，因为一不小心哪个变动就对我们满足潜在的需求产生影响。在所有的环节中企业家要坚守自己的环节，因为创新是一个链条，它要有科学家，要有天才，要有技术狂人，要有黑客，要有创客，要有各种角色，但是离不开企业家，因为如果没有企业家，眼花缭乱的技术最后不能变成产品，这就不是经济活动。

美国经验：如何把锈带变成脑带？

最后我讲一讲美国应对锈带的策略，美国的做法是把锈带变成脑带，用脑力驱动美国工业往更高的层次走，美国新的生产力在空间上都是这个布局，各种需求，金融、法律、设计、创意，凑到一起，跟象牙塔里发现那些原理的脑力活动高频互动，迅速地把这些想法转化成技术和产品，这是美国真正值得注意的打法。

讲到这里，我最后讲一个美国的故事，是我在访问硅谷和波士顿的时候受到的触动，我们看到了一个给盲人设计的"电子冰棍"，帮助盲人"看见"世界。盲人的眼睛是看不见的，我们给他一只导盲犬，搞公益活动，这都对，但美国有一家公司不限于此，其利用科学家对视力研究的原理发现，人的眼睛是一个通道，真正成像是在脑子，盲人眼睛坏了，但脑子成像功能还在，只要另外找到一个通道把图像输入大脑，盲人就能看见世界，原理就是这么一个原理。最后测试下来舌头底下最敏感，做成"电子冰棍"，前面连上摄像机，信号从舌下传入大脑，就这样让盲人"看世界"。现在第二代产品已经上市，中国和美国的药监部门都批准了，北京的生产基地已经落地，就在海淀区，应该不到一年就可以量产。北京的盲人学校已经做过测试，被测试者第一次看见了色彩，第一次看见了文艺表演。这都不是潜在的需求，不是从现成的技术里面找解决方案，而是从原理当中找到新的技术方案，这点我们作为后起的国家要特别重视。

"慢公司"和"笨公司"让"德国制造"走向辉煌

德国经济政策研究专家　杨佩昌

德国企业往往偏安一隅，像是个稳重又充满活力的中年人，默默地坚持着自己的目标，稳定而专注地在一个领域发展。它们可能是"小公司"，也可能是"慢公司"，甚至还可能看起来是"笨公司"，但稳定的业绩和成长表明它们绝不是"差公司"。

透过罗兰贝格咨询公司的落地窗，汉堡港一览无余。高高低低的起重机在海港一字排开，色彩斑斓的集装箱有规律地叠放在海港两岸。每天这座德国第一深水良港都吞吐着几百万吨的货物。在海港的游览区，游人如织，一座歌剧院正拔地而起，这里将成为世界第二大音乐剧院。

繁忙的汉堡港是德国经济繁荣的缩影。2008 年全球金融危机爆发以来，欧洲经济一蹶不振甚至深陷债务危机，唯有德国率先走出泥潭，一枝独秀。2010 年，德国 GDP 增长 3.6%，在七大工业强国中位列第一，失业率也由 2007 年的 8.6%下降至 6.9%。

然而就在 10 年前，西班牙、英国和爱尔兰等国在国际金融领域大展拳脚，风光一时无两；德国却被滞涨所困扰，被讥讽为"古板的阿伯"跟不上新时代。

一场金融风暴后，形势逆转。西班牙和爱尔兰等国纷纷陷入债务危机，稳健的德国一跃成为欧洲经济火车头。2010 年，德国占整个欧元区 GDP 增长份额的 60%，在 2000 年时这个数字仅为 10%。

德国企业在经济复苏中发挥了重要作用。当伦敦和华尔街沉迷于次级债和抵押债时，德国企业专注于制造业。不仅仅对诸如宝马和西门子这样拥有国际知名度的大公司而言如此，对成百上千不知名的中小型公司而言亦是如此。尽管德国产品的劳动力成本很高，但是因为发货期有保证、产品性能高以及良好的售后服务，客户还是源源不断。2010 年，德国出口增长 14.29%，依然傲视其他发达国家。

德国企业的强竞争力引起了我们的兴趣。多年来，人们一直关注和学习美国企业，而忽略了德国企业。究竟是什么样的特点使德国企业能在全球经济危机中脱颖而出？中国企业又能从德国企业的经验中学习些什么？

带着疑问，我们历时三个星期，走访了德国五个城市、数家企业，探寻问题的答案。

专注产品创新，打造高附加值

还没出发，朋友们的代购清单就已到达：双立人的刀具、菲仕乐的炒锅、碧然德的净水器。这些德国产品虽然在价格上是中国同类产品的好多倍，但"德国制造"的高质量保障仍令生活在制造大国的中国人渴望拥有。

这就是德国企业成功的重要原因。德国人根深蒂固的实业观念造就了德国企业超强的制造能力。德国制造与中国制造的区别在于：中国制造依靠的是低劳动力成本，德国制造依靠的是创造具有高附加值的产品。

汽车制造业是德国高附加值制造的典范。

无论是奥迪、奔驰，还是宝马、保时捷，一台德国车的价格都要比普通车高出 5～10 倍。在英戈尔施塔特城以北的奥迪工厂外，一群幸福的德国人正等着去提刚刚下线的新车。那里有一条绵延 1 公里的生产线，每周 6 天、每天生产 2 500 辆车。"2010 年是我们有史以来最好的一年。别的企业想要超过我们或许很难。"酒店里的电视每天反复播放着奥迪总裁施耐德的话。

在威斯巴登州的陶努斯施泰因，净水器生产商碧然德出产的一个小小的净水滤芯就要近百元人民币。在西北部小镇固特斯洛，美诺出品的洗衣机，一台售价接近万元，是普通洗衣机的 3 倍多。

在慕尼黑机场里，几乎每个返程的中国游客都提着一套"双立人"牌锅具。这种锅具的价格是普通锅具的几十倍，但它优异的性能让擅长制造日用品的中国人都自叹弗如。很多人不知道，"德国制造"曾经是廉价、低质的代名词。为了与德国商品做出区别，英国还特地要求德国产品在出口时打上"德国制造"的标签。但如今的"德国制造"已成为高品质的代言词。

强势的货币政策是德国企业创造高附加值产品的一个重要原因。但在罗兰贝格监事委员会主席施万克看来，德国企业对于产品的精益求精也源于一种独特的商业文化。他援引德国学者冉珊鹤（Ulrike Reisach）做的一项研究说：美国代表的是一种寻求短期利润和个人财富的商人文化；而德国则代表了一种努力创造持久永恒产品的手工业文化。

德国商业的手工业文化发源于德国企业的创始人们。如同西门子的创始人维尔纳·冯·西门子（Werner von Siemens），德国企业的创始人大多是科学家或发明家出身，他们对于科学和创新有极大的热情。"从一开始，他们追求的就是科学的实际应用，而不仅仅是财富。"施万克说。

在慕尼黑市中心的西门子总部，西门子家族的第六代成员娜塔莉·冯·西门子（Natalie von Siemens）热情地接待了我们。她说："西门子公司依旧保持着我高曾祖父的性格特征，那就是对于创新的激情。他总是说他对于科学有着绝对的热情，但是对于他来说最重要的事情是把科学与实际应用相结合。"

手工业文化使得德国企业能够保持一种长远的眼光，专注于企业最初的目标，并一以贯之，即使在艰难的时刻，也不会忘记既定的方针。正如德国工商总会执行理事，北京分会总代表亚历山德拉·沃斯（Alexandra Voss）女士所说："德国企业之所以成功，在于他们致力于创造长期的产品差别，专注于创新，而非资本市场。"

养员工技能，要求忠诚

风雨之中，我们抵达汉堡。在中心火车站附近的中餐馆，我们见到了通过微博认识的杜丹和寇莉。她们都是在德国生活已久的老华侨了。她们说，德国企业成功的一个重要原因在于拥有一批高素质的员工，而打下这一基础的是德国职业教育系统一直沿袭的"学徒制"。

寇莉在汉堡附近一所学院任教务主任，她告诉我们，在"学徒制"下，选择职业教育的 16 岁学生必须当 3～4 年的学徒。在此期间，一半时间在工厂"做工"，另一半时间返校学习理论。工会在 450 个行业里也强制规定：劳工必须通过学徒制才能被公司聘用。因为训练完整、实际、专业，德国蓝领工人平均每小时的薪资远高于英、法、美、日等国。

位于柏林市中心的 KPM 陶瓷厂由腓特烈大帝命名，已有 250 年的历史。在现代化厂房里，工匠们仍通过手工打造每一件产品。他们所生产的每一件瓷器都价值不菲，且至少要经过 9 道制作程序。只要一道出错，就要从头来。所以，每个工匠都要从学徒开始，没有 5 年以上的经验是无法直接在产品线上工作的。

第二天，杜丹带我们参观了她所在的企业——Vision Tool。这是一家不到 30 人的小企业，主营演出设备租赁、销售和发行。老板斯蒂芬·史路特（Stephan Schlueter）从学徒做起，白手起家，已经成功创立了两家企业。

在史路特的口中，我们第一次听到了"know how"这个词。之后，每一位我们走访的德国企业主都向我们提到了这个词。"know how"的意思是专有的技术或技术诀窍。在德国企业主眼里，这些具有"know how"的员工极其珍贵，掌握着企业重要的无形资产。

对于美国的企业来说，"有需要就招人，有负担就裁员"稀松平常，但在德国这并不是传统的做法。在金融危机来临之时，与美国不同，大多数德国企业都通过减少工作时间或减少利润来保住多余的劳动力。

在金融风暴期间，演出市场萧条，Vision Tool 受到了巨大的影响。但在最困难的 2009 年，史路特不但没有裁员，同时也没有降薪。那一年整个公司的人赚得都没有比之前少，只有他的利润下降了。但他并不后悔："让员工走，你会损失很多经验。"

因为对"know how"的重视，"忠诚"成为德国企业主对员工最期待的品质。史路特以及之后我们采访的每一位企业主，都毫不犹豫地将"忠诚"列为最好员工应具备的第一条素质。他们都希望在艰难的岁月里，员工也能和企业不离不弃。事实上，在德国也不难发现在一家企业工作了一辈子的员工。

管理扁平化思维，双委员会制度保险

德国人守旧是出了名的。第二次世界大战期间纽伦堡被炸得面目全非，战后，德国人没有像其他人一样在废墟上建立起一片新城，而是用旧砖瓦重新将老城一模一样地建了起来。在企业管理上，德国人也一直坚守着双委员会制度的老规矩。德国企业法规定，公司董事会下必须设有执行委员会和监事委员会两个系统。进入德国企业之前，我们一度以为双重管理制下的企业必定等级森严，管理不灵活；然而在进入企业后，我们发现事实并不如此。

在德国西南部厄尔兰根西门子医疗总部，正当我们和公关总监马蒂亚斯·克雷默（Matthias Kramer）先生沟通时，总裁突然进入，对克雷默说："你有时间吗？我要和你谈谈。"克雷默告诉我们，即使是在德国大型跨国企业里，等级制度也并不明显，德国人务实、注重效率，喜欢用最简单的方式解决问题。德国企业更倾向于一种扁平化的管理模式。

慕尼黑北部奥林匹克中心边上屹立着慕尼黑市标志性建筑——宝马总部大楼。从 1973 年筹建开始，宝马就把"沟通结构"放在办公室建筑规划首位。在这座由四个圆柱组成的大厦内除了财务和总裁办公室外，没有单独办公室，员工们都在敞开的环境下工作。"目的在于通过缩短距离，提高员工间交流与沟通的效率。"宝马博物馆的介绍上这么解释。

这座世界上最先进的企业博物馆以很大篇幅介绍了宝马的扁平化管理理念。从宝马的经验里，可以看出扁平化的思维方式不仅使得企业高效，也在很大程度上缩短了管理层与股东、员工以及客户之间的距离，增强了彼此间的信任。

1959 年当宝马遇到历史上最大的财务困难时，是股东、经销商和员工在年度大会上表现出的信任，使得公司放弃了奔驰公司的收购，坚持自主经营，最终渡过难关。宝马历史上销售最好的车——3 系 Touring 的引擎也是由一位普通员工在自家车库里研发出来的。

"相互之间的信任是宝马公司成功的重要原因。"这是展厅介绍的开篇。

在德国媒体上，很少有像乔布斯、扎克伯格一样的明星级企业家出现。克雷默告诉我们：这可能是因为德国曾经出现过像希特勒一样的集权领导者，人们对太过耀眼的领导人总是十分警惕。相较于"领导力"，德国企业家们更关注"管理力"。这是两种完全不同的思维方式。

施万克说，德国人更认同彼得·德鲁克的说法："好的管理者首先问自己：这对公司有什么好处？而不是这对我有什么好处。而且他们总是说'我们'而不是'我'。"威权并非德国企业领导者的荣耀，引领团队协作才值得骄傲。

润滑油制造企业卡尔倍可的技术总监乌夫说："我的成功在于创造团队，不是作为领导，而是团队中的一员。"卡尔倍可在世界七个国家有业务，到哪里，乌夫都会被夹道欢迎。但他享受的并不是一种"巨人"的感觉，而是一种和团队在一起的幸福。

十几年前，德国国内曾对德国特有的双委员会制度有过激烈争论，很多人都认为相较于美国单一的企业制度，这种制度在处理问题上反应较慢，内耗较大。但施万克却很庆幸德国人"因循守旧"地保留了它，他认为监事会起到的作用不可忽视。虽然，有时候它的存在会使管理层反应速度减慢，但这种减速能让决策者更清醒地认识到要执行的政策是否真正与公司的长远利益相一致。

施万克说，双委员会体制的存在对德国家族企业的基业长青也至关重要。目前，在许多德国家族企业中，家族成员都已离开了实际管理层，但在监事会中的席位确保了他们对企业的影响力，使企业不偏离最初的目标。

以客户为中心，为消费者带来更大的利益

在汉堡市区的西部坐落着奥托集团总部。这家德国著名家族企业是世界邮购业泰斗，在全世界 20 个国家拥有 123 家企业，年营业额超 114 亿欧元。就任奥托中国总裁的邹果庆正在这里熟悉新公司的商业理念和运作方式。

在短短三个月的工作中有一件事令他感到震撼。有人问公司创始人奥托先生：你的公司做得那么大，又很赚钱，为什么不上市呢？奥托回答：我不愿意我的员工为利润打工。"这句话的内涵非常深刻。"邹果庆说，"他是希望员工能为消费者带来更大的利益。因为这家公司把员工和客户都放在第一，所以它能够长久。"

以客户为中心也是德国企业成功的原因之一。德国著名企业管理学者赫尔曼·西蒙（Hermann Simon）说："以客户为中心比以竞争为中心更重要。和客户之间保持常年的合作关系是德国企业的长处，这甚至比强大的技术竞争力更有价值。"

位于鲁尔区哈根小镇的卡尔倍可是一家有 177 年历史的润滑油制造企业。在竞争激烈的行业内，卡尔倍可一直保持着每年 15%～20% 的稳定增长。CEO 汉斯·奥托·弗朗兹（Hans Otto Franz）说，在成熟的润滑油领域，各家产品性能都不错，卡尔倍可能够胜出在于服务。

卡尔倍可有一支专门为客户服务的工程师队伍。一旦客户遇到问题，一个电话、一封邮件，工程师就会马上飞到现场帮助解决。这种为客户提供的"一对一"服务是 BP、壳牌等国际大型企业做不到的。"它们太大了。"

弗朗兹说,"今天这个负责跟进,明天又换另一个,流动率很高。我们的客服人员都是 20 多年的老员工,和客户是熟人,当他们提出建议或者新的需要时,沟通理解会容易很多。"每三年,卡尔倍可还会组织一次大型研讨会,邀请所有的客户、合作伙伴一起联谊、交流。

在弗朗兹看来,接近客户甚至比营销更为重要。他告诉我们,卡尔倍可的兴趣在于细分市场,而非 BP 等大石油公司引领的原油市场。所以寻找特殊的润滑油解决方案是卡尔倍可的专长,而要做到这些就必须了解客户的需求,与客户建立长久的合作关系。

卡尔倍可为满足客户的不同需要,已经研发出 800 种产品,每一种产品的小小变化就可以有 150 种应用。为了生产出能满足特殊要求的润滑油,卡尔倍可每一条生产线都是自己研发、自己制造。

像卡尔倍可如此与客户紧密合作的企业在德国并不是少数。这令施万克对德国经济的未来充满信心:"我们不仅有超强的制造能力,我们还有能力把制造和服务结合起来寻求新的解决方案。"他认为,许多专家所期望的建立在网络之上的虚拟型知识社会并没有实现,高价值的服务只存在于工业中心,而非世界的任何一个角落。工业与服务之间的重叠在不断增长,德国企业在未来会有更大的发展空间。

环境

植根于社区,全球地方化。很多德国企业建立在远离市区的小镇,比如西门子医疗器械公司位于纽伦堡附近的厄尔兰根,奥迪总部在巴伐利亚名不见经传的城市英戈尔斯塔特,卡尔倍可在鲁尔区的边缘小镇哈根。这并非偶然。一方面,相比在大都市,员工在这里找到另一个工作岗位的可能性要小;另一方面小镇的优质劳动力有限,所以企业也更依赖它的员工。这种情况创造了雇员和雇主之间的相互依赖,造就了相互认同,避免了对立关系。

对于当地社区来说，企业通常是最大的纳税人，所以居民也很关心企业状况。"如果西门子咳嗽了，那整个厄尔兰根都不会好过。"一位西门子员工说。当地一半以上的居民都是西门子员工。社区尽力让这位"纳税人"心情舒畅，而作为回报它向许多协会、博物馆和文化活动提供赞助。施万克告诉我们，在经济危机期间，各地政府对企业都给予了很有力的帮助。

驻扎在小镇的另一个好处是可以避免干扰和精力分散。大城市对人的干扰实在太多，要创造出高品质的产品，人需要聚精会神，在安静的环境里更容易做到这一点。

伴随着全球化的进程，德国企业将植根于社区的理念发挥在海外拓展上。根据罗兰贝格咨询公司统计，包括德国在内的欧洲企业在海外市场的开发上要明显优于美国、日本企业。2010 年，欧洲企业产品的 40% 销往欧洲以外国家；超过美国或日本企业 30%。

任职奥托前，邹果庆是美国新蛋网的中国区总裁，帮助新蛋网开辟中国市场。在进入德国企业后，美国企业和德国企业不同的全球化方式令他感触颇多。

"美国公司进入中国时使用的是核心式的管理方式。他们的逻辑是我在美国已经有了成功的经验，你在中国刚开始，没有经验，就必须照我的做。所以一般美国企业到中国后还是由美国总部说了算。而德国企业—— 至少奥托集团—— 就不同。他们会很谦虚地问你认为在中国应该怎么做？经营理念是什么？"

以前邹果庆对德国企业的印象是一板一眼，现在他发现并非如此，在适应国际市场上，德国企业非常灵活。他说："在德国，奥托有相当多的子公司，其中大多数都由集团直接控制，即便小部分不直接控制也是集团占大股权。但在中国，管理层已经表态有一些公司我们没有办法做大股东，可以拥有小股权。这种做法让我觉得公司非常了解他们不能依照德国的做法，必须适应当地的习惯来做事。这样成功的概率会更高。"

中国企业向德国学什么？

在过去的几十年里，德国企业的经验很少被提及。一是因为美国几乎主宰了企业管理方面的研究和规则制定。另一个重要的原因在于德国企业故事大都平淡，没有惊心动魄的大起大落，不太受媒体欢迎。

从德国考察一圈回来，德国企业的性格逐渐明晰。它就像是个稳重又充满活力的中年人，有长远目标、专业技能、精益求精的做事方式以及谦卑的态度。

在罗兰贝格汉堡的办公室里，我们问施万克："中国企业能向德国企业学些什么？"

他说："我不相信一个国家的成功因素可以简单地复制到另一个国家。学习也要适应当地情况。"

的确如此，在不同历史阶段、不同环境下，要照搬某国经验很难。我们不敢说，中国直接引进"学徒制"就能解决专业技能人员缺乏问题；或者直接复制双委员会管理系统，就能让中国企业少走弯路。德国企业之所以成功有它的历史和环境原因，而这些经验在中国稍有变形可能就不会奏效，甚至适得其反。然而，这并不意味着德国经验就不值得借鉴。那么中国企业究竟能向德国学习什么呢？

我们的答案是：

德国企业提供了某些新的关于企业成长甚至个人发展的价值观。过去几十年，中国企业受美国商业文化影响较深，成功变得简单粗暴，似乎上市就是成功，进入全球企业500强就是伟大。在急功近利的社会大环境下，人人都想一夜暴富，希望用最短的时间获得最大的利益。近期出现的许多社会和商业事件就是这种思维方式造成的后果。

回头看看很多成功的德国企业，它们不像中国人所追捧的谷歌、脸书能在一夜间迅速积累财富，也不像微软、通用电气那样富可敌国。它们往往偏安一隅，默默地坚持着自己的目标，稳定而专注地在一个领域发展。它们可能是"小公司"，也可能是"慢公司"，甚至还可能看起来是"笨公司"，但稳定的业绩和成长表明它们绝不是"差公司"。

构建"德国制造"，隐形冠军的奥秘

从厨房刀具到高级轿车，精致生活与德国制造早已无形中画上了等号。

然而，与如今"德国制造、工匠精神"的形象不同，"德国制造"在一百多年前，还是技术落后、工艺粗糙、价格低廉的代名词。为了谋求更高的利润，德国的商人还常常为自己的货品贴上"英国制造"的标签，以次充好。

1876 年 5 月，在美国费城第六届世界博览会上，德国机械工程学家，"机构动力学之父"弗朗茨·勒洛（Franz Lello）也不得不承认德国产品的质量粗陋，并批评德国工业界当时的生产原则——价格低廉和假冒伪劣。

勒洛的话似乎在德国人中起到了"知耻而后勇的效果"。自那以后，德国产品的质量开始渐渐提升，到了 19 世纪末期，"德国制造"在人们心目中的形象已从"便宜和劣质"慢慢蜕变成"更便宜与更好"。"德国制造"完成了一次真正意义上的逆袭。

构建这个"德国制造"的形象，纵然有声名远赫的宝马、西门子、博世等巨头，然而这个国家经济中的中流砥柱则是被称为 Mittelstand 的中小企业，占德国企业总数的 99%以上。

"隐形冠军"一词来源于西蒙教授几十年前的一项研究。当时，德国首次登上世界第一出口国的宝座，大家的目光不约而同地投向西门子、宝马等大公司，而西蒙发现，德国出口崛起背后的真正推手是那些聚光灯之外的中小企业，经过深入研究，西蒙渐渐揭开了"隐形冠军"们的面纱。

在行业内处于领先位置，或拥有数一数二的市场份额，或具备一马当先的技术优势，在公众视野内相对低调，年收入在 50 亿欧元以内——具备上述特征的企业被西蒙教授称为"隐形冠军"。西蒙在 2010 年出版的《21世纪的隐形冠军》一书中写道:"如果说德国中小企业身上有许多值得发现和学习的企业成功特质,那么这些特质在隐形冠军的身上则得到了进一步的放大和聚集。"

德国的中小企业和隐形冠军身上到底有什么样的特质?这些特质又给德国企业带来了什么样的益处?

家族精神

家族企业是德国中小企业的一个主要特点,从数量来看也占支配地位。在德国,家族企业一般指由家族中的一名或多名成员所有并参与管理的企业。

在我们的观念中,家族企业很难被当作褒义词,通常令人联想起"目光短浅""裙带关系""富不过二代"等贬义的描述。但在德国,情况却恰恰相反,家族因素被很多人认为是德国企业,尤其是中小企业成功的核心要素。

Klais 是一家世界知名的管风琴制造商,坐落在德国北莱茵-威斯特法伦州南部,创立于 1883 年,这是一家家族企业,如今已经到第四代了。

在 130 多年里,Klais 公司制造、安装和修缮过的管风琴超过 1 900 台,小到名不见经传的社区礼拜堂,大到闻名遐迩的科隆大教堂。

2004 年,Klais 公司赢得了北京国家大剧院管风琴的建造合同,历时三年完成了这台亚洲最大管风琴的制造和安装。Klais 希望他们的作品不仅能符合客户的需求,更能超越客户的需求。

注重长期规划被认为是德国家族企业带来的第一个好处。很多家族企业家从一开始就已经做好了让其后代接管公司的规划。当家族中强烈的传承观念融入公司的经营理念中时,企业便不再只是一个人或者几个人的事业,而成为一份需要代代相传的家族珍宝。

家族企业带来的第二个好处是,决策与执行高度统一。不少企业可能制定了长期规划,但执行起来却常常面临委托/代理的道德风险问题,即职业经理人为了自己的"钱途"而牺牲企业的"前途"。家族企业可以很大程度避免这样的鸿沟。"牺牲小我，完成大我"，把企业的长期规划贯彻下去。

家族企业带来的第三个好处，就是企业的凝聚力。这种凝聚力来自于企业营造出的一种"家庭氛围"。

"现代管理学之父"德鲁克曾说："好的管理者首先问自己：这对公司有什么好处。而且他们总是说'我们'而不是'我'。"在德国的家族企业，这种思维似乎变得相当自然——对于那些所有者和管理者而言，"公司"就是"我"，而"我"就是"我们"。这种思维不但被 Klais 这样的百年家族企业所坚守，也为一些年轻的家族企业所秉承。

专注力

德国公司能够在从可可粉加工机、模切压痕机，到提花经编机和口红填充机等稀奇古怪的机械市场中都称霸全球，在每一种机器的市场中，单独一家德国公司就能控制 70% 或更多的全球市场。

德国前任驻华大使施明贤曾这样总结德国制造的竞争优势：德国制造首先是注重质量而不是数量，重视特殊的、专业化强的产品，而不鼓励大规模制造；其次，支持中小企业发展，德国制造除了少数大企业外，大量的却是中小企业，它们灵活，对市场反应灵敏，专业化强度高，更容易在市场中找到自己的优势所在。

CFT 的前身是一家叫作 Hoelter 的除尘通风设备公司，业务范围不但涉及地下矿井和隧道，也包含地上的炼焦厂、发电厂和垃圾焚烧厂，由于公司经营不善，选择挂牌出售，当时的公司副总裁博特决定买下矿井除尘部门，成立了自己的企业 CFT。CFT 成立之初营业额不到 200 万欧元，现在这个数字增长了 20 倍。博特说，自己当初之所以选择只买下矿井除尘部门，是因为这是他最熟悉的领域，他希望能一门心思做好这一块。

德国中小企业的专注精神不仅在于找到属于自己的定位，更在于找到之后能够沉下来，将产品做到最好。博特对于自己公司的除尘设备非常骄傲，CFT 的湿式除尘机除尘效率为 95%，而干式除尘机的效率高达 99.997%，且体积更为小巧。博特说这样的技术领先归功于自己和团队五十多年的经验和钻研。

停不下的研发与创新

从 2003 年至今，德国人在欧洲共获得了超过 13 万项专利。德国中小企业拥有极强的创新与研发能力，它们中 54%为市场带来过产品或者工艺流程上的创新。那些隐形冠军们有 85%视自己为行业内"技术领导者"，它们平均会将产品销售收入的 5.9%用于研发，有很多企业甚至超过了 10%。

德国在自然资源上相对匮乏，生产高科技含量、高附加值的产品成为制造企业极为自然的选择。此外，研发和创新所带来的高品质更给许多德国企业带来产品溢价。根据西蒙教授的估计，德国隐形冠军们的溢价率为 10%～15%，即便是在价格压力较大的领域，其溢价率也在 5%以上。

德国企业在研发上还有一个显著特点，就是开展广泛合作，供应商、大学和研究机构、客户甚至竞争对手都可以是创新的合作伙伴。

在德国的产学研体系中，基础性研究通常在大学进行，应用层面的研究主要在像佛劳恩霍夫协会这样的研究机构中展开。这类研究机构更受企业的青睐，因为其思维方式和时间观念与企业更为接近。

对于德国 3D 打印巨头 EOS 来说，除了同大学与研究机构合作之外，为了给不同行业的客户提供更好的定制化服务，与客户精心共同研发也是一件平常之事。

有时，EOS 不得不和竞争对手展开合作。从 EOS 在 3D Systems 手中夺取宝马这位大主顾开始，双方就陷入了一场旷日持久的专利战。直到 2003 年，双方才达成和解协议，解决专利上的纠纷。EOS 还联合其他研究机构，成立 3D 打印行业聚合带，让该行业的制造商、投资者、研究人员聚合在一起，共同推动行业发展，也为企业的实习生、在校的大学生以及在职的技术人员提供进一步学习的机会。EOS通过打造信息交换平台，实现技术和资源的共享，将整个行业带到一个新的高度。

无处不在的质量管理

在德国企业眼中，质量管理远非挑出不合格产品或者提供质量维修，而是彻头彻尾地融入整个产品的开发流程中。

在他们的管理概念中，质量控制和质量管理有着本质的区别，前者只是对生产出来的产品进行质量检测和筛选，后者则是设计和建立一个能够稳定生产高质量产品的系统。

质量管理还意味着在不同国家和地区生产的产品能够保持相同水准的品质，这就需要企业在每个生产场所都执行统一的质量标准。

德国被称为"标准化的世界冠军"，2/3的国际机械制造标准是根据德标制定；德国标准化学会（DIN）所制定的相当一部分标准同时也是欧盟和国际标准，被世界各国广泛采用。这样的高标准带来的自然是德国产品的高质量。

高素质的员工是质量管理的首要因素。德国发达的职业教育为企业提供了合格的、高素质的毕业生。一流的教育水平和双元制的教育体制，确保了劳动力的高标准。双元制是德国极具特色的教育体制，学生在中学毕业后进入职业学校学习理论知识，同时在企业参加实践。这样的学生又叫学徒，他们中85%以上进入中小企业，是德国企业获取人才的重要渠道。

人本主义

德国企业将员工当作公司宝贵的财富。西蒙教授对于隐形冠军的一项调查发现，近八成受访企业将员工的忠诚度视为自身的"内在力量"之一。

对德国的家族企业来说，员工常常被看成家人，有时候甚至爷孙几代人都先后在同一工厂工作。在企业主眼中，保护员工和保证企业延续是一项极为严肃的使命，而解雇员工或出售公司则要承担巨大的压力。

德国企业每年自愿回馈社会的金额高达 112 亿欧元，他们中 44.4%愿意拿出销售额的3‰投入到儿童、文化等各类社会公益项目中，展现出相当强的社会责任感。

环保领先者

德国在第二次世界大战后的重建中，因过度追求经济发展，曾一度面临严峻的环境污染问题。1994 年，德国对《基本法》做出修改，把保护自然作为对后代负责的精神，现在，德国不但拥有世界上最完备和最详细的环保法律，也是全球环保领域的领先者。

在这样的大环境下，德国企业在节能环保上狠下功夫，并将此作为安身立命的"法宝"之一。

Ribeka 的 CEO 贝格尔积极关注在上海建立的"中德清洁水创新中心"项目，他认为地下水处理在中国还没有引起普遍的关注，因此他和他的团队需要做出更多的努力，甚至提供比德国更多样化的解决方案。

德国能成为世界出口大国，构建"德国制造"的形象，真正的功臣就是德国的中小企业。远大的目标、专注力以及全球化是隐形冠军所具备的最重要的素质。除此之外，孕育隐形冠军也与德国的历史、政府的规划、法律政策等息息相关。

借鉴日本经验，思考工匠精神

中国精细化管理研究所所长　汪中求

随着工业时代的到来，分工越来越细，合作越来越强。工作岗位被不断细分，工匠类别在快速扩展。譬如日本有家庭妇女琢磨家庭杂物的收捡而成就了"收纳师"职业，其中一位名叫山下英子的收纳师还因其专门研究成果成为收纳咨询师，出版了专著《断舍离》，书中的人生思考接近于哲学境界。

工匠精神的实质

虽然工匠的类别在扩展，工匠的队伍在扩大，但工匠精神却同时被逐渐丢弃。

到底什么是工匠精神？笔者理解，工匠精神包括而不局限于以下信念：热爱自己的工作，绝无高低贵贱之虑；每临工作现场，必有庄敬之意；长期探寻此业之精髓，力求达到更高之境界；产品和服务讲究品质，质量是生命也是道德和人品；以业为生，但不为钱而放弃标准；一旦结识高手，必敬慕之，学习之；祈望自己的所为对后人的价值超出价格，作品能比自己的寿命更长。

首先来看工匠精神之对所从事的工作的热爱。

全世界最长寿的企业、超过 1400 岁的金刚组，从日本飞鸟时代（公元 600—710 年）世代传承下来，小川三夫的《长短木头的组合》记述了金刚组第 40 代当家人金刚正和说过的一段话："等到两三百年以后，把这些建筑物拆开时，负责拆房子的木匠会想起我们这些匠人来的。他们会感叹说，瞧这活儿，干得真棒！"

同样的情感，400 年老店日本 HIGETA 酱油公司的常务董事山下启义则这样表达："我们有时还是会在工作中对微生物说话，比如会对那些小家伙们打招呼，说：'好嘞！今儿在这给你们加点儿空气，给你们搅拌搅拌怎么样啊？'我们不仅重视微生物，而且对它们充满了敬意。"

田中贵金属集团公司资历尚浅，但也有 130 年，它的本乡主任说的跟山下启义几乎一样："好像贵金属在向我们一个劲儿地呼吁似的，要我们将它们这些特性用于社会，而不是我们想到要把这些特性找出来。我们觉得自己的工作就是努力做好贵金属渴望我们做的事情。"

柴静的《看见》介绍了一位德国青年卢安克，在广西桂林做义工，教落后地区的留守儿童。卢安克对工作的理解是："有些人一辈子都在做着自己不喜欢的工作，然后用从工作中赚到的钱去消费，从而让自己获得须臾的快感；但我不是，我直接从我的工作中得到快乐。"不知卢安克此前看到过高尔基的说法没有："工作是快乐时，人生便是幸福；工作是义务时，人生便是苦役。"

其次，说说工匠精神之对工作的庄敬。

"一灯如豆下苦心，父子相揖背章文"说的是早年丧母、全仗父亲督促学业的于右任的故事。父亲要求于右任背书时，须先给父亲作一个揖以示严肃。儿子每背一课，父亲也同步背一课，父亲背书时将书本端正地放到桌案上，儿子站立一旁，父亲向书本恭恭敬敬地作一个揖，而后背诵。在当今时代，多数读书人和职场人怕是完全没有这种庄敬的感觉了。

日本有部获得过奥斯卡奖的影片《入殓师》，主人公原是一个大提琴师，失业后谋到殡仪馆葬仪师的岗位，负责给死人化妆。他没有嫌弃这份工作，而是努力提高自己的手艺，终于以他出神入化的化妆技艺，将一具具遗体打扮装饰得像活人睡着了一样。他的成功感言是：当你做某件事的时候，你就要跟它建立起一种难割难舍的情结，不要拒绝它，要把它看成是一个有生命、有灵气的生命体，要用心跟它进行交流。

1560年，一位名叫布克的瑞士钟表匠在游览金字塔时做出了一个没人相信的推断："金字塔这么浩大的工程，被建造得那么精细，各个环节衔接得那么天衣无缝，建造者必定是一批怀有虔诚之心的自由人。一群有懈怠行为和对抗思想的奴隶，绝不可能让金字塔的巨石之间连一片小小的刀片都插不进去。"此前，人们普遍认同大学者希罗多德在《历史》中的结论：金字塔是由30万奴隶所建造的。

直到2003年，埃及最高文物委员会宣布，通过对吉萨附近600处墓葬的发掘考证，金字塔是由当地具有自由身份的农民和手工业者建造的。那么，布克何以一眼就能洞穿金字塔与工匠的必然联系呢？

原来，布克是钟表制作大师。1536年，作为天主教信徒的布克因反对罗马教廷的教规而锒铛入狱，囚禁期间仍被安排制作钟表。布克发现，在那个失去自由的地方，无论狱方采取什么高压手段，自己都无法制作出精美的钟表，不可能保证钟表的日误差低于1/10秒的高标准；而在入狱之前，在自己家里，布克能轻松制造出误差低于1/100秒的钟表。布克认为，真正影响钟表准确度的不是环境，而是制作钟表时的心情："一个钟表匠在不满和愤懑中，要想圆满地完成制作钟表的1200道工序是不可能的；在对抗和憎恨中，要精确地磨锉出一块钟表所需要的254个零件，更是比登天还难。"

再次，谈谈工匠精神之专注和追求完美。

"工匠"在日语中多称"职人"（Takumi），从词义上具有更多精神层面的含义。日本的许多行业存在大批匠人，他们对自己的工作有着近乎神经质般的追求。他们对自己的出品几近苛刻，对自己的手艺充满骄傲甚至自负，对自己的工作从无厌倦并追求尽善尽美。如果任凭质量不好的产品流通到市面上，这些日本工匠会将之看成是一种耻辱，与收获多少金钱无关。

日本神户有一位名叫冈野信雄的工匠，30多年来只做一件事：旧书修复。在别人看来，这件事实在枯燥无味，而冈野信雄乐此不疲，最后做出了奇迹：任何污损严重、破烂不堪的旧书，只要经过他的手即光复如新，就像施了魔法一样。在日本，竹艺、蓝染、铁器、金属网编等领域皆有数不胜数的冈野信雄。

在中国已经很有名气的是 90 多岁的小野二郎，数寄屋桥次郎的主厨，手握寿司数十年。这位"寿司之神"连续两年获得《米其林指南》给予的三星最高评鉴，被誉为做出了"值得花一辈子排队等待的美味"。不过，他的 10 个寿司最高卖到 10 万日元。一个成年人进店吃小野手握寿司，要吃饱喝足需花费 40 万～130 万日元。这么贵，不用问为什么。

我和王筱宇先生合著的《中国需要工业精神》一书曾分析过，日本职场用得最多的一个词是"本分"，把手头正在做的事做透是应该的、必需的。日本福田金属的第 11 代掌管人福田诚治就说："一成不变始终贯穿福田金属的，我想可能是一种恪守本分的思想吧。绝对不可以偏离自己的核心使命。"

质量不仅是生命，还是道德和人品

"质量是生命"，很多企业都这么说。但较起真来，这种认识还是不够的。如果你不在乎寿命的长短，质量是否就可以不在意了呢？我们一直在跟踪并介绍过数千人去学习过的苏州德胜洋楼公司，他们认为质量是道德，是修养，是对客户的尊重。一句话，德胜洋楼把对质量的认识提高到了精神层面。我理解，这才是符合工匠精神的。

有一种流行的说法："1956 年，美国人认识了给日本皇室供应酱油的龟甲万；第二年，他们看见了第一款日本丰田车皇冠；此后，他们才又看见了索尼电器。"龟甲万是日本的酱油厂，至今已超过 350 岁。龟甲万在日本 1400 多家酱油厂中市场份额占 31%（第二名的 YAMASA 占 11%，然后是正田 6%），龟甲万几乎已成为了酱油的代名词，每年销售总额约 20 亿美元，2013 年在美国酱油市场的份额超过 55%。

"仁心应扩展至所有生物物种。"有此家训的龟甲万一直抵制生产化学合成酱油，包括战时和战后困难时期。龟甲万为了推广纯酿造酱油，将技术和专利都免费公开。没有精神概念的企业，恐怕对此难以理解。

追求极致令对手无法跟进

作为工业社会的主力，工匠必须追求极致。据说，技术高超的木匠涂刷的香蕉水厚度仅有 5 微米，用这样处理过的木材来建造房屋，房屋 1 000 年都不会腐烂。在机械加工中，技术高超的匠人能加工比机械精度更高的精度，在匠人领域被誉为"蒙骗机械"。技术高超的匠人加工的模具，手感妙不可言，有高级磨具师傅凭巧手能够感觉到 1‰～2‰毫米的误差。

日本名牌西阵和服腰带上用的金箔加有银，非常有高档感。金和银混合比例控制在 70∶30 就不会氧化，如果是 69∶31 就会氧化。那时还没有化学，这一精妙比例是怎么想出来的？令人惊叹不已。

铸造工艺上有两样不好控制：温度和时间，这些靠电脑也很难处理到位。铸造用户画给工匠们的图，里面必定有其意图，计算机不大可能读懂这些用户意图。这正是掌握高铸造技术工匠的生存之道，也可能是充分领会工匠精神的日本制造业的生存之道。全球出名的日本刀，在淬火加热阶段，因金属工具会收缩，刀刃侧面和背面金属的厚度不同导致不同的收缩程度，从而产生"反"。日本刀的价值就取决于这个"反"，"反"越漂亮，刀的价格就越高。制刀的工匠淬火的工序很见功力，金属工具的颜色会随温度而变，匠人通过颜色区分，在金属工具加热至结晶排列整齐时立即进行冷却，从而提高金属工具的硬度。如果没有把握好，金属工具会像玻璃一样脆弱。所以，必须承认，以科学理论为基础的技术很容易拷贝，唯工匠绝无仅有的技艺无法被轻易复制。

一家企业的技术实力达到一定程度，也将使竞争对手无法跟进。1 克纯金拉成 0.05 毫米粗的细线，能拉多长？标准答案：3 000 米。什么概念？目前工业需要的超细金线，直径为 10 微米，即百分之一毫米。人的头发丝直径一般为 80 微米左右。这样的超细金线，目前多由日本的田中贵金属制造。手机用于折叠弯曲部位的铜箔，田中贵金属和另一家同行福田一起占到全球市场的 90%。

创立于 1884 年的同和矿业（今为同和控股，DOWA Holdings Co.Ltd.），由藤田传三郎创办，其后人曾经十分骄傲地说："全世界所需的氧化银，有百分之七八十是我们供货。所以有人开玩笑，说我们要是停止回收氧化银，全世界的钟表都得停！"

还有一家可能造成全球某一产业停产的企业，就是生产手机中必需的水晶振荡器的日本爱普生东阳通信公司。水晶有一个很出众的特点，超薄的水晶片出现紊乱的概率为 100 万分之一，手机的心脏部位需要这样的纳米级水晶片。天然水晶依赖从巴西进口，不仅长成要花数百万年，十分难得，而且瑕疵和所含杂质很多；而人造水晶 3 个月时间一次能生产出 3 吨，只是需要加工到极薄，越薄就越能获得越高的频率。爱普生东阳通信公司的石英晶体部件事业部把人造水晶加工成为 20 纳米或者 30 纳米薄的产品，20 纳米只有人的头发丝的 4 000 分之一。如此精密，目前除了日本世界上没有任何国家做得了。

工匠箴言发人深省

笔者与研究日本企业长寿秘诀的船桥晴雄先生有过一面之缘，他在《新日本永代藏——企业永存的法则》中提到，在 124 万家日本企业中，存续 100 年以上的企业有 2 万家，200 年以上的有 1 200 家，300 年以上的有 600 家，500 年以上的有 30 家，1000 年以上的有 5 家。日本长寿企业在全球的占比极高。

"镰仓时代以后，掌管天下的武士都是种田人出身，包括各地诸侯自己在内，都认为干体力活是理所当然的事。此乃当今日本人重视技术培养的思想根基。"富士大学校长小山田了三在《支撑世界的日本技术》中提出了日本企业坚持技术发展的历史成因。由此，日本企业的工匠精神与历史悠久的企业同在。

前文提及的福田金属创业300周年时，副总经理福田诚治很平淡地说："在外人看来，也许会觉得创业长达300年的确了不起，但实际上对我们来说，并没有活了300年的实感。这只是一种结果罢了，对吧？一天一天，年复一年，累积起来就成了300年。我们并没有着意去考虑传统的问题。"

就因为不用刻意，故日本企业的很多优秀经营理念被自然顺延下来，一直在教导和指引着一代又一代的企业人。高岛屋百货店是日本超大的百货商场之一，其经营理念为："好东西要在不亏本的情况下贱卖，这对顾客和我们都有好处；如果商品有瑕疵，一定要在顾客发现之前如实告知，绝对不能隐瞒。"

经营虎屋的黑川家族秉承的家训中有一条："对顾客，不能做出不满的表情或动作。"这似乎很普通，但家训继续强调"就算是休息日在路上碰到顾客，也要恭敬行礼"。这就不是那么容易做到的。

近江商人在日本国内被称为"毒商"，即"为一分利跑遍全国"的意思，近江商人被日本人称为"商人中的商人"。丰田、日本生命、伊藤忠、丸红、东棉等大型日本商社的总部就都在近江一带。近江商人提出：如果你没有钱就拿出智慧，如果你没有智慧就拿出汗水；"钱"有给人带来财富的"金"，也有夺走人命的"戈"；准时还款能提高你两倍的信誉。可谓经典之谈。

日本长寿企业在京都地区居多，具有1000年以上经营史的店铺在京都竟然保留下来六家。主营结婚用品的"源田"经营史约1300年，扇子专卖店"舞扇堂"约1200年，烤年糕的"一和"则成立于1010年。京都有100年以上历史的店铺居然有500家以上。京都一企业的座右铭耐人寻味："仿造其他公司的产品，还不如跳楼自杀；解雇一名忠诚的员工之前，社长先自尽；只有技术员出身的员工将来才能当社长。"句句紧扣工匠精神。

我们需要通过工业精神的呼喊，唤起中国社会对企业竞争力、行业前景、民族实力、国家后劲、企业家境界、历史责任以及对人类贡献的深入思考。

从文化角度解读"工匠精神"

华东师范大学紫江学者 许纪霖

最近对"工匠精神"有一些讨论。究竟什么是"工匠精神"呢？怎么理解呢？当然从技术的角度可以有很多的解释，但"工匠精神"不能被简单地理解为只与技术、经济有关。既然谈到了"精神"，它就不只是一个技术的问题，实际上它是一种文化，精神一定是文化。所以我重点要从文化的角度谈一谈何为"工匠精神"，怎么能培育出"工匠精神"，"工匠精神"意味着什么。

"工匠精神"是一种专业精神

什么叫专业精神？德国思想家马克斯·韦伯最早发现了现代资本主义的秘密。他的《新教伦理与资本主义精神》是讲资本主义怎么产生的，是到今天在世界上影响都非常大的名著。不要以为资本主义和商业有关，商业文明古已有之，对于几个有影响的大的民族，商业都是很古老的一个现象，对于中国也是这样。在西欧，商业出现最早、最发达的是地中海国家，威尼斯是当时地中海乃至整个世界商业的中心。但是现在我们所熟悉的这套现代企业管理制度，竟然没有最早出现在商业最发达的地中海沿岸，特别是威尼斯，而是出现在荷兰，然后是英国，这是什么原因？

韦伯做了一个宗教和文化的分析，他发现这和宗教有关，意大利是天主教国家，在天主教的宗教伦理当中，人是有罪的，现实世界是一个黑暗之城，上帝之城才是光明之城。所以人活在现实生活是没有意义的，最重要的是要赎罪，最后进入天堂。所以你在现实生活当中成就越高，越说明你是罪人。"富人要进天堂，要比骆驼穿过针眼还难。"在这种背景下谁愿意去赚钱？

但是 17 世纪新教出现以后把这些都改了，因为在新教看来谁能进天堂这是命定的，命定以后你怎么来显示你是上帝最好的选民呢？就看你在现实生活中的成就，成就越高越能证明自己是上帝最好的选民，就有可能进天堂。所以新教国家的人开始改变了，为了进天堂拼命地工作、拼命地赚钱。

现在的人赚钱是为了积累财富，甚至非理性地积累财富。但是最早在清教徒看来，赚钱仅仅是为了进天堂，所以韦伯用了一句话"入世禁欲"。清教徒们积极地工作，但是在生活上非常节俭，对于自己的欲望极其克制。福特汽车公司的老板老福特，已经是亿万富翁了，还是穿了一双破皮鞋，一身旧西装，每天早上喝清咖啡、吃黑面包，这是他的清教徒式的生活，他赚钱主要是为了证明"我是上帝最好的选民"。今天的中国有点像 19 世纪的英国，就是工业革命后经济高速增长。当时维多利亚时代是很保守的，还有一套宗教观念。《有信仰的资本》是英国的一本书，介绍了 19 世纪英国十几家著名的企业，比如说今天大家很熟悉的联合利华。这些企业拼命地赚钱，赚了这么多钱又不消费，就做公益慈善。因为公益慈善是按照上帝的意志要求去做的。所以这是 "有信仰的资本"。早期人们拼命地赚钱，但是有一个宗教伦理在制约着，后来不一样，后来西方也"入世纵欲"了，宗教已经退潮，更多的人接纳消费主义，特别是 1929 年资本主义危机之后消费主义成为主流，如果消费疲乏，经济就要出问题。

但是早期有一个东西留下来了，就是所谓的"志业精神"，我前面说"工匠精神"就是一种专业精神，也叫"志业精神"。这种精神是什么呢？我们讲一个"天职"calling，就是最早一代资本家、企业家，他们是为了上帝而投身于工作的，所以他们赚钱是内心有一种呼唤，上帝声音的呼唤就是 calling，叫天职。后来社会慢慢世俗化了，很多人不再有宗教信仰了。支撑你拼命工作的这种精神从哪里来呢？很多人认为"这就是一个饭碗，这是一个职业"，这是大部分人对自己工作的态度，但是工匠精神的背后不是一种职业，而是另外的东西——vacation，即"志业"。与你内心的志向有关，志业可以说是天职的世俗版本，你不是为了混口饭，为稻粱谋而从事自己的工作，你是为了自己内心的一种声音、一种召唤在从事自己的职业，这个职业就叫作志业，工匠精神就和志业有关。

什么叫志业？美国有一位著名的伦理学家麦金太尔，他有本名著《追寻美德》，麦金太尔在这本书里面有一个很重要的精彩观点，他说虽然人都追求利益，但是有两种不同的利益，一种叫外在利益。外在利益是对权力、财富、知识的追求，用我们现在的话叫作"身外之物"。外在利益的特点其是可以替换的，比如最初追求知识，做学问，后来发现做了半天的学问没什么回报，工资很低，社会也看不起我们，算了，下海经商吧，转而追求财富了。追求了半天财富，觉得商人的地位也不高，还是做官吧，又去追求权力了。这都是可以转换的，这都是外在利益的追求。很多年轻人不断跳槽，从这个行业跳到那个行业，背后驱使的都是一种对外在利益的追求。哪个利益能够有更大的回报感，就去追求哪一个。

但是麦金太尔讲，还有一种利益是内在利益。内在利益就是"金不换"，就是不可替代的，"非此不可"，是你内心渴望的。不是为了换取一些很具体的身外之物，是为了满足内心觉得好的生活，我觉得只有从事这个，才是我内心所渴望的。这就是内在利益。

志业就是一个能够满足你内在利益的职业。聪明人通常能够从事好多工作、好多行业，干什么都出色，但是往往有一些人觉得他有自己内心独特的追求，觉得只有干这个他才过瘾，这就是他的志业。"工匠精神"的动力恰恰来自这样一种志业，这种志业用现在的话说就是专业精神。

今天我们有各个行业，每个行业里面都有自己独特的专业品位和专业价值，你不从事这个行业你是体会不到的。你进入其中，能够对你从事的这个专业的内在品位有深刻的理解，而且愿意去钻研它、体会它、追求它，把它作为自己的梦想，愿意不计功利地投入，把它做到完美，因为这是你的内在利益，这就叫作专业精神。

我们不要以为只有高精专的行业才有专业精神。20 年前，上海当时提倡要学习一位劳动模范，叫徐虎，他是修马桶的。那个时候修马桶还不是一个社会职业，他是房管所里面负责修马桶的。徐虎师傅很不错，不辞辛苦，帮居民们解决了一个个的具体困难，这种精神也被提倡为"徐虎精神"。他是共产党员，当然觉悟一定很高。当时我写过文章，我说徐虎整天为人民服务，如果觉得自己很痛苦，那么肯定是支撑不了多久的。他一定有专业精神，他把修马桶作为自己的志业，而且从中得到了快乐。人家都搞不定的，他搞定了，居民们都很感谢他，他从中得到了一种满足感和尊严感。各行各业都有专业精神，在中国很多行业里面大部分人是很难体会专业精神的，甚至很难从这个专业里面得到一种内在的享受和快乐，这就是问题所在。

今天的问题在哪里？今天崇拜的是财富，而不是有特殊技艺的工匠。今天有各种各样的排行榜，都是财富的排行榜，好像谁拥有最多的财富谁就是这个时代的英雄。但是我们缺的是什么？如果我们需要有一种普遍的工匠精神，我们今天缺的是专业技术的排行榜。比如手机，现在说华为压倒小米了，为什么压倒？销量压倒了，销量成了标准。很少从专业技术角度、从行业声望角度，来制定一个排行榜。要说销量，苹果不是第一，但是在专业技术方面的行业声望，目前为止没有一家可以和苹果叫板。现在太重视财富了，各种各样的排行榜都以财富作为标准，我称为"外在价值"，但是缺乏的是一种"工匠精神"所体现出来的"内在标准"：专业技术排行榜、行业声望的排行榜。

我们都知道有一句话叫"会笑的人是最后笑的人"，各行各业的竞争谁能笑到最后？真正能够脱颖而出的是具有这种工匠精神的人，他们最看重的不是财富、金钱，而是最后能够在自己的行业里面领先。华为不上市我觉得是对的，一上市就要受到股东的压力，有各种各样的利润报表，就受到了各种各样外在因素的影响。如果不上市，压力会小得多，会专心致志地来追求自己的专业技术在那个行业里的内在价值。

工匠精神是一种信仰

　　工匠精神不仅是一种精神，而且在我看来还是一种信仰。我前面讲，现在的这套企业制度竟然是从新教伦理里面脱胎而出的，就和宗教有关。这里我要引用 20 世纪大作家沈从文先生的一句名言："文学之于我，不仅是兴趣，而且是信仰。"这句话我看到以后，有一种触电一样的感觉，要支撑你从事一个专业，乐此不疲地受到各种挫折还愿意钻研下去，与它终身为伴，有时候仅仅靠兴趣是不够的，兴趣是可以发生转移的，但是一旦兴趣成为你的信仰了，那就是真正金不换了。"工匠精神"对于工匠们来说，实际上是一种信仰。`

　　我们都非常喜欢苹果手机，乔布斯把苹果的产品，无论是电脑还是手机，做到了极致。这个产品不仅在技术上是极致，而且还是一个艺术品。有一个词叫做"技艺"，这个词我非常喜欢，既是技术又是艺术。苹果在技艺的层面做到了完美和极致。

　　一个产品要做到完美，到了很高的阶段之后，每提高 1%，它的投入可能就不是 1%，而是 10%，甚至更多，是以几何级数增长的。一般人如果只追求市场的价值，会觉得得不偿失，但是乔布斯的逻辑不是商业逻辑，而是一种工匠逻辑，他的动力就是对内在利益的追求，要把产品从技术到艺术都做到完美和极致，所以才有那个永远都让人怀念的乔布斯。乔布斯有一种工匠精神，这正是我们欠缺的。

　　大家都说年轻人要有理想，世俗时代的理想主义精神是什么呢？我们不必提得太高，一讲到理想主义好像一定要是道德上的圣人、有家国天下情怀。理想主义在我看来就是从你脚下这块地方做起，就是把你所从事的工作做到完美、做到极致，而不是把它看成是一个养家糊口的饭碗。理想主义的精神恰恰是你有一种专业精神、志业精神。

要对自己的领域和从事的具体工作有敬畏感，当然要有竞争，但是仅仅有竞争是不行的。我们以前很相信市场，觉得市场有一只看不见的手，通过市场自由竞争，自然会产生优质的产品。但是，如果缺乏一种工匠精神，在野蛮生长的市场早期阶段，胜出的可能不是那些工艺最好的产品，而往往是那些粗制滥造的产品，这就是所谓"劣币驱逐良币"。

市场经济时代，有一种伦理叫作"工作伦理"，或者叫"职业伦理"，这就是对自己的专业有责任感，是把自己的专业看成一种信仰。

马克斯·韦伯有另外一个著名的看法，他说人都是有理性的，但是人的理性有两种，第一种理性叫价值理性，第二种理性叫作工具理性。价值理性就是一个人在从事自己的工作时，只为自己的动机负责，只为自己的目的负责。这就是一种价值理性，只问耕耘不问收获，这当然是一种信仰。

但是现代社会是一个世俗社会，大部分的人是不按照这种价值理性来行动的。大部分的人不问这个行动的终极目的是否合理，是否有意义，他们只设定很具体的目标，只问要达到这个目标该如何行动，采取一个什么样的方案，又通过什么样的一种工具来实现这个目标，这就叫作工具理性。

韦伯就讲，现代资本主义、现代企业制度，实际上就是由工具理性所支配的。只生产，不问最后生产出来的东西对人类有利还是有害。现代人普遍的行动方式都是工具理性，当然这也没什么好指责的，如果没有工具理性，今天的财富、今天的技术不可能有这样一种爆发性的增长和发展。

但是在今天这个社会里，我们会发现由于资本主义产生以后，包括18世纪启蒙运动以后，人的理性方式只用到一种工具理性的话，最后我们的生产目的和追求财富的最终目的，都被忘记了。人类现在拥有了能够征服自然、改造自然的能力，但是忘记了我们为什么要征服自然、改造自然，是否要有一个限度，人与自然、与生态环境是否要有一个和谐、平衡的问题。我们这样拼命地促进财富增长的目的到底是什么，这个终极目标的意义到底是什么，这些东西都忘记了。似乎追求财富、追求欲望的满足成为我们唯一的生活目的。但是，随着人类财富的增长，随着我们拥有物质的增加，人类的幸福感并没有因此而增加，反而在减少。这是价值理性会问的问题，而工具理性不会问。

涉及各个具体行业，当我们仅仅是为了盈利，为了赚快钱，为了市场的需求而进行生产时，这仅仅是一种工具理性的态度。但是，我们究竟是为了实现一个什么样的价值，这个终极性的目标今天却被淡化了。一旦一个行业自身的行业内在价值被淡化了，这种工匠精神也就衰落了。

由吴天明导演的电影《百鸟朝凤》，讲述的是一个唢呐匠的故事。我看了以后感觉很震撼，这个"匠"特别好，他追求和传承的是一种唢呐精神。老唢呐匠说：吹唢呐不是吹给别人听的，那是吹给自己听的。《百鸟朝凤》在我看来是一曲挽歌，是一曲中国古代匠人精神的挽歌。吴天明触及了我们这个时代的大问题，即工匠精神的匮乏。

现在各地都在提倡创业，你仅仅有工具理性可以创业，但是创不了大业。创不了像华为、腾讯、阿里巴巴这种真正的大业。为什么？创大业的人是要有梦想的，马云有一句名言："梦想总是要有的，万一它实现了呢？"这句话是对年轻人讲的。但是我们对梦想的理解不要太狭窄，在我看来梦想和目标是不一样的，目标每个人都有，现在凡是自我规划能力很强的人都有一套人生规划，但是这个东西叫"目标"，目标是具体的，但是梦想是抽象的。

马云的梦想是什么？一开始搞黄页，他的梦想是要为中小企业服务，这是他的梦想。他不仅仅是为了赚钱，他有他的梦想。以这样一个梦想作为一个价值理性，然后一步一步向前，最后做大、做强。

谷歌是一家什么公司？谷歌竟然是一家"10%的人负责赚钱，90%的人负责胡思乱想和科技创新"的公司。这家公司不是赚快钱，不是把所有的主要精力都是用于赚钱，它造就的是人类的梦想。它关注以前人类都难以想象的、连科幻作品只是依稀猜想到的那些梦想，它要努力地去实现。过程中可能经历了很多我们所不知道的失败，但是实现的那部分震撼了整个世界，可能会改变人类。这就是有梦想的公司，有梦想的创业者，最后成就了大事业。

所以从这一点而言，创业需要什么样的禀赋呢？韦伯曾经讨论过政治家，他说一个真正的政治家需要以下三方面的禀赋：

第一，价值理性，对自己认定的价值目标的生命关切和献身热忱。就是一个大政治家必须要有信仰、有梦想，这种梦想是伴随他一生的政治生涯的。像奥巴马就是一个有政治信仰的人，他在位期间要推行全民医疗改革，这个差点让他下台了，但后来竟然成功了。他说"哪怕我因此下台，我也要追求全民医疗保险"，因为美国和欧洲比，在全民医疗保险方面实在太落后了。一个真正的政治家一定要有自己的一套信仰，并愿意为这个信仰献身。

第二，要有现实的使命感，以及为实现这一使命所必需的责任伦理。政治家不是教徒，还要有现实感。当我在实践自己的目标的时候，要对结果负责，一旦发现这个结果伤害到了自己的信仰，就要为此负责。比如说我是为人类思考的、我是为人类服务的，结果我最后的行动伤害了我的这种信仰，危害了人类，我就要因此承担责任，这就叫责任伦理。

美国原子弹之父奥本海默，到了20世纪五六十年代，积极反对美国政府的原子能政策，他觉得这个原子能技术若不加以束缚会毁灭人类。他站出来激烈地批判美国政府和不加约束的原子能技术，这就是他所担当的责任伦理。

第三，对现实超越感情的冷静判断和深刻理智的洞察能力。这个当然是更稀缺的素质，韦伯讨论的是政治家，在我看来一个好的创业者，一个有工匠精神的创业者，不仅仅靠一种献身精神、责任伦理，而且需要第三条，那种冷静的判断和洞察能力。这三种禀赋和气质，才构成了全面的创业能力。

这个时代聪明人很多，聪明人干什么都行，转行特别快。但是你会发现不断转行的人未必是能够做成大事业的人。从这一点而言，有时候不是比谁聪明，而是比谁更傻。"傻"是指他就认一个死理，就认准了干一件事。

当然他认定的这个行业也不能是一个夕阳产业，而是有前途的，由于各种原因处于萧条期，但是只要做下去，依然有可能死而复生，这是一种"傻子"精神。

往往一个行业的大事都是由"傻子"来做成的，而不是那些随时准备开溜的聪明人做成的。"傻子"精神是什么？有时候就是一种游戏精神，游戏就是好玩，没有太功利的目的，也不追求成功，没什么道理，就是喜欢，于是沉湎于其中。工匠精神有时候也是这样，不是为了钱，只是喜欢。工匠精神讲到最后也是一种游戏精神。

有一年我在香港看到香港电视记者采访当年获得诺贝尔奖的美国普林斯顿大学华裔学者崔琦教授，记者问他："崔教授，你每天在实验室，一定很辛苦吧？"崔琦教授淡淡一笑："我每天都是怀着好奇的心情进实验室，不知道每天的实验结果是怎样的，像小孩子一样期待实验的结果，每天进实验室都像过节一样快乐。"

美国著名知识分子萨义德，是哥伦比亚大学教授，他有一本很有名的书《知识分子论》，讲了一句名言："知识分子就是一种业余精神。"现在大量的知识分子成了专家，做研究、著书只是为了稻粱谋，对自己从事的专业一点兴趣都没有，就是为了换来职称和金钱。但萨义德说知识分子就是一种业余精神，以此推广，工匠精神也是一种业余精神，你要把专业的事情当业余的事情来做，这样就没有上班下班之分、业余与专业之分了，因为这就是你喜欢做的事，有可能干出一番大事业。

著名的创业导师李开复，当年辞去了微软的高薪职位，自己出来创业，他的老板想不通：我给你的高薪是任何人都抵挡不住的，为什么你竟然说"不"，为什么？李开复后来说，他的梦想，就是要帮助更多的年轻人创业，最重要的，是要听从内心的声音。什么叫成功？一个真正的创业者，一个具有工匠精神的人，他成功的标准不是外在的、市场的、世俗的标准，不是多少财富、多大的公司，他的成功是一个自在的、自我的标准——"最大的成功就是做最好的自己"。所以李开复教导很多的创业者说，最大的成功就是成为最好的自己。问题是很多人不知道最好的自己是什么，所以盲从，跟着大潮流走，大部分人只能"跟"，无非是"跟得上"和"跟不上"的区别。但是最优秀的人就像孟子所说的"虽千万人，吾往矣"，他认准的目标一般人是不在意的，但是他能够看到这个目标代表了未来。就像当时谁都不看好马云，不肯贷款给他，只有日本软银的孙正义独具慧眼，给了他投资，让马云成就了"最好的自己"。

上海电影节期间，李安的一场讲座爆满，300人的会场涌进了600人，他的一番话，第二天媒体纷纷报道，我的微信也被刷屏。很多人问他中国电影什么时候赶上美国，因为中国的电影票房马上要超过美国了。李安给大家泼了冷水，他说："我希望大家慢速成长，我就是一个36岁才晚熟的艺术家。"李安真的是大器晚成，虽然他从小喜欢艺术，读了纽约大学的电影学院。这是美国最好的电影学院，但是这个行业一毕业就是失业，没有人找你拍片。他整整六年时间在家里带孩子，靠太太养。李安熬得住，连短片、广告片都不接，最后熬出了头，踏入了好莱坞的顶尖导演行列。他身上有一种工匠精神。

工匠精神中很重要的一点，是要有品位，要做出优质的产品，首先你要知道何为卓越，何为平庸，要有专业的品位。

工匠精神追求的是卓越

品位最重要的是细节，细节决定成败，我们与日本的差距，不在格局，而在细节。工匠精神是精益求精，在细节上下功夫。

细节的功夫所追求的是卓越，卓越的产品未必有最好的市场价值，特别在一个急功近利、野蛮生长的市场里面，假货打败真货，平庸战胜卓越，比比皆是。因此，追求卓越的工匠精神，实际是一种贵族品质，贵族虽然也在意财富，但不将财富作为终极的价值，贵族的终极价值是对卓越、对品位的追求。

无论是卓越的产品还是创新的产品，最后都离不开工匠，需要有一批在专业行业里面孜孜不倦地追求自己独特性的工匠来努力，而工匠的培养需要很多改变，首先要从教育入手。

中国今天的教育是一条羊肠小道——高考，但是在德国、日本这些工艺大国，教育是双轨制，你读书读得好可以高考，但是如果你不是读书的料，喜欢当工匠，没关系，他们有非常发达的职业教育，乃至高等职业教育，让你有足够的发展空间。在德国、在日本，一个工匠、一个高级的蓝领技术工人，同样受到社会的尊重。

我们很多人都去过日本，会发现他们连一个小小的糕点都做得那么精致，在东京吉祥寺有一家卖羊羹的小店，小小3平方米的门面，一年的营业额竟然高达3亿日元，将近2 300万元人民币。他们每天只卖150个羊羹，每人限购5个，要早上四五点钟去排队才买得到，至今已几十年，天天如此。羊羹源于中国，后来传到日本，这家小店所生产的羊羹，既是食品，又是艺术品，有顾客如此赞美："美貌到舍不得吃，美味到忍不住不吃。"这就是传了几代人的工匠精神，追求极致、追求完美的工匠精神。整个日本社会对这些匠人非常尊敬，甚至崇拜，一点也不亚于对科学家、企业家的敬意。

在欧洲，很多国家也非常尊敬匠人，所以德国的工艺世界第一，瑞士的钟表至今无人匹敌。这些国家有非常发达的职业教育，世界上还有一个竞赛，叫作"世界技能大赛"。德国在世界技能大赛里面囊括过所有的金牌，遥遥领先。中国选手也拿过奖牌，但中国的媒体很少报道，可能觉得"这玩意儿，蓝领的活嘛"。

职业价值观的改变，要从教育制度开始。要尊重工匠，尊重手艺人，尊重工人阶级，首先要给他们的劳动以合理的、体面的报酬，尊重他们对社会的独特贡献。这不仅是政府的责任，也是全社会的责任。我举一个例子，苏州的双面刺绣很出名，但前几年找不到好的绣娘，因为绣娘都面向市场，拼命提高产量赚快钱。现在有一些收藏家，就将苏州最好的绣娘养起来，不给她们定指标，每年给她们固定的收入，让她们按照专业的内在标准，不惜工本绣出最好的作品。在中国，已经有一些令人可喜的变化，也正在形成新的趋势，注重专业、注重内在品质的工匠精神正从市场的夹缝里面慢慢生长出来。有了工匠精神的复苏，中国才有可能从一个"山寨大国"慢慢转型为一个工艺大国和创新大国。当然，这是一个非常缓慢的过程，我们要有耐心，更重要的是从自己做起，形成尊重工艺、尊重工匠、追求专业品位的好风气。

如何高质量发展实体经济

中国（海南）改革发展研究院院长 迟福林

高质量发展：进入新时代的重大战略部署

党的十九大报告提出，以"三大变革"提高全要素生产率，着力加快建设实体经济。中央经济工作会议进一步指出，"我国经济发展也进入了新时代，基本特征就是我国经济已由高速增长阶段转向高质量发展阶段"。"高质量发展"成为国内外关注的焦点。

那么，如何理解"高质量发展"？"高质量发展"作为全社会的高频词，它是适应我国经济发展时代变化，抓住主要矛盾、顺势而为的一个重大战略部署。党的十八大以来，从经济生活的实际出发，中央先后提出了"三期叠加""从高速转向中高速""新常态"等一系列重要判断。在我看来，十九大提出的"高质量发展"是对上述系列重要判断的提升，是对"新常态"判断的跨越，是一个战略性、方向性、全局性的重大判断。

坚持质量第一、效益优先是习近平新时代中国特色社会主义经济思想的核心内容之一。提出"高质量发展"的背景，可以从以下内外环境来看。

从国内经济格局看，高质量发展适应了全社会对美好生活的向往。经过近40年的改革开放，老百姓富起来了，需求升级了；人们对高质量产品、个性化服务、健康医疗等需求全面快速增长了。提出高质量发展，就是要让供给体系能够跟上这个时代变化。什么是高质量？有很多衡量指标，但其本质特征就是能够很好满足人民日益增长的美好生活需要。

从全球经济格局看，我国的经济地位举足轻重，但自主创新、品牌竞争力还明显不足。尤其是在美国制造业回归的背景下，在数字经济引领产业变革的第四次工业革命浪潮面前，如何提高我国在全球经济中的竞争力、影响力，是推动高质量发展面临的重大课题。因此，要推动经济发展质量变革、效率变革、动力变革，不断增强我国经济创新力和竞争力。

高水平实体经济：实现高质量发展的根基和主体

高质量发展抓住了我国新时代发展的核心。那么，如何转向高质量发展？

习近平总书记反复强调要有问题导向。转向高质量发展，要适应国内经济转型升级的大趋势，抓住新经济发展的历史性机遇，着力破解现实经济发展中"质量不高"的某些突出问题。从总体看，这个"质量不高"，主要反映在实体经济上。我认为，需要在理论和实践层面鲜明地提出，把发展高水平的实体经济作为实现高质量发展的根基和主体。

党的十九大报告提出，建设现代化经济体系，必须把发展经济的着力点放在实体经济上。推动高质量发展，需要加快建设现代化经济体系。实践证明，没有一个高水平的实体经济，就难以建设现代化经济体系，就难以有一个高质量、高效率的供给体系，就难以为人民提供满足美好生活需要的各类产品和服务。

什么是实体经济？就是创造产品和提供服务的领域，是提供有效供给的领域。虚拟经济则是为实体经济服务的，不能本末倒置。适度发展虚拟经济，目的在于更好地为实体经济服务，而不是"脱实向虚""空转盈利"。

满足人民对美好生活的需要，主要依靠实体经济。实体经济是高质量发展的主体，是经济强国的根基。习近平总书记指出，不论经济发展到什么时候，实体经济都是我国经济发展、在国际经济竞争中赢得主动的根基。

前面我们从大的角度分析了高水平实体经济是高质量发展的根基。接下来的问题很重要：发展高水平实体经济，在当前面临哪些挑战？客观分析实体经济发展面临的挑战，有助于精准施策、精准发力。

在我看来，发展实体经济主要面临结构性失衡的挑战。比如，实体经济结构性供需失衡。老百姓的消费需求已经向高品质升级了，但供给体系总体上仍处于中低端。很多人去日本买马桶盖，去国外体检、就学，都反映了我们在产品和服务的供给质量上还有很大的差距。作为一个大国，这是值得警醒的。再比如，金融和实体经济失衡。目前工业行业平均利润率在 6% 左右，银行业的营业利润率远超工业利润。"钢材卖不出白菜价"，这是一个严重的经济问题。此外，房地产和实体经济失衡。在某些城市和地区，房地产明显脱离了居住属性，成为金融投机的工具，由此带来了一系列的经济问题和社会问题。我一直认为，供给体系有产能过剩的问题，但也有供给不足、不优的矛盾和挑战。两者同时并存，需要两端同步发力解决。

怎样认识我国实体经济面临的挑战？事实上，实体经济面对的各种挑战，主要是"长期因素积累、成本因素增大、国际因素促发"的结果。

第一，长期因素积累。在较长时期内，我们以总量发展为导向，以做大 GDP 为重要目标，形成了"增长主义"的某些突出特征。这种发展方式在推动经济快速发展的同时，也带来了产能过剩、环境破坏等棘手的问题。

第二，成本因素增大。主要是劳动力成本在上升。21 世纪初平均劳动工资在每月 700 元左右，现在涨到 4 000 元以上，但是产品的价格却没有长得那么快。过去社保体系还不健全，现在"五险一金"完善起来，企业成本也就上去了。此外，要素成本、环境成本等也在不断上升。这些因素传导到实体经济，尤其是虚拟经济过度发展的时候，矛盾就集中爆发出来了。

第三，国际因素促发。现在企业的产品在国际上相互流通，相互竞争。2015 年美国一家品牌咨询公司发布"全球最佳品牌榜"百强名单，美国有 52 家企业品牌入选，而我国只有 2 家。2016 年世界 500 强中，我国内地企业的人均营业收入只相当于 500 强总体人均营业收入的 76.06%、美国企业的 63.48%。在这种情况下，我国实体经济的短板就凸显出来了。

历史的、现实的、国际的因素综合作用，形成了今天实体经济发展的突出矛盾。因此，实体经济优化升级已经成为高质量发展的重大任务。

当前实体经济困难，在我看来，不是哪家企业的问题，而是整个经济运行中仍存在的某些突出矛盾与问题。2016年2月，民间固定资产投资出现断崖式下降，从2015年年底的10.1%直接降到6.9%；2016年1月至8月，同比名义增长仅为2.1%。此后开始逐步回升，但直到2017年11月，民间固定资产投资也未能达到全国平均投资水平。民间固定资产投资意愿低下，主要原因有以下几个方面。

一是实体经济成本过高，包括税费、制度性交易成本，融资、用能、物流成本等。从"三去一降一补"到"破、立、降"，降低成本任重而道远。为此，这次中央经济工作会议明确提出要求，采取各种措施"大力降低实体经济成本"，以促进有效投资特别是民间投资合理增长。

二是妨碍市场公平竞争的障碍依然存在，"弹簧门、玻璃门、旋转门"忽隐忽现，石油、通信等领域社会资本难以进入。这就需要按照中央经济工作会议精神，"全面实施并不断完善市场准入负面清单制度，破除歧视性限制和各种隐性障碍"，以激发各类市场主体的活力。

三是产权保护政策尚未得到很好的落实，一些企业家对未来的预期不稳。为解决好这一问题，当前相关方面正在"依法甄别纠正社会反映强烈的产权纠纷案件"，以落实中央产权保护政策，弘扬企业家精神，支持民营企业发展。

可以说，在内外环境相互作用下，我国实体经济存在的问题不容忽视。那么，怎么看待我国实体经济发展的前景？在我看来，我国发展高水平的实体经济，面临着新的历史性机遇。经过近40年的改革发展，我国总体上进入工业化后期，经济转型升级呈现历史性特点。

一是产业结构正由工业主导向服务业主导转型。2017年前三季度服务业占比达到52.9%，预计到2020年有可能接近或达到60%。在服务型经济比重不断提升的同时，新产业、新业态、新模式不断涌现，成为助推产业变革的新动能。

二是消费结构正由物质消费为主向服务消费为主转型。估计到 2020 年，城镇居民服务型消费比重将由目前的 40% 左右提高到 50% 左右，我国正在进入一个"新消费时代"，为全球尤其是欧美提供了经济合作的巨大市场空间，也为我国发展自由贸易、推动经济全球化提供了重要条件。

三是城镇化结构正由规模城镇化向人口城镇化转型。预计到 2020 年，常住人口城镇化率有可能由 2016 年的 57.35% 提高到 60% 以上。新型城镇化和乡村振兴融合并进的趋势明显增强。

四是从以货物贸易为主向以服务贸易为重点的开放转型。预计到 2020 年，我国服务贸易占对外贸易比重将由 2016 年的 18% 提高到 20% 以上。党的十九大报告明确提出，"大幅度放宽市场准入，扩大服务业对外开放"，"赋予自由贸易试验区更大改革自主权，探索建设自由贸易港"。未来几年，发展服务贸易成为我国开放转型的突出特点和重大任务之一。

适应社会主要矛盾变化和经济转型的大趋势，抓住第四次工业革命契机，要在鼓励发展实体经济的同时，推动实体经济的优化升级。实体经济优化升级做得好，实现高质量增长就有重要前提，就能为高质量发展打下坚实基础。

制造业优化升级：将实体经济做强做优做大

我国实体经济有着巨大的优化升级潜力。释放这些潜力，推进实体经济高水平发展是一项系统工程，涉及方方面面，既要通盘谋划，又要重点突破。在我看来，发展高水平的实体经济，关键和重点都在于发展制造业，推动制造业优化升级，提升制造业的国际竞争力。

为什么说发展高水平实体经济的关键和重点都在于发展制造业？

第一，制造业的优化升级决定实体经济的发展水平。我国的实体经济，目前可以用"冰火两重天"来形容。一方面，以数字经济为代表的新经济，发展迅猛。2016 年，我国数字经济规模达到 22.6 万亿元，同比增长 18.9%，占 GDP 比重达到 30.3%。另一方面，传统制造业面临比较大的挑战。"三去一降一补"，更多的是针对这些制造业。习近平总书记在徐州视察徐工集团时又提到，必须始终高度重视发展壮大实体经济，抓实体经济一定要抓好制造业。

第二，制造业优化升级决定实体经济的发展程度。当前，制造业发展的主要特点可用九个字概括，"全球化、信息化、服务化"。尤其是服务型制造业发展势头相当猛，从 3D 打印机到工业机器人再到人工智能，势头不可阻挡。

在美国，制造与服务融合型企业占制造企业总数的 58%。在德国，有两个"70%"：服务业占 GDP 的 70%，生产性服务业占服务业的 70%。随着人工智能、大数据、互联网的发展，制造业要着力在"服务化"三个字上下功夫。强调"服务业主导"，不是不要制造业，而是要以研发为重点的现代服务业提升制造业发展水平，大力推进制造业服务化进程。就是说，制造业的优化升级，关键在于研发能力，重点是核心设备和核心技术。

第三，制造业的优化升级决定实体经济的竞争优势。以东北振兴为例，东北地区制造业发展有基础、有条件，问题在于能否抓住机遇，加快推动制造业尤其是装备制造业的优化升级。我在东北振兴论坛上提出，东北的出路在于依托国内巨大的市场，大力发展制造业，大力提升制造业的水平，尤其是装备制造业。2015 年辽宁装备制造业总产值占工业总产值的比重为 32.5%，装备制造业的利润总额占比为 49.5%。装备制造业是东北地区的传统产业，更是优势产业，完全有可能通过优化升级，达到国内领先或国际先进水平。而主张东北发展轻纺业的建议则值得商榷。

创新驱动：释放经济发展第一推动力

创新是经济发展的第一动力，更是发展高水平实体经济的第一动力。

习近平总书记在徐工集团视察时指出，"发展实体经济，就一定要把制造业搞好，当前特别要抓好创新驱动，掌握和运用好关键技术"。我国进入发展新时代，强调"创新"，抓住了关键点。

近几年，我国在发展信息技术与先进技术方面有明显进步，某些产业世界领先。但是，一些关键技术、核心技术与发达国家相比仍有较大差距。这里，有两组数据很重要。在世界知识产权组织发布的《2017 年全球创新指数报告》中，中国的创新能力在全球排名第 22 位。但同时我也注意到，我们在监管环境、高等教育、单位能源 GDP 贡献量等指标中排名靠后。一些关键领域的技术还依赖于国际市场。最近几年，互联网、大数据正在引领制造业优化升级。未来 5～10 年，我国的高质量发展正需要自主创新这个强大的"中国发动机"。

把创新这个第一动力释放出来，经济发展的前景就不可估量。其中，人才是创新的第一源泉。目前，我国人才的结构性矛盾还比较突出，各种制约因素还比较多。以大数据与人工智能为例，"新兴技术+操作人才"严重短缺，"技术+管理人才"更是一将难求。由此看来，自主创新的关键是尽快培养人才，尽快形成人才支撑创新发展的良好环境。

以教育为例，教育体制"考试型、封闭式、行政化"的特点在一些地区还比较突出，导致一方面大学生就业难，一方面企业招工难。我们急需的工匠型人才、技师型人才短缺，这是制约制造业发展的重要因素。如何推进教育改革，调整教育结构，是释放创新这个第一推动力的根本所在。这些年来，我一直呼吁教育需要第二次改革，要从"考试型"向"能力型"转变，大力发展职业教育，大力培养大国工匠，培养技术型人才。我认为，这是教育领域供给侧结构性改革的重大任务。

深化供给侧改革：向高水平经济发力聚力

中央经济工作会议围绕高质量发展提出了深化供给侧结构性改革等八

项重点工作。以深化供给侧结构性改革来推动高水平实体经济，要从哪些方面破题发力？

习近平总书记指出，供给侧结构性改革，重点是解放和发展社会生产力，用改革的办法推进结构调整，减少无效和低端供给，扩大有效和中高端供给，增强供给结构对需求变化的适应性和灵活性，提高全要素生产率。

建设现代化经济体系，供给侧结构性改革是需要贯穿始终的一条主线，其实质是结构性改革和结构性调整，是促进供需关系动态均衡的根本保障。从实际情况看，深化供给侧结构性改革是一场攻坚战，既要使供给侧结构性改革贯穿经济转型全过程，又要在短期内实现重大突破。

当前，深化供给侧结构性改革，要继续坚持去产能、去库存、去杠杆、降成本、补短板，优化存量资源配置，扩大优质增量供给，实现供需动态平衡。与此同时，从市场主体的需求出发，找出实体经济的"痛点"，并通过体制机制创新来舒经通脉。

一是扩大市场开放，尤其是服务业市场开放。党的十九大报告提出，"打破行政性垄断，防止市场垄断，加快要素价格市场化改革，放宽服务业准入限制，完善市场监管体制"。当前，重点是扩大服务业市场的开放。

二是成本要降低。制度性成本看上去很虚，却很真实。"曹德旺现象"背后的主要原因，就是成本过高。娃哈哈的宗庆后算过一笔账，一年要缴费200多种。这些制度性成本要尽快降下来，真正"放水养鱼"。

三是税收结构要调整。过去几年来的减税，多数企业叫好，但也有企业表示"不解渴"。美国的大幅减税，对我国制造企业更是无形的压力。从当前情况看，减税的空间不大。为什么？现行的税收结构以间接税为主。出路在于加快税收结构转型，从以间接税为主转为以直接税为主。关键有两点：一是抓住机遇，下决心；二是稳妥安排。例如，开征房产税的趋势不可避免，但要做好设计，最好是明确告诉老百姓，开征房产税的前提是整体税负下降。

四是市场监管要转型。要把监管变革作为深化简政放权的重点，进一步推进监管转型。要向专业的、技术的、法律的监管转型，而主要不是行政性监管。

在这些"痛点"上聚力、发力，打通经脉，就能够在深化供给侧结构性改革中为实体经济创造一个良好的市场环境。

产权保护：弘扬企业家精神

发展实体经济，根本因素还是人。经济学上有一个著名的判断，企业是企业家的企业。过去一段时间，由于多种原因，企业家的预期不是特别好。为此，近年来国家密集出台了一系列的文件。那么，如何稳定企业家的预期，调动他们创新创业的积极性？

发展高水平实体经济，需要培养有能力的企业家，需要弘扬企业家精神。企业家在市场上能识别风险、防范风险、把握风险。当务之急是降低非市场风险，"守护"企业家的预期。这个非市场风险主要与产权保护相关。

十八大以来，中央高度重视解决这个问题。2016 年 11 月出台了《关于完善产权保护制度依法保护产权的意见》，2017 年 9 月再出台意见，强调弘扬企业家精神，更好地发挥企业家作用。现在关键在于落实。令人欣喜的是，2017 年 12 月 28 日，最高法院公布将依法再审三起重大涉产权案件。这是一个非常重要的信号，希望以此为突破口，出台详细的、可操作的司法解释，使得产权保护制度化、法治化，该"赦免"的赦免，给予"定心丸"，以彻底免除企业家的"后顾之忧"。

我在 20 世纪 90 年代就提出了"创新型企业家"，他们是企业的创造者，是企业的灵魂，是企业文化的倡导者。怎么让他们发挥作用？总结过去近40 年的经验和教训，要在制度上实现产权激励，结成利益共同体，这是根本出路。

赢在转折点：重在搞好"两个保护"

可以说，稳住了企业家就稳住了经济，释放企业家活力就释放经济活力。近几年，我相当关注浙江这块热土，到浙江调研也比较多，与一些企业家座谈交流，从中获益不小。2016年，我在浙江大学出版社出版了一本《赢在转折点》。这个题目，就是在和浙江企业家座谈当中得到的启发。对于浙江，我有两件事印象比较深刻。

第一，赢在转折点。发展高水平的实体经济，我认为浙江已经在起步，而且势头很好，在某些方面走在了全国前列。我们过去讲，"赢在起跑线"，现在是"赢在转折点"。浙江大部分民营企业家市场感觉好、趋势把握准，企业体制活、转型快，所以赢得了市场竞争的主动。现在，浙江相当一部分企业已经从传统业态中抽身出来，投资到新的业态中。以阿里巴巴为代表的一批新型浙商企业成为全球的领跑者。应当说，"赢在转折点"是浙江的突出优势，也是浙江未来发展的新起点。

第二，浙商精神。这两年，我多次在浙江相关的论坛上作演讲，很有感悟。不但省级商会，而且市一级的商会、县一级的商会都很活跃。浙商敢于创新、敢为天下先的精神，使得浙江在转型发展中走在了全国前列。

下一步，浙江如果把下面这两件事做好了，后发力会更强。一是产权保护。浙江民营企业家多，对产权保护更为关注。如果浙江能率先抛出一两颗"定心丸"，就能更好地稳定企业家预期，激发企业家精神。二是治理雾霾。我在国际场合交流时，不少国际上的知名企业家告诉我，如果杭州能够有更多的蓝天白云，他们的企业尤其是研发中心就会入驻。

第五章

中国速度向中国质量转变

中国经济增长如何转向全要素生产率驱动型

中国社会科学院副院长 蔡昉

在经过"刘易斯转折点"并且"人口红利"面临消失的情况下，中国通过劳动力在部门间的转移所获得的资源重新配置效应，以及劳动力无限供给所赢得的稳定的资本报酬效应，都将逐渐消失。按照理论预期，中国的必然出路是把经济增长转到依靠全要素生产率、特别是与技术进步有关的生产率基础上。然而，正如在其他国家相应的发展阶段也曾出现过的，在政府介入经济活动程度比较深的情况下，面对比较优势的变化，政府最容易做出的反应是，试图通过提高资本劳动比，冀望以此提高劳动生产率。而这种努力往往遭遇到资本报酬递减律的报复，并且导致其他的政策失误。

有必要讨论"人口红利"消失之后防止资本报酬递减现象的途径。在分析中国面临挑战和借鉴国际经验的基础上，本文提出向新古典增长阶段转变的任务，即通过政策调整，形成国内版的"雁阵"模型和"创造性毁灭"的政策环境，获得资源重新配置效率，并且从技术进步和体制改善中获得更高效率，以实现中国经济增长向全要素生产率支撑型模式的转变，避免"中等收入陷阱"的命运。

资本报酬递减律

汉森和普雷斯科特通过把马尔萨斯增长与新古典增长统一在一个模型中，打破了新古典增长理论的单一经济模型及其假设，同时承认在马尔萨斯式增长模型中，土地要素起着重要作用，而新古典模型可以舍弃这个要素。但是，这种两个增长模型在时间上继起以及空间上并存的分析，因没有包括青木昌彦所概括的处在中间形态的发展阶段，忽略了"人口红利"在东亚经济发展模式中的特殊作用，从而在解释中国这样典型二元经济发展模式时，仍显得捉襟见肘。关于这一点，经济学家围绕东亚模式所展开的争论就是一个经典的例子。

世界银行于 1993 年在其东亚地区报告中首次提出"东亚奇迹"的表述后，经济学家围绕以亚洲"四小龙"为代表的东亚经济增长模式展开了争论。不同观点所依据的经验证据，主要是对于东亚各经济体全要素生产率的估算结果。例如，依据刘遵义和美国经济学家阿尔文·扬等人的定量研究，克鲁格曼认为，东亚国家和地区的经济增长，与苏联计划经济时期的增长模式并无二致，主要依靠的是资本的积累和劳动力的投入，而缺乏生产率的进步。其具体表现就是全要素生产率增长缓慢，终究会遭遇报酬递减而不可持续。

并非所有的经验结果都支持以克鲁格曼为代表的这种观点。在 20 世纪 90 年代中期进行的相关研究，所得出的关于亚洲"四小龙"以及东亚其他经济体全要素生产率的估计差异巨大，甚至可以说是对立的。例如，根据阿尔文·扬的估计，新加坡在 1970—1985 年，全要素生产率年均增长率为 0.1%；而马尔蒂的估计则是，该国在 1970—1990 年的全要素生产率年均增长率为 1.45%。因此，依据这些经验研究所得出的政策结论更是大相径庭，以致有的研究者对这种通过计算全要素生产率，并以此为依据评价东亚增长模式成败得失的研究方法，产生了怀疑，认为需要改变对于现实经济增长解释的一些错误出发点。

克鲁格曼关于东亚模式不可持续的预言，终究没有成为现实。相反，亚洲"四小龙"全部进入高收入经济体的行列，并且成为成功跨越中等收入阶段的典范。之所以出现这种理论预测的失误，原因之一就是克鲁格曼等学者没有注意到"人口红利"的作用，而只是按照西方国家劳动力短缺、资本报酬递减等假设做出判断。其实，由于这些经济体人口结构的快速转变导致劳动年龄人口比重提高和抚养比降低，产生了经济增长的"人口红利"。这一方面可以通过劳动力在部门间的转移获得资源重新配置效率，另一方面可以在获得较大的技术进步贡献份额之前，因劳动力无限供给而不会发生资本报酬递减的现象，从而使高速经济增长得以在较长时间内持续。

紧随着这个争论之后出现的关于"人口红利"对东亚经济增长贡献的研究，提供了更有说服力的解释，恰好是对传统新古典增长理论的有益扩展。此外，随着计量技术和数据的改进，人们发现，东亚国家和地区既有高投资，也不乏技术进步，而且，通过外向型经济发展，得益于从进口设备和引进外资中获得效率更高的技术和管理，全要素生产率的增长速度有明显的加快趋势，对经济增长的贡献率逐渐提高。

根据相同的逻辑，当"人口红利"消失之后，劳动力短缺和工资上涨现象日益普遍化。这时，不仅继续依靠资本和劳动要素投入推动经济增长的方式不可持续，而且一味用提高资本劳动比的办法改善劳动生产率，也会遇到资本报酬递减的困扰。如果不能够把经济增长转到全要素生产率驱动型的轨道上，减速乃至停滞从而落入"中等收入陷阱"或"高收入陷阱"（如日本的情形）就不可避免。

对于不同时期的经济学家来说，一个经久不衰的课题，就是探索经济增长的可持续源泉。在只看到马尔萨斯和索洛两种增长模式的情况下，经济发展模式从前者向后者的转换，主要表现为在新古典增长情形下，土地要素的作用不再重要。而如果在其中加入一个二元经济发展时期，则这个时期最富有特点的是"人口红利"的作用。劳动力无限供给的特点固然可以延缓资本报酬递减现象的发生，但这种"人口红利"终究是有限的，随着人口增长转变阶段的到来而必然消失。归根结底，劳动生产率的不断提高，才是可持续经济增长经久不衰的源泉。

提高资本劳动比率是提高劳动生产率的途径之一。物质资本的投入快于劳动力的投入，从而企业和产业的资本构成提高，通常有利于提高劳动生产率。在现实中，这就表现为随着劳动力成本的提高，企业购买更多的机器来替代劳动。但是，提高资本劳动比率是有限度的，可能遇到资本报酬递减现象的困扰。这里所说的资本报酬递减现象，是指在劳动者素质不变的情况下增加设备，由于人与机器的协调程度降低等因素，生产过程的效率反而下降的情形。虽然新机器和设备也蕴含着新技术，但是，这里起关键作用的仍然是资本密集程度的提高，而不是技术进步。

近年来，推动中国劳动生产率的因素已经发生了明显的变化。根据世界银行经济学家的估算，全要素生产率对提高劳动生产率的贡献率，从1978—1994年的46.9%，大幅度降低到2005—2009年的31.8%，并预计进一步降低为2010—2015年的28.0%。与此同时，劳动生产率的提高更多地依靠投资增长所导致的资本劳动比的升高。在上述三个时期，资本劳动比提高对劳动生产率的贡献率，从45.3%提高到64.7%，并预计提高到65.9%。单纯依靠物质资本的投资作为供给方面的经济增长源泉，显然是不可持续的。

提高全要素生产率才是提高劳动生产率的根本途径。全要素生产率系指，在各种要素投入水平既定的条件下，所达到的额外生产效率。这一劳动生产率提高源泉，可以抵消资本报酬递减的不利影响，是长期可持续的，实为经济增长经久不衰的引擎。作为残差的全要素生产率，由资源重新配置效率和微观生产效率两个部分构成。事实上，改善中国全要素生产率的秘籍，就是要懂得如何保持这两种效率的持续改善，并提高其对经济增长的贡献率。总体来说，迄今中国经济增长中表现出的全要素生产率，主要构成部分是劳动力从农业转移到非农产业所创造的资源重新配置效率。从中国的特殊国情及上述转折的特点看，未来经济增长不仅要求开发新的全要素生产率源泉，也需要并且有可能继续挖掘全要素生产率的传统潜力。

国内版"雁阵"模型

资源重新配置效率是通过产业结构调整、升级或者高度化而获得的。例如，劳动力和其他要素从生产率低的产业向生产率高的产业转移，就是部门间资源重新配置的典型形式。除此之外，部门内部也可以形成资源重新配置效率，主要表现为生产率最高的企业得以扩大，因而效率高的企业规模较大，成长也更加迅速。

在中国经济高速增长期间，资源重新配置对经济增长的贡献甚为显著。实际上，人们通常所说的"人口红利"，在计量经济学的意义上，部分体现在这个贡献份额中。因此，不言而喻的是，随着人口抚养比降到最低点，继而"人口红利"消失，劳动力转移的速度也将大幅度减慢，这个全要素生产率的相对贡献率会有所降低。相应地，微观生产效率的相对贡献率需要得到提高，否则便难以保持经济的持续增长。但是，这并不是说，这一资源重新配置效率部分就没有继续推动全要素生产率提高的作用潜力了。

从表面上看，与"刘易斯转折点"和"人口红利"消失相关的"民工荒"现象的出现，以及非熟练工人工资的迅速上涨，预示着劳动密集型产业比较优势在中国的终结。必然的结果似乎是：第一，遵循"雁阵"模型，劳动密集型产业转移到劳动力成本更加低廉的其他发展中国家；第二，劳动力剩余程度降低，因而劳动力转移速度减缓意味着，资源重新配置效率源泉逐渐耗竭。得出这样的结论，是由于对中国的特殊性缺乏足够的理解，因此至少在相当长的时间内不会成为现实。

预期中国劳动密集型产业将向其他国家转移的理论依据是所谓的"雁阵"模型。该模型的形成和完善经历过几个阶段，主要是赤松、大来、弗农和小岛等人的作出的贡献，已经形成一个比较完整的关于产业在国家和地区之间转移的理论解释。这个模型起初用来描述日本作为一个后起经济体，如何借助动态比较优势变化，完成"进口—进口替代—出口"的完整赶超过程，以后则被广泛用来解释和理解东亚经济的发展模式，即以日本为领头雁，按照比较优势的动态变化，劳动密集型产业依次转移到亚洲"四小龙"、东盟其他国家以及随后的中国的东南沿海地区。

在该范式的扩展版本中，首先，这个模型继续保存了随着不同国家和地区之间比较优势的相对变化，产业在国家和地区之间转移的本意；其次，雁阵式的产业转移是由与产品生命周期相关的特征决定的，从而隐含着与比较优势动态变化的相关性；再次，解释范围被扩大到对外直接投资模式，即该投资活动也遵循相同的逻辑在国家和地区之间进行；最后，国家或地区之间在发展阶段、资源禀赋以及历史遗产等方面的巨大差异，被认为是具有雁阵式的相互继起关系的关键。

从这一理论及其经验出发，在劳动力成本持续提高的情况下，中国劳动密集型产业向其他国家转移似乎是合乎逻辑的，也的确已经发生。但是，如果考虑到中国庞大的经济规模和国土面积，以及国内各区域间在发展水平和资源禀赋上的巨大差异，我们可以预期，直到农业与非农产业劳动的边际生产力达到相等，即商业化点到来之前，农业劳动力都有向外转移的余地，因而可以继续获得资源重新配置效率，推动经济增长。因此，劳动密集型产业在区域间的转移，会更多地发生在中国国内各地区之间，即从东部地区向中西部地区转移。可见，至少在今后10年到20年中，即便对于第一次"人口红利"，也仍然有潜力可供挖掘。

撇开中国地区之间巨大的发展差异不说，仅人口转变的差异就可以为上述论断提供有力论据。由于生育率下降是经济社会发展的结果，中国地区之间在发展阶段上的差异，也导致中西部地区在人口转变过程中处于相对滞后的阶段。例如，2010年第六次人口普查数据显示，全国平均的人口自然增长率（出生率减死亡率）为5.05‰，东部地区平均为4.68‰，中部地区平均为4.73‰，西部地区平均为6.78‰。

但是，由于人口流动的因素，三类地区在年龄结构上却无法显示这种人口转变的差异。例如，2010年全部1.53亿离开本乡镇6个月及以上的农民工中，中西部地区占68.2%，其中跨省流动的农民工比例，中部地区为69.1%，西部地区为56.9%，大部分流向东部地区。按照常住人口的定义，在城市居住6个月及以上的外来人口，通常被统计为劳动力流入地的常住人口。由于95.3%的外出农民工年龄在50岁以下，这种人口统计的机械方法提高了东部地区的劳动年龄人口比重，相应降低了中西部地区的比重。因此，近年来的人口统计并不能显示出中西部地区在人口抚养比方面的优势。

然而，2000 年第五次人口普查的常住人口统计，采取居住 1 年以上才算流入地的常住人口的标准，该口径更接近于按照人口的户籍登记地原则。而且，当时农民工的规模也较小。我们用该普查数据分地区考察，就可以发现，老年人口抚养比（即 65 岁及以上人口与 15～64 岁人口之比），在中西部地区比东部地区要低。该普查显示，全国平均的老年人口抚养比为 10.15%，东部地区为 10.9%，中部地区为 9.76%，西部地区为 9.53%。我们把各省、直辖市和自治区的老年抚养比分成三类地区展示，可以看到显著的地区差异。

农民工身在东部地区打工，而户籍仍落在中西部地区，这种状况意味着什么呢？首先，按照现行户籍制度安排，他们仍然不能期待长期稳定地在打工地区生活乃至养老，通常在年龄偏大之后就会返乡务农。所以，中国目前的务农劳动力或者农业剩余劳动力，主要是由 40 岁以上的农民构成的。其次，按照目前部分地区户籍制度改革的模式，即使放松了移民在城市的落户条件，也仅限于本省农村户籍人口，大多数中西部地区农民工通常不能从沿海地区的户籍制度改革中获益。可以预期，大批流向东部地区的农民工，以及那些年龄偏大、难以克服跨省流动障碍，因而回到户籍登记地的农村劳动力，是未来中西部地区产业承接的劳动力供给基础。

2010 年中国人均 GDP 达到了 4 300 美元，按照改革开放 30 余年间的增长速度，以及不变的人民币汇率等因素估算，预计到 2020 年全面建成小康社会时，可以达到 12 000 美元。按照相同的收入组分类，在人均收入不断提高并逐步进入高收入国家行列的同时，产业结构调整也将进一步加快，进而获得资源重新配置效率，支撑全要素生产率的提高。这就意味着，农业的劳动力比重需要继续降低。

与人均 GDP 为 6 000～12 000 美元的中等收入国家相比，中国农业劳动力继续转移的潜力是巨大的。汇总 2007 年世界上一些处于这个阶段国家的资料，我们发现，它们的平均农业劳动力比重为 14.8%，比中国低近 10

个百分点。这意味着今后 10 年中，我们从现有的 1.92 亿农业劳动力出发，每年需要减少约 800 万人，即降低 1 个百分点。这样的话，就能保持资源重新配置效率的持续提高，进而支撑中国经济增长的可持续性。

产业在区域上的配置不仅由要素成本因素决定，还与影响企业生产成本和交易成本的聚集效应密切相关。利用 1998—2008 年中国制造业规模以上（即主营业务收入在 500 万元以上）企业的数据以及县财政税收数据所做的研究发现，产业聚集的效应在 2004 年以前主宰着劳动密集型产业的区域配置，而且更多地集中在东部地区。但自 2004 年以来，该效应逐渐下降，企业综合经营成本和要素成本的上升，逐渐成为影响产业配置的重要因素，表现为制造业特别是劳动密集型产业向中西部地区转移的趋势。

自 2004 年中国经济经历"刘易斯转折点"以来，这种劳动密集型产业从东部地区向中西部地区（主要是中部地区）的转移就开始了。例如，东部地区在全国劳动密集型制造业中的产值比重，从 2004 年的最高点 88.9% 下降到 2008 年的 84.7%，每年下降超过 1 个百分点。由于数据可得性的限制，我们只能看到"刘易斯转折点"之后短短 4 年的变化，而实际上可以预料的是，2008 年之后这种产业转移不仅在继续，而且很可能已大大加快。

"创造性毁灭"机制

全要素生产率在生产函数中表现为一个残差，其中分离出资源重新配置效率部分所余下的部分，就是全要素生产率中的微观生产效率。能够提高企业微观生产效率的因素众多，如许多与体制、管理和技术创新相关的因素，总而言之，一切由创意和创新带来的效率改进，通常体现在全要素生产率的这个部分。从计量经济学的角度看，如果仅仅把产业结构升级变化作为资源重新配置效率的度量指标，则产业内部的资源重新配置，即最富有效率的企业得以生存、发展，从而达到较大的规模，常常也可以包含在微观生产效率中。这个效率源泉如此重要，对美国的研究表明，制造业内部表现为企业进入、退出、扩张和萎缩的资源重新配置，对生产率提高的贡献率高达 30%～50%。

对于早已实现工业化的发达国家，微观生产效率特别是其中技术进步带来的效率改进，是全要素生产率的主要形式。这是因为在这些国家，体制是相对稳定和成熟的，甚至可以在理论上认为是给定的；同时，总体上说，这样的国家不再有与其他国家相比的显著技术差距，因而没有后发优势可供利用。因此，对大多数发达国家来说，由于稳态经济增长率较低，所以其经济增长是艰难且缓慢的，最终取决于技术进步的速度。凡是不能做到依靠科技创新、实现生产可能性边界向外扩展的国家，就不能保持适当的增长速度。

日本是一个未能成功实现这一转型的经典例子。在 20 世纪 90 年代"人口红利"消失的同时，日本成为一个高收入国家，经济增长不再能够依靠缩小技术差距的后发优势。但是，对于这种发展阶段的变化从而生产要素禀赋结构的变化，日本经济做出的反应是投入更多的物质资本（即资本深化），与此同时，在全要素生产率上的表现却不尽如人意。最终的结果则是，在日本经济平均劳动生产率的增长中，资本深化的贡献率从 1985—1991 年的 51%，大幅度提高到 1991—2000 年的 94%，而同期全要素生产率的贡献率则从 37%直落到-15%。

日本经济学家林文夫和美国经济学家普雷斯科特的研究表明，造成日本经济在 20 世纪 90 年代以来徘徊不前的原因，并非由于资本市场未能帮助企业获得盈利性投资所需的资金，而归根结底是全要素生产率表现不佳。全要素生产率表现不佳的原因是，政府对低效率企业和衰落的产业进行补贴。这造成了低效率企业甚至"僵尸企业"的产出份额过高，而有利于提高生产率的投资相应减少。

正如中国古代哲学所说的那样，"不破不立，不塞不流，不止不行"，如果没有一个"创造性毁灭"的环境，让缺乏效率的企业消亡，让有效率的企业生存和发展，就无法使全要素生产率、特别是微观生产效率在经济增长中起支配作用，在更接近新古典增长的环境下，就无法实现可持续的经济增长。

关于"未富先老"特征给中国经济增长模式转变带来的特殊挑战问题，已经进行了诸多讨论。但是，值得指出的是，这一特征同时也将给中国经济增长模式的转变赢得时间。那就是，中国在科技发展水平上与发达国家尚有巨大差距，资源配置的市场体制和制度也不尽成熟，存在着各种扭曲。这些都意味着，中国的经济发展仍然握有后发优势，在体制改革、管理效率提高、新技术应用等诸多领域中，仍有大量低垂的果子可供收获，以显著改善微观生产效率。在高速经济增长时期，中国全要素生产率的主要来源是，通过劳动力在部门和地区间转移，而获得资源重新配置效率，在新的经济发展阶段上，微观生产效率须成为全要素生产率提高的更重要来源。

中共十八大报告指出，坚持走中国特色社会主义的自主创新道路，必须把科技创新"摆在国家发展全局的核心位置""实施创新驱动发展战略""更加注重协同创新""加快建设国家创新体系，着力构建以企业为主体、市场为导向、产学研相结合的技术创新体系""实施国家科技重大专项，突破重大技术瓶颈""强化基础研究、前沿技术研究、社会公益技术研究，提高科学研究水平和成果转化能力，抢占科技发展战略制高点"。为此，营造和形成"创造性毁灭"的政策环境显得格外迫切。

谨防政策扭曲

如果说保持全要素生产率的增长，是任何国家通过自身的持续经济增长，最终跨入高收入阶段的必由之路，那么这个任务对所有国家来说，都是最富有挑战性的，实践起来十分艰难。在一些国家，提高并保持全要素生产率的增长，甚至成为"不可能的任务"。事实上，在提高全要素生产率的任务变得越加紧迫时，往往也最容易形成对其不利的政策倾向。由此便可以解答，为什么许多国家的经济增长提前减速，处于中等收入水平的国家长期不能摆脱"中等收入陷阱"的困扰，以及日本在高收入水平上陷入经济停滞等谜题。

对中国来说，提高全要素生产率更加富有挑战性。在"刘易斯转折点"到来之后，以及"人口红利"消失之际，无论在人们关于进一步发展的认识上，还是在应对新挑战的政策倾向上，或者在经济发展的实践中，都出现了潜在的不利于全要素生产率提高的趋势。例如，一项相关研究通过估计生产函数，把改革开放时期中国的经济增长分解为资本、劳动、人力资本、抚养比（"人口红利"）和全要素生产率五种贡献率，从中可以看到，全要素生产率的贡献率有降低的趋势。我们可以从资源重新配置效率和微观生产效率这两个全要素生产率源泉，以及提高全要素生产率所需政策环境的建设方面，观察这种潜在的危险。

旨在缩小区域发展差距的政府努力是必要的，推动落后地区赶超的产业政策也需要适度的超前。但是，这种区域发展战略终究不能背离地区的比较优势。在实施区域发展战略中，一方面，产业政策应该预见到比较优势的动态变化，因而在产业选择上可以适度超前；另一方面，着眼于改善落后地区基础设施的投资，也不可避免地在资本密集程度上要高一些。如果所配置的产业类型与其资源禀赋相比，资本密集程度过高的话，资源重新配置效率则无从获得。

以人均收入衡量的发展差距，本身隐含着一个资源禀赋结构上的差异，即发达地区具有相对丰富的资本要素，从而在资本密集型产业上具有比较优势；而相对不发达地区，则具有劳动力丰富和成本低的比较优势。东中西部地区之间存在的资源禀赋结构差异，无疑可以成为中西部地区经济赶超的机遇。然而，"刘易斯转折点"到来后在中国出现的中西部地区工业化的赶超趋势，因其与普遍认为的中西部地区的比较优势不相符，存在着不可持续性。

衡量中西部地区制造业资本密集程度的具体指标，就是资本劳动比。这一比率在 2000 年以后呈迅速上升的趋势，速度大大快于沿海地区，而且经过 2003 年和 2004 年的快速攀升，资本密集化的绝对水平已经高于沿海地区。例如，2007 年制造业的资本劳动比，中部地区和西部地区分别比东部地区高 20.1% 和 25.9%。也就是说，中西部地区制造业变得更加资本密集型，重化工业化程度更高了。由于中西部地区的新投资采用了比较先进的技术和工艺，在一定时期和一定限度内，有利于全要素生产率和劳动生产率的提高，提高速度也快于工资水平的上升，因此，在一定时期内还有利于降低单位劳动力成本。但是，随着"人口红利"的消失，资本密集程度的进一步提高则会遇到报酬递减现象。

政府主导型经济增长模式的继续，不利于"创造性毁灭"机制的形成，妨碍全要素生产率的提高。目前，政府主导的经济增长主要表现为政府投资比重过高，相应地，中小企业遇到进入障碍以及其他发展条件如融资方面的歧视对待。2010 年，在全部城镇固定资产投资总额中，国有及国有控股单位占比为 42.3%；在规模以上工业企业中，国有及国有控股企业的资产总值比重为 41.8%，它们的总产值比重为 26.6%，利润比重为 27.8%，主营业务税收及附加比重为 71.7%，就业比重为 19.2%。

除了自身的规模经济因素外，一些国有企业的垄断地位往往倚仗行政保护获得，虽然企业效率低下却因行政保护而盈利。这会妨碍企业效率的提高，从而影响整体经济的健康程度。政府如果出于对产值、税收、就业稳定性进而社会稳定的考虑，不情愿做出让低效率的大型国有企业退出经营的决策，结果必然产生对新技术应用的阻碍。

在中国目前的发展阶段，可持续性的要求使加快技术进步、尽快把企业发展和经济增长转到技术进步等效率驱动轨道具有紧迫性。无论在中国的整个经济层面还是在企业层面，新技术并不是制约因素，至关重要的是采用新技术的激励机制和技术选择的适宜性。有经济学家认为，世界已有的经验、创意、科学知识等存量，是每个国家、每个企业都可以获得的，因此，这不是造成全要素生产率差异的原因。而企业若长期处于行政保护的情况下，则会出现技术应用的激励不足以及技术选择不当等问题。这两个问题又是互相关联的，因为缺乏技术应用的激励，也就意味着缺乏合理选择适宜技术的激励。

在各种技术已经存在的情况下，技术的应用主要是寻找、购买、借鉴、适应性创新的问题。然而，企业是否使用新技术，以及在何种程度上使用这些新技术，取决于使用新技术的边际成本和边际收益的比较。也就是说，企业是按照使用新技术的总收益最大的原则做出决策的。

在依靠易获得廉价的资金、土地和自然资源，以及限制竞争而经营的情况下，那些受行政保护的国有企业倾向于不使用更加有效率的新技术，或者扭曲新技术采用的决策原则，选择不适宜的技术应用，形成低效率的企业技术构成。

其结果必然是，在剔除因行政保护而盈利的因素后，那些长期受保护的国有经济的低效率会显著地显现。例如，国外一项对中国企业的比较研究表明，私人企业的平均资本回报率比全资国有企业高出 50% 以上。国外的另一项研究显示，1978—2007 年，使用官方数据计算的国有部门全要素生产率，年平均增长率为 1.36%，非国有部门则为 4.74%，前者仅相当于后者的 28.7%。

受行政保护的国有企业的存在，会同时妨碍通过企业的进入和退出形成优胜劣汰机制，因而难以具有产业内资源重新配置的效率，在这一情况下，整体经济的全要素生产率表现必然欠佳。例如，一项计量经济学研究发现，由于存在资源重新配置障碍，导致中国工业企业资源配置不当，部门内企业间的资本和劳动的边际生产力差异巨大。该模拟研究表明，如果中国工业企业之间的要素边际生产力差异缩小到美国的水平，则中国工业的全要素生产率可以提高 30%～50% 之多。

中共十八大报告指出："经济体制改革的核心问题是处理好政府和市场的关系，必须更加尊重市场规律，更好发挥政府作用。"要在坚持公有制为主体的前提下，深化国有企业改革，完善各类国有资产管理体制，增强国有经济的活力、控制力和影响力；同时鼓励和引导非公有制经济的发展，

"保证各种所有制经济依法平等使用生产要素、公平参与市场竞争、同等受到法律保护"。

结语

自从索洛奠定了新古典增长理论的基石，全要素生产率对于打破资本报酬递减，从而保持经济可持续增长的决定性作用广为接受，并且得到越来越多经验研究的支持。例如，经济学家所做的此类研究已分别证明，全要素生产率可以解释国家之间在人均收入水平上的差别、苏联等计划经济的崩溃、日本经济"失去的 10 年"，以及许多高速增长国家减速的原因。毋庸置疑，全要素生产率也必然是一个重要的因素，可以用来解释为什么一些国家陷入了"中等收入陷阱"，一些国家面临着"中等收入陷阱"的挑战，而另一些国家可以避免或者摆脱了"中等收入陷阱"的困扰。

美国经济学家保罗·罗默在为中国制订和实施"十二五"规划提供建议时，不无针对性地提出，中央政府应该改变用 GDP 考核地方政府在促进经济发展方面之政绩的做法，代之以全要素生产率的改善进行相应的考核和评价，特别是建议把整个经济分解为若干部分，进行全要素生产率的统计和核算。从理论上说，既然中国的地方政府不仅有着推动地方经济发展的强烈动机，而且在执行中央的经济和社会发展目标要求时，有强大的力度和良好的效果，因此，这个建议就激励和引导地方政府转向更加可持续的经济增长模式来说，无疑是十分有意义的。

从历史上看，新加坡的经验也证明，政府是否认识到全要素生产率的重要性以及改善途径，对于经济增长方式转变并非无足轻重。在经历了阿尔文·扬和克鲁格曼等人对新加坡增长奇迹的质疑和批评，以及经济学家关于东亚经济增长模式和全要素生产率表现的大争论之后，新加坡政府尽管并不认可经济学家对其增长模式的批评，但采取了"宁可信其有"的正确态度，特别是更加认识到全要素生产率对于经济可持续增长的重要性，因此设下了全要素生产率每年提高 2%的目标。或许也正是因为如此，新加坡的经济发展最终没有让那些经济学家的预言成为现实。

　　无论就农业与非农产业之间的资源重新配置效率来说，还是就工业部门内部和企业内部的微观生产效率来说，中国仍然有着提高全要素生产率的巨大空间。不过，显著提高全要素生产率的确需要一系列人力资本条件和制度环境。显然，这些因素以及相应的改革，应该是一个独立的研究课题。

中国经济新阶段：从"高速增长"到"高质发展"

中金公司原总裁兼首席执行官　朱云来

我从历史的角度来看一下现在的中国经济。

从现在看，中国国内经济看似是在探底趋稳，世界经济貌似开始有所复苏。各个方面似乎有很多改进。其实，自世界金融危机以来，一转眼也快10年了，各国经济一直采用宽松的货币政策刺激经济，效果却并不明显。现在美国又在开始搞减税，就像过去竞争性降低汇率一样，有可能引发新一轮的竞争冲击。另外，从贸易上来讲，可能会有更多的贸易摩擦。以我的观点来看，更深层次的问题可能还是钞票印得太多了，全世界也是这样。2008年金融危机发生时，全世界货币总量大概是50万亿美元，到现在恐怕超过80万亿美元，已经有将近一倍的增长。这个钱转来转去不断发酵，可以从货币总量看清楚它的本质。

中国经济回报率水平低，要有必要的改革和末端核减

我主要考虑的焦点还是我们国家自己的经济，这和国际形势也有非常重要的关系。现在中国经济增长依赖于对外贸易净出口的额度并不大，也就是2%左右。2000年年初的时候有一个迅速增长趋势，到2008年达到一个高点，8%左右，之后就一度回落下来，一直没有超过2%，从整体经济增长贡献来讲比较小。但是，我们现在毕竟是一个开放的经济，从总出口和总进口的角度来讲，最容易受到冲击的是总出口，因为进口是花钱买别

的国家的东西，通常人家是愿意的。出口是我们要把东西卖给别人，这个总出口量占我们国家 GDP 总量的比例还是很大的，我们也不能掉以轻心。

我们来看一下改革开放后中国经济 40 年的发展，从 1978 年的 3 679 亿元名义 GDP 到 2017 年的将近 80 万亿的名义 GDP，这是一个巨大的增长。在 2009 年以后，经济增长低于历史的平均值，但仍然是一个很高的增速。在 GDP 增加的同时我们在不断积累，不断形成资产。特别是中国的储蓄率非常高，除去每一年的基本生活需求，剩下的就是资产。资产增速甚至高于 GDP 的增速，这就出现一种情况，就是我们有巨大的存量资产。

我们可以看看这 40 年我国经济结构的基本变化，会发现在 2004 年以前，从 1978 年到 2003 年都是以消费为主，但是 2004 年以后系统性的消费持续下降，投资不断增长，到最近这几年这个趋势稍有所改善，也就是投资有所下降，消费有所上升。但这个差不多奠定了近十几年发展历程的基调，还是以投资为主。

党的十九大报告指出："我国经济已由高速增长阶段转向高质量发展阶段，正处在转变发展方式、优化经济结构、转换增长动力的攻关期。" 我国社会主要矛盾已经转化为人民日益增长的美好生活需要和不平衡不充分的发展之间的矛盾。什么是不平衡、不充分？我觉得就是老百姓需要的东西市场生产得不够。市场经济最有效的机制就是调节失衡，使得经济趋向于平衡，通过市场的调节能够把过度的投资消化掉，但是前提是要求每一个经济实体按照经济规律来办事。最重要的是我们要克服过去的惯性思维、经济一旦有所不稳和下滑，就开始放贷款，利用投项目来拉动 GDP。所以，现在随着主要矛盾的转换，需要关注市场机制的调节作用，需要考虑新常态下的理性经济发展模式。

在充分确保民生的前提下，要改变投资拉动的经济发展模式，根据我们的测算，满足我们的基本需求所需要的产值，以现有的 2016 年数据模拟计算，有一半的 GDP 就够了。实际上这符合我们的常识，科学的发展需要更有效的投资。

我们现在应该抓住这个时机坚定去转型，淡化产值导向，强化效益约束。任何投资都要保证长期是有回报的，否则它像秤砣一样拉着经济飞不起来。我们要调整优化经济，要对任何一个经营投资有效益约束。如果蕴含道德风险，不去改善，加上别人跟风效仿，这样就会变成一个道德风险的恶性循环。总而言之，回归市场基本原则，减少无效或低效的投资才能保证经济良性增长。

因地制宜是发展区域经济的一个重要因素，每个地方都采取同样的政策，这恐怕不是最好的策略。比如东北过去是老工业基地，后来国家的经济重心转移到了江浙和广东。在地理位置上，东北距离江浙和广东都比较远。全国的生产中心、市场中心和人口中心都不在东北，如果让它跟江浙和广东做一样的事情，在"三去一降一补"的前提下，还要保持经济高速增长，它生产的产品不会更好。但是东北有自己的特点，像黑龙江有广大的农田，可以有很多的旅游资源，虽然可能还不够，但至少这是一个可以考虑的方向。相反，如果靠大量的工业投资来拉动经济，最后只能产生更多新的产能。

当然，我们要始终考虑如何保证基础的民生和基本的公共服务。我们现在发展的阶段毕竟不是 1997 年和 1998 年的金融危机，也不是改革开放初期面临很多无法克服的困难，我们现在有足够的条件能够保证基本的民生和基本的公共服务，必要的转型、必要的改革现在不做，将来只能是效率越来越低，越来越难做。

看好"一带一路"倡议中蕴藏的巨大机会

面向未来，我觉得"一带一路"倡议是一个非常有远见的想法。"一带一路"的沿线国家土地是中国的 5 倍，人口是中国的 2.5 倍，产值是中国的 1.3 倍。这几个数字可以告诉你，这是比中国本土国内市场要大很多的市场。人口是什么？人口是潜力。"一带一路"沿线国家的人均 GDP 是 4 000

美元，中国的人均 GDP 是 8 000 美元，西方发达国家的人均 GDP 更高，我们是比上不足比下有余。

中国经过近 40 年的改革发展，形成了一个很成体系和规模的经济体。如果能真正提高它的效率，它的潜力还是很大的。通过"一带一路"我们去积极发展经济。这个发展并不是很容易的，也不见得是一哄而上就能立马见效的，但这是长远的方向，我们必须要关注和投入精力。

我这里做了一个粗略的估计，这些发展中国家确实资金有限，谁都想发展，但是没有钱怎么发展呢？我根据经济学原理用了这样一个概念，就是 10% 的"节俭"原则，如果老百姓的消费支出少 10%，这个钱就节省下来了。如果有 10% 的节省，这样资金来源就可以达到 1.4 万亿美元，这些钱可以用于跟其他国家合作，满足其市场需求和经济需求，比如中国替它修建一个机场，建一个电站，等等。这 1.4 万亿美元相当于净出口的 6 倍，已经很高了。当然，我们最大的问题是要学习，不能自动地假定其他国家的市场就跟我们的市场一样，或者那儿的市场份额，你去了以后就可以自动占到，这还是非常有挑战的。就像美国当年西部拓展的道理一样。和发展中国家共享我们经济发展的好处，这是"一带一路"倡议开拓的可能性。

科技是跨越中等收入陷阱的关键

下面再强调一下科技，比如生物、制造、物联网等。但是我特别想强调一点，我们所讲的科技是自主研发、自主制造，采购部件、系统组装的应该不算，因为这样的科技是靠不住的，必须是你自己能够设计。有的人将自主研发变成了自主知识产权，最后把人家研发的结果买来就变成"自主知识产权"了，这不是真正的自主研发，你自己不会设计，产品过时了还得重新拿钱买。真正由自己设计，不是买一张图纸或者一个现成的产品、配件，应该是自己能够画这张图纸或者制造这些产品、配件。

只有拥有这样的科学技术，才能跨越中等收入陷阱。所谓中等收入陷阱，很多人说发展中国家一开始经济发展的速度很快，然后一段时间后就停滞在那儿了。其实不是什么陷阱，而是根本没有高技术人才，科技不行，做的是利润很低的基础产业，还得花钱买其他产业的产品，所以收入上不去。科技是核心。

未来发展由市场决定，它会告诉你什么是老百姓真正需要的

我们有很好的人力资源规模、经济规模和系统的工业行业布局。我当时做过一些投行的研究，从工业行业布局来讲，中国是少见的有比较大的、比较均衡的产业布局的国家，当然也存在产能过剩、质量不高以及技术不高等问题，但是科研潜力仍然是很好的，只是缺乏系统的组织和系统的奖励政策。我们若把这些制度理顺，那就可以为世界经济的发展，甚至国际事务平衡做出贡献。

要做到这些，最主要的是发展，系统设计、科学完善现代国家的体系制度，这才是能够长治久安的制度大计。未来的发展由市场决定，它会告诉你什么是社会真正需要的，什么是老百姓真正需要的。市场经济是一种价格调节机制，是一种信息调整机制，能够让你在经济发展过程中以及经济决策上做得更科学。加上中国这样的人力规模和科技潜在优势，我们的经济发展是毫无疑问的。

中速增长期要做实做优中国经济

全国政协经济委员会副主任　刘世锦

中国经济已经触底，进入中速增长平台

我国经济正由高速增长阶段转向高质量发展阶段，正处在转变发展方式、优化经济结构、转换增长动力的攻关期。2011—2017 年，中国经济已处于回调态势，我领导的团队曾于 2010 年提出基本判断：中国经济正由高速增长转向中速增长。从 2016 年开始，我认为中国经济开始触底，进入中速增长平台。

从实际情况来看，这个过程确实发生了。从需求侧来讲，主要是带动高投资的三只靴子基本上触底了。从供求侧来讲，两个基本指标，PPI 和工业利润近几年增长幅度比较高。2017 年，触底得到了基本验证。有些人又兴奋起来，开始在反弹上做文章，关于新周期的说法相当流行。这类说法的集中判断是中国经济会重新恢复高增长。有些人说中国经济增长下一步又要超过 7%，或者又会高增长多少年，可能吗？基本上不可能。当然，也不排除某个时间搞点刺激政策，但是我估计 GDP 增长超过 7% 的情况只可能维持一两个季度，上去后会下来，大起大落。我们讲触底指的是稳住了，不再下滑了，逐步进入中速增长的轨道。

2011—2017 年的经济回调，我们认为是增长平台的转换，由高速增长平台转入中速增长平台。这种平台转换是中国这类后发追赶经济体的特有现象，各种周期理论都是没有办法解释的。这一轮反弹，我们有一个分析模型，认为反弹主要是存货的提升引起的，真正的终端需求其实并没有上升，但是

存货已经出现了一个高点，PPI 也出现了一个高点，然后出现了回调。

从供给侧来说，真正的生产性投资并没有回升，反而在下降，产出增长主要靠产能利用率的提升。所以，我们有一个基本判断：中国经济将逐步进入一个中速稳定增长的轨道，也会有一些小波动。

中国经济最重要的是做实做优，而非人为做高

我觉得目前这段时间，中国经济最重要的是要做实做优，而非人为做高。具体来说，要降风险、挤泡沫、增动能、稳效益，提高增长稳定性和持续性。

降风险的重点就是要降低地方债务的风险，也包括部分企业过高的杠杆率。挤泡沫就是挤掉一部分城市，特别是一些一线城市，一定程度上的房地产泡沫。增动能是提升实体经济转型升级创新发展的动能。稳效益就是把已经改善的效益状况在各个行业比较均衡、比较正常地稳定下来。

所以，中国经济的发展阶段已经变了，最重要的是把风险降下来，把泡沫挤出去，把动能提起来，使效益稳得住，增强经济增长的稳定性、可持续性。在上述这种状况下，我们估计 GDP 增速有点回落也是正常的。2018—2020 年 GDP 增长 3%，就可以实现第一个百年目标。而到 2020 年以后，我们研究借鉴了国际经验后，认为中速增长的平台平均值大体会调整到 5%～6% 之间，也可能是 5% 左右，实际上这些值都很正常。从国际的角度来看，在中速增长期这个也是高速度了，而且这个平台形成以后，我们估计可以持续 10 年，甚至更长一段时间。这样实现十九大设定的两个百年的发展目标就有了一个坚实的基础。

重点应推动五个方面的改革

要落实十九大提出的一些改革目标，实现有质量、有效益、稳定性强、

可持续性强的发展，重点是推动以下五个方面的改革。

第一，打破旧垄断，着力降低五大基础成本。我们面临的一个突出的问题是土地、能源、通信、物流、融资五大基础成本比较高。下一步能不能贯彻落实十九大精神，打破行政垄断，加快市场要素的改革，关键在于放宽准入，企业的混改既包括国有企业内部的混改，也包括行业混改。例如在石油、天然气、铁路、物流、金融等领域，让一些民营企业，或者让行业外的，包括国营资本在内的其他企业进去，扩大有效竞争，这实际上能降低全社会的成本，应该成为下一步供给侧结构性改革的重点。

第二，以税改带动减税。在目前税收结构不变、财政收支压力比较大的情况下，真正能够减税的空间相当有限。我认为更重要的是进行税制改革，十八届三中全会我们提出要从以间接税为主转向以直接税为主。现在我们考虑另外一个思路，把税制改革和减税有机结合起来，减税才是行之有效的。比如，增加房地产税、环境税，适当减少生产环节的税费，这样减税才具有可行性，整体效率比较高。另外要减少企业五险一金这类税费。

第三，加快农村土地制度改革，实施乡村振兴战略。中国经济在过去两三年一个重要的发展趋势，就是城市化进程出现重要变化，大都市圈加快发展。十九大又提出乡村振兴战略，未来农村将成为一个大的城市体系的组成部分，要解决的核心问题就是农民进城，城里人也可以下乡，城乡之间的人员、资金，特别是土地这个要素要能够自由流动、优化配置。所以土地制度改革不能再拖下去。十八届三中全会提出农村集体建设用地和国有土地同价同权、同等入市，农民宅基地要逐步进入流转，这个大方向已经明确了，关键是如何落实。这里面有一个理念要搞清楚，农村集体土地的改革才是真正的保护和发展农民利益。我们要把中国城市化下半程的土地红利更多分给农民，这样才能有效扩大中等收入的群体。

第四，重塑提高地方竞争机制。地方竞争在中国发展中占有重要的角色，这个机制不能丢，而应该与时俱进，而且要转型升级。地方竞争的目标要从过去追求 GDP，转向高质量发展：要促进产业转型升级、营商发展环境的竞争；要培育创新环境，聚集创新资源，促进成为区域创新中心和创新型城市的竞争；吸引中高级生产要素，促进形成分工合力和优化生态环境的竞争；促进让人们生活更美好的城市发展模式的竞争；以人民为中心，促进创造性包容性稳定性内在一致的社会治理方式的竞争。

我想中国今后十年大都市圈的发展，创新中心、新兴产业基地的打造，这些机会很多。但是这些机会将来到底会落到什么地方，很大程度上取决于地方的竞争优势。所以，在大方向明确的前提下应当允许地方有较大的自选动作空间，允许有个性、有差别，允许纠错，在竞争中发现并推广好的做法和政策。

第五，加快知识密集型服务业的开放和竞争。2018 年中国人均 GDP 预计可接近 10 000 美元，发达国家是四五万美元以上，这个差距很大程度上体现在知识密集型服务业方面，主要包括金融信息、商务服务、教育和医疗五类服务行业。这类行业有一个特点，往往不是硬技术，而是软技术。比如我们搞工业的时候，引进一台机器设备，给你一本书或者手册，很容易就能学会，那是一种可编码的知识。但是到了知识密集型服务业中，很多技术是软技术，是一种体验式的技能，只能在干中学，是不可编码的知识，这种技术和知识只有通过深度合作才能够学到和提高。所以，我们下一步还是要进一步坚持和扩大中国过去以对外开放带动对内开放、竞争和改革这样一些好的做法。另外，我们意识到与互联网、大数据相结合，利用市场规模产业配套等方式，中国有可能出现世界级的技术企业和产业，形成更具竞争优势的现代化竞争体系。

放大格局看转型阵痛期的中国经济

北京大学经济学院副院长　王曙光

对于当前中国经济增长，国内外意见纷纭，解读也各有不同。这种观点的歧义，既有短期与长期视角的差别，也有立场的差别。有些观察者比较悲观，预期比较消极，对中国经济的未来缺乏信心。而乐观主义的一派所做的解释往往仅限于比较浅近的政策解读层面，往往不得要领，令消极者更多了一层怀疑和纠结。我认为需要放大格局看转型阵痛期的中国经济，这里面有两个关键词：一是"放大格局"，一是"转型阵痛期"。什么是"放大格局"？就是要以前瞻性的、长远的、全局的眼光来考察中国经济，放大自己的观照视角与格局，拨开细节的纠缠，看到中国未来蕴蓄的潜力、机遇与希望，才能对未来的变化有准备、有谋划、有创新、有应对。

不必纠结于那些宏观经济数据，而要洞察宏观数据背后的真正趋势与战略指向。有些人老是在问：中国经济是否已经到达谷底？是否出现经济复苏的拐点？于是持肯定意见者找数据证明中国经济已然向好，而悲观者则找数据证明中国宏观增长仍在泥淖之中，新常态似乎永无出头之日。从2017年年初至今，确有很多数据表明中国经济有向好迹象，复苏趋势明显。能源价格、房地产价格、固定资产投资等，都有稳定增长的势头。就业率的表现也比较令人振奋，我们现在每一个国内生产总值增长百分点的提升所能制造的就业量比起前几年几乎成倍增加，这是一个不简单的事情，也表明我们的整个经济发展质量在提升。另外，一些机构公布的"挖掘机指数"、企业家采购指数、企业家信心指数都有所上升。这些都是经济向好的迹象。同时，我们仍应看到，稳健回升势头正是在全国性的转变增长方式、去过剩产能、清理僵尸企业、加大环保督察力度的战略背景下出现的。在速度与质量的权衡面前，我们现在首选质量，兼顾速度；在规模与效率的权衡面前，我们首选效率，兼顾规模。甚至，从顶层制度设计来讲，国家政策的指向是要宁可牺牲一些规模和速度，用冷处理的方法，甚至用比较严厉的"外科手术"式的方法，来疗治几十年高速增长遗留下来的一些痼疾，来实现增长方式的转型。这个过程，当然是极其痛苦的，然而不经历这样的阵痛，就没有中国经济的真正转型与健康成长。

我在浙闽等地调研，当地银行业界的朋友说，现在环保风暴很厉害，真是"动真格的"了，关停了很多严重污染企业，所以空气变得好多了，蓝天也多了。当然也要付出短期的代价，如就业压力大、工业产值下降、财政收入下降等。我们不要只看到宏观经济数据，就判断发展前景不佳、企业信心不足，要知道，在如此近乎严酷的主动去产能、强环保的"收缩性"政策下，中国经济仍能保持6.5%左右的增长速度，已属难能可贵，可谓寰球独此一家。经过如此痛苦的转型，从更长远的视角来看，中国经济还会有几十年的长期较快增长，这是毋庸置疑的。

问题是我们以什么样的行动来应对经济增长模式转型的阵痛期？如何在阵痛期不但生存下来，而且生存得更好、更健康？实际上，随着国家经济增长模式的转型，企业家的行为、企业的运作模式也要转型，也要创新。企业家要以崭新的眼光发现新机遇、利用新机遇，发现新市场、适应新市场、拓展新市场。"世界上唯一不变的就是变化本身"。企业家所面对的商业运行环境发生了深刻变化，互联网技术、移动通信技术、区块链技术突飞猛进，新经济之潮流浩浩荡荡，顺之则昌、逆之则亡。企业的技术创新、产品创新、服务创新、营销模式创新时刻都在变革中，如果不能拥抱这种变化，主动利用新经济，企业注定会支撑不下去。不要抱怨没有需求，不要抱怨产品卖不出去，而要反省自己的产品是否真正满足了需求，自己是否真正看到了"真正"的需求，自己的技术与服务是否适应了新的需求。

供给学派有句名言：供给自动创造需求。每一种创新性的供给行为自动会"创造"自己的需求。微信的出现，直播的火爆，各种电子商务创新模式的涌现，激发出无数新的需求，也使无数产品与服务的新需求得到了满足。

在"去中心化"的今天，所有产品与服务的供给模式都突破了时空的限制，如果企业家的头脑不来一次同样的"风暴"，企业家就会被时代所抛弃。当然，企业家不光要看到"变"，还要看到"常"。要知变守常。"常"是什么？对于企业家而言，我认为就是持之以恒的、专注的、一以贯之的"工匠精神"，也就是在每一个细分的领域中，孜孜矻矻、兢兢业业、数十年如一日地深耕、精耕，始终如一地坚守、创造，在每一个产品与服务的细节中争取胜过竞争对手，不断地颠覆自己，挑战自己，永不停歇。从这个意义上来说，变与常是统一的，变就是常，变革与创新是常态；常就是变，守常就是时时以工匠精神去践行创新，去拥抱变革。马云如此，任正非也是如此。一些看似辉煌的企业，一旦失去创新动力，就会轰然坍塌，当年的诺基亚何其风光，而今安在哉？

企业家还要以大格局来呼应国家战略，从而获得其释放的"制度红利"。当前带有全局意义的三大策略，一是混合所有制经济战略，二是城乡统筹发展战略，三是"一带一路"倡议。第一个解决的是国有企业与民营企业的关系以及中国长远增长的体制问题，第二个解决的是中国二元结构问题，第三个解决的是中国产业资本与金融资本的全球布局问题。这三大策略，都蕴含着重大的、不可多得的历史机遇，既是保障中国宏观经济长期稳健发展的中长期策略，同时对于企业而言也是极其宝贵的商业机会。

混合所有制经济的构建，其根本用意在于深刻变革国企产权结构与法人治理结构，激活民间资本，进一步开放国内市场，以营造一个公平、公开、公正的市场竞争环境。从微观上，国企可以引进民营资本，实现产权结构的多元化和法人治理结构的完善化、规范化与现代化。从宏观上，进一步降低一些竞争性行业的市场准入门槛，让民营资本可以进入原本国企垄断的行业，这对民营资本而言是一次极其宝贵的历史性的商业机会。中国联通的混改引入许多重量级的信息产业民营资本，引起了社会的广泛关注，我也在《财经》杂志上发表专文对此给予积极评价。中国联通混改所开创的模式，无疑具有指向性、战略性，必将在大量的行业中得到复制。我认为，混合所有制经济的核心与精髓，是公平、公正、开放、竞争，是为国企与民企搭建一个合作、共赢的舞台。前几年学术界热议的"国进民退"或"国退民进"，将国企与民企置于对立面，似乎势不两立，你死我活，这样的提法是非常有害的，极其危险的。国企与民企都是混合所有制经济中平等的、不可缺少的组成部分，缺谁都不行，要实现共同发展，合作共赢，因为它们承担着不同的战略功能，而且具备不同的比较优势，完全可以优势互补，而不是互相排斥的。从国家制度设计层面来说，重要的是营造公平竞争的法治环境，打破垄断，让国有资本与民营资本既同台比武，又携手共进，这对于我国所有制改革极为重要。从社会舆论来说，要打破"所有制神话"，破除"所有制教条"，既不要歧视民营企业，要给民营企业公平的竞争环境；也不要在另一个极端上歧视国有企业，人云亦云大谈"国企效率低"这样缺乏实证精神的观点。事实上，国际学术界做过大量研究，我自己领导的研究组也做过很多研究，证明了企业效率与所有制结构是不相关的，在不同产业中不存在绝对的结论。制造"所有制神话"，对于国企改革有害无益。我们今天看到的实际情况是，国企与民企互补性很强，在很多行业可以实现优势的对接；同时，在中国企业"走出去"过程中，国企与民企往往抱团发展，组成"联合舰队"出海，从而互补共赢，所向无敌。社会舆论务必认识到这一点，避免在国企与民企关系上的误判，从而增加不必要的"合作成本"。

城乡一体化战略是一个关系到中国未来几十年长期、稳定、协调、均衡发展的大战略。大家不要认为农村发展、城乡一体化跟自己没有关系。实际上，城乡一体化所激发的新需求极其巨大，会带动中国整个的产业结构、产业布局发生极其重大的变化，里面蕴含着巨大的商机，与每一个人、每一个企业家息息相关。我经常讲一句玩笑话："不上山下乡，希望渺茫；

要上山下乡，前途无量。"虽是玩笑话，却是事实。两年前韩国一家研究机构的负责人访问北大，问我关于中韩经济前景的看法。我说，中国的经济增长前景要好于韩国。他问我道理在什么地方？我的回答是：因为中国还是一个二元结构比较明显的国家，中国的穷人还很多，所以中国增长的空间与希望更大。这个回答让他有一点意外。实际上，道理是很清楚的：中国的城镇化率比韩国要低二三十个百分点，中国当时还有上亿贫困人口（2015 年前），因此中国要实现更高的城镇化水平，要实现贫困人群的脱贫，其中所撬动的国内需求是何等巨大，所带来的发展动力是何等强劲，是难以想象的！这是未来中国增长的源泉所在！这个伟大的过程，必将引发中国基础设施建设、房地产、制造业、文化教育产业、医疗健康产业等的巨大增长，内需之大不可估量。所以城乡二元结构与贫困人群的存在不仅不是包袱，从更积极的视角来看，反而是支撑未来投资与增长的基础。未来一段时间，中国的城镇化必将进一步加速，更灵活的农村土地流转制度必将释放更大的社会资本投资空间，未来农村必将成为企业家投资与青年创业的热土与乐园。看不到这一点，我们的企业家与青年创业者就会丧失很多历史性机遇。我到浙闽等地考察，思想上受冲击很大，这些经济较为发达的地区，农产品电商、农村文创产业、旅游产业、特色小镇建设以至于近期火爆的田园综合体建设，已吸引了大量城市资本参与其中。

"一带一路"是关系到中国未来国际政经大格局的重要倡议。这不仅是一个顶层设计层面的倡议，而更是一个与中国企业息息相关的接地气的倡议。在"一带一路"倡议下，我们每一个企业家、每一位创业者的商业计划都应该放到国际的大格局中去设计、去谋划。这就要求我们的企业家和创业者有眼光，更重要的是要有想象力。举两个我在浙闽考察中遇到的例子。一个是义乌的例子。义乌现在是中欧铁路大通道的东部起点，是闻名全球的国际小商品集散地，其每年创造的财富是惊人的。可是义乌从本质上来讲又是一个极其"匮乏"的地方，没有多少耕地，没有资源，也没有什么人才、科技优势。所以义乌能够让世界商品流向一个小小的山区县，能够创造商业奇迹，凭借的是"无中生有"的功夫。这个"无中生有"的功夫，背后是义乌人的想象力，是义乌人整合要素的能力，是义乌当地政府的前瞻能力、魄力与行动能力。靠这些能力，义乌人在一个十分匮乏的地方，培育了无数家充满活力的中小企业，扶植了无数个辐射全国的电商，建立了全国最庞大的仓储、物流网络，成为"一带一路"中最大的赢家。我们的地方政府和企业家，都要汲取这种"无中生有"的智慧。

另一个是福建沙县的例子。沙县领导开玩笑说，除了南极洲不便于发展业务外，其余各大洲都有沙县小吃。这些勤奋而精明的沙县人，以一种什么魔力，迅速蚕食和征服每一个陌生的市场，在全国各地乃至于世界各地布局了如此庞大的小吃业务网络？其秘密在于，沙县小吃的背后，隐藏着两只强大的看不见的手：一只是金融之手，一只是政府之手。沙县小吃业能够以团队力量走到全国、全世界，其背后的金融帝国功不可没。当地金融机构为沙县小吃业提供了全方位的信贷、支付、结算服务，据说当年在电子银行还不发达的时候，银行信贷员还跑到外地为沙县小吃从业者现场办理业务。政府也在小吃业的规范、品牌推广、信用体系建设、技术培训以及"走出去"相关的区域间协调方面做了大量工作。到了沙县，我才体会到，沙县小吃作为一个极具品牌价值的地方产业，可真不仅是"小吃"这么简单！我们如何在"一带一路"中走出去？义乌奇迹与沙县奇迹值得我们借鉴、思考。

淡化 GDP 增长速度，推动中国经济高质量发展

北京大学光华管理学院院长　刘俏

如何认识社会主要矛盾？

党的十九大报告提出，我国社会主要矛盾已经转化为人民日益增长的美好生活需要和不平衡不充分的发展之间的矛盾。这跟以往相比有很大的变化。笔者认为，这一提法的背后，是经过改革开放 40 年高速发展之后，我们对中国目前经济社会发展情况以及未来经济社会发展方向的一个评价，或者是一个总结。

40 年来，中国经济高歌猛进，取得许多很了不起的成绩。我们 GDP 的增速过去 40 年基本平均达到 9% 以上，中国从一个经济相对比较落后的国家，发展到 2018 年人均 GDP 10 000 美元左右的水平。在此过程中，一些结构性的矛盾也凸显出来，比如说区域发展不均衡、财富分配不均衡等。此外，我们的增长模式比较强调要素驱动、投资拉动，效益相对而言可能不是那么高，由此带来对资源的过分依赖、对环境保护不够等矛盾。

"新矛盾"的提法，也意味着未来我们将追求更加均衡、更加包容、更加普惠的经济社会发展。

未来经济增长要靠创新和企业家精神

报告中还提到"到 2035 年基本实现社会主义现代化"，对于这一目标，

笔者非常有信心。如果未来十五年保持一个中等的增长速度，比如说 GDP 增速保持在 5%～6%，到 2035 年我们人均 GDP 应该能达到将近 2 万美元。从数据上看，这应该说就是一个中等发达国家的水平。

除了保持一定的增长速度，在增长方式上也需要做调整，从简单的要素驱动、投资拉动转换成效率和创新驱动，到 2035 年这些目标应该是可以实现的，那个时候就基本实现社会主义现代化。

党的十九大报告关于未来驱动中国经济增长的动力也有一些提法。考虑中国特色社会主义进入新时代的主要矛盾，笔者认为，未来中国经济最大的驱动力还是来自于创新和企业家精神。习近平总书记在报告里也特别提到了创新，提到研发和教育的重要性。另一方面，中央也特别发文强调企业家精神的保护和捍卫。从途径上来讲，未来经济发展的驱动力将发生变化，不再单纯依靠要素和资本的投入，而更多转向内生创造力的投入，依靠企业家精神，将研发、创新协调起来。

经济领域改革将为高质量发展提供有力支持

党的十九大报告对经济领域改革也做了明确指示。笔者对两大方面的内容十分关注。一方面是金融。金融的本质是为实体经济服务。现在整个金融体系的规模很大，但是金融系统的结构、金融服务的覆盖面以及金融服务的效率本身还有很大的提升空间。未来一段时间，通过对金融体系的重新梳理，加强防范金融系统性风险，通过新的金融业态的诞生和规模逐渐扩大，建立多层次的资本市场体系等，整个金融体系对实体经济的支持会更加有力度。

另一方面，我们要保持可持续、包容性增长，需要制度建设的支持。有两个环节比较重要。其一，对于地方政府参与经济生活过程中的角色界定，需要更加清晰。其二，对于产权的保护，需要更加明确。

中国经济要取得高质量增长，还有一点也十分关键，即中国经济发展的微观基础需要发生变化，需要有更多有效率地使用资源、能够创造高价值并且有优良商业模式的企业出现，而这就要依靠创新和企业家精神。这些企业的出现会为未来 15 年甚至 30 年中国经济的发展提供坚实的微观基础。

从目前的一些经济数据，我们已经可以看到微观基础的向好态势。这些变化的背后是中国经济整体质量的提升，当然也与整个外部环境的改善有关联。按这些指标来做评价，可以看到，中国企业的投资回报收益率在慢慢提升，这是件好事。

淡化 GDP 增长速度为政策调控留足空间

观察中国经济，一个绕不开的问题是"去杠杆"。那么该如何平衡中国经济增长和去杠杆这两者之间的关系？笔者特别注意到党的十九大报告对于 GDP 增长速度的淡化。报告强调"我国经济已由高速增长阶段转向高质量发展阶段"，这为未来宏观政策的实施提供了一个相对比较宽松的话语环境。我们可以预期，未来的货币政策和财政政策可能会发生一些变化，而且变化会是好的、有利的。

目前中国经济"去杠杆"仍在进程之中。针对中国的杠杆应该做一个结构性的分析，笔者的观察是，其实家庭的杠杆非常低，比较高的是企业杠杆。但是企业杠杆里面很大一部分是以地方政府的投融资平台的形式体现出来的。目前来看，"去杠杆"在企业层面应该说是比较成功的，但是对地方政府的融资行为的规范和约束，在未来一段时间还需要进一步的明确和加大力度。这样形成合力，才能彻底把杠杆降下来。

笔者对经济增长目标的完成比较有信心。但是值得注意的是，一些结构性的矛盾还依然存在，或者说有些地方还有很大的提升空间。比如说投资领域，笔者注意到民间资本投资增长速度还是比国有部门的投资增速要慢一些，如何通过对企业家精神的倡导，让民间资本投资速度加快，可能是在未来一段时间都需要付出努力的地方。

中国经济还有一个比较有利的表现在于消费。消费这一块对经济增长的贡献在慢慢提升，这是经济转型很重要的一个标志。这样的趋势如果能够延续，对于未来一两年中国经济增长整体态势，都会产生积极的影响。

第六章

企业家与高质量发展

企业家在经济转型期不可断粮

中欧国际工商学院经济学与金融学教授　许小年

我们先看一下世界三大经济体的大概情况：美国已经走出谷底，正在复苏的过程中，经济不断向上。可对于欧洲而言，最坏的时刻还没有到来。而中国经济的调整才开始，下行的趋势会保持一段时间。

把这三大经济体放在一起比较，是为了从经济的基本面进行结构性分析。影响宏观经济的结构性因素有多个，需要特别强调其中之一，就是资产和负债的结构，从国家资产负债表失衡的角度分析全球金融危机以及中国经济增长的放缓。

金融危机之后，美国人不得不削减债务。过度负债的企业要想站起来，第一件事就是清理债务，金融上的术语是"去杠杆化"。美国在金融危机后，迅速去杠杆化，到目前为止，资产负债比率和金融危机之前差不多了，过去的坏账基本清理干净。对美国经济的看好正是建立在这个基础上的。

欧洲的结构性问题比较严重，金融危机前加杠杆的趋势跟美国差不多，加到顶之后不行了，开始往下走，往下走却和美国不一样，去杠杆化非常慢。所谓去杠杆，就是在市场力量的驱使下，家庭和企业破产、关门、清盘、卖资产还债，可见，结构调整从来都不容易。

美国的市场机制比欧洲更有效，还不起债，马上把你的房子封了，银行拿去拍卖还债。资本主义以资为本，冷冰冰的。这事到欧洲干不了，欧洲版的资本主义说是以人为本，按揭贷款违约，银行不能把债务人赶出家门，法律上有规定，扫地出门太不近人情，人家一家老小到哪里去安身？

所以要给几个月的宽限期，还带有附加条件。这样做的结果是银行的坏账不能得到及时处理，不能核销掉，去杠杆化的过程非常缓慢。银行不能恢复健康，经济复苏就没有希望。

中国经济的高杠杆问题，现在刚刚显露出来。经济的短期增长明显放缓，放缓有多种原因，其中之一也是高度负债。政府和企业大量借债，搞投资拉动，投资的结果是产能的增加超过消费能力，造成各行各业的大量产能过剩。在过剩产能压力之下，企业现在不敢投资了，特别是制造业不敢投资，投资增速下降，经济增长跟着往下掉。

投资不行了，消费是不是希望所在？很遗憾，消费不是想刺激就能刺激起来的，消费要有收入作为支撑。过去十几年间，中国居民的相对收入一直在下降，绝对收入还在增长，但是增长速度落后于 GDP，落后于政府收入和企业收入的增长，以至于居民收入在国民收入中的比重不断地缩小。

结构失衡给经济带来风险，中短期的最大风险在房地产，房地产价格如果大幅度调整，地方政府的债务问题就水落石出，接着就会牵连到银行。经济结构出问题并不可怕，调整过来就好，在调整的过程中，增长速度不可避免地要下滑，但在调整之后，就可以迎来另一轮增长的高潮。

有人关心现在的微刺激会不会变成强刺激，其实，再推出强刺激的可能性不大，原因一是政府意识到"4 万亿"强刺激的严重后果；二是缺乏强刺激的资源，货币发行已没有太大空间，在财政政策方面，仅中央政府也许还有些余力，地方政府已经负债累累；三是本届政府的思路是通过改革创造新的红利，而不是政府花钱和印钞票。在改革方面确实也做了一些事，尽管不到位，方向还是应该肯定的。

从宏观层面分析的结论是：需求很快好转的希望不大，要等消除了过剩产能后，投资才能恢复，消费则取决于收入结构的调整。由于阻力大、方法不得力，改革红利也不是马上就可以看到的。这对企业意味着什么？企业将在长期的低增长环境中运行，需要强调的是低增长的长期性，因为目前的增长放慢不是周期性的，而是结构性的，结构性问题的解决需要时间。

在这样的环境中企业怎么办？收缩战线，回收现金，宁可踩空，也不要断粮。对于收缩战线，有些企业感到纠结，有一种矛盾心理，现在收缩了，刺激性政策一出台不就踏空了？其实，踏空不怕，以后还有机会，要是现在断了粮，以后就没机会了。

在收缩战线的同时，企业家们需要认真思考转型。说到转型，往往是谈得多，做得少，之所以如此，可能是因为企业还没有到生死关头。人都有惰性，一旦习惯形成，改变很困难，不到生死存亡的关头不会改。在宏观层面，我们希望看到增长模式的转变；在企业层面，我们希望看到经营模式的转型，而阻碍转型的，主要是认识上的问题。

我们需要认识到，低成本扩张、抢占市场的时代已经结束。同时，低成本获取技术和产品的时代也已经结束。过去国内、国外有未被满足的需求，也就是有现成的市场，产品做出来不愁卖，跑马圈地，看谁的速度快、产量大、成本低。现在不一样了，市场迅速饱和，房地产业就是一个突出的例子。今后再想拿市场，必须从同行中拿了，不是"占"，而是从别人手里"抢"。

现在低端市场都已饱和，高端的你仿不了，比如说智能手机，你把它拆开了、揉碎了，还是不会做，必须要通过自己的研发，才能掌握能够打入市场的技术和产品。这是一个全新的经营环境和竞争环境，要想扩大市场份额必须从你的同行手中抢夺，现有的产品卖不动了，要用新的产品打入市场，必须进行研发，这是很大的挑战。

不少企业意识到转型的重要性，必须要创新，但不知道怎么去创新，觉得转型的风险更高，有一句话很流行，"不转型创新是等死，转型创新是找死"。那么，为什么我们企业的创新能力长期处于低水平呢？

深入观察，内心世界的缺失是一个原因。按说每个人都有自己的价值观，但是仔细分析会发现，中国人的个人价值通常是用客观标准来衡量的，他非常在意别人怎么看他，而不是主观的、发自内心的感受。什么叫成功？他认为成功有客观标准，企业的成功是用销售额、市场份额来衡量的。每天想着销售额和市场排名，他当然只求做大而不求做强。

如何建立自己的内心世界？人的一生应该追求什么？其实没有统一的答案，个人价值也没有客观的标准，全凭你自己的感受和感悟。

另一个与创新相关的概念是价值创造，企业存在的意义就是创造价值。有人可能会问，企业不是要赚钱吗？一点不错，企业要为股东赚钱，为了持续地赚钱，企业必须为社会创造价值。赚钱和创造价值之间的区别就在于可持续性，如果没有创造价值，你今天赚了钱，明天可能就赚不到了；如果创造了价值，今天没赚到钱，明天、后天一定可以赚到。

什么叫创造价值？定义有两个，第一，你为客户提供了新的产品和服务，客户可以是企业或者个人消费者。比如说智能手机，苹果公司提供了一种全新的产品，满足了人们的需求，更准确地讲，是创造了新的需求，在这个过程中，苹果当然创造了价值。腾讯推出微信服务，人们因此获得了新的交流沟通手段，丰富了他们的社交和私人生活，这个也是价值创造。第二，你可以提供现有产品和服务，但是你的成本更低，从而价格更低，通俗点讲，为客户省钱了，你就为他们创造了价值。

宏观经济分析，更好地判断形势和政策走向，当然可以帮助企业赚钱，但是并没有创造价值。你踩点踩对了，赚到了钱，但一定有企业踩错了。从社会总体来看，猜宏观走势、猜政策不创造价值，仅仅是在企业之间重新分配价值而已，宏观分析所带来的社会价值总和等于零。所以大家不必过度关注宏观经济，要把精力和时间用在企业的价值创造上，思考自己企业的核心竞争力。

经济有周期波动，上上下下很正常。一家好的企业，并不是看它经济上升期扩张有多快，而是看经济下行期它能不能撑得足够长。

互联网时代的创新价值链

阿里巴巴集团学术委员会主席、湖畔大学教育长　曾鸣

随着互联网技术一浪又一浪的发展，越来越多的传统行业面临巨大挑战。这些传统企业在强调自身优势的时候，最常提到的一个观点是"互联网是工具。商业/金融的本质不会变"。言下之意是，我们对商业/金融的本质理解很强，只要把互联网这个工具用好，未来还是我们的。最常见的争论，是"互联网+"还是"+互联网"？前者以互联网为基础/平台，后者以互联网为工具。

这种观点最大的问题在于，对"互联网工具"的理解过于工具化。互联网是工业革命后一次重大的技术革命。人类在工业文明这两百年创造的财富远远高于以前几万年的总和。互联网技术进步的速度和影响力将大大超过工业革命。

任何重大技术革命的背后都有科学、哲学，甚至是世界观的巨大变化。不理解这背后深刻变化的本质，根本不可能利用好这样的工具。没必要在逻辑层面去争辩什么是本质，什么是工具。要把互联网这个工具使用好，就必须理解互联网思维，这是互联网的本质。这两者本来就是没法割裂的一体。"分布式"既是互联网技术的基本架构特征，也是未来商业的基本模式。云+端、机器学习、快速迭代等，都在快速从技术范式演变成商业范式。

技术和商业模式是共同演进的。最前沿的技术和最创新的商业模式往往是共同演进的。成功的创新商业模式才能最终把技术创新的价值最大化。淘宝的电子商务生态圈和云计算、大数据的技术进步是紧密相连的。谷歌

的成功同时是商业和技术的成功。一个"引进"互联网工具的企业，基本没有可能接触到技术的前沿，即使是引进的技术，优势能发挥多少都是个问题，又如何靠它形成自己的竞争优势呢？未来，一家成功的企业，不论在什么领域，肯定都是能同时服务海量客户的，仅仅这一点的技术挑战就是巨大的。

当一百多年前汽车取代马车的时候，虽然这只是交通工具的改变，甚至我们可以说"交通的本质并没有变"，但交通的变化大到改变了我们所能感知到的几乎所有一切。

"互联网+"提出的本身，就标志着互联网、云计算、大数据等正在从简单的工具快速成为整个社会的基础设施和核心理念。在互联网平台上完成经济运行模式的重构，正是未来十年创新的主题。

当移动互联网和物联网让一切在线，甚至虚拟和现实的边界越来越模糊的时候，越来越多的观念会受到前所未有的挑战，这个时候空谈"商业/金融的本质不会变"，只会让自己更加被动。努力去理解互联网将给我们这个社会带来的本质变化，从而在根本上改变自己的思维模式，远比仅仅把它当作工具，要重要得多。

联接：在线与否，生存或死亡

互联网将快速颠覆众多的传统行业。这两年，这样的话听多了，多少有些"狼来了"的感觉，让人逐渐麻木。可是，不经意间，出租车这个再传统不过的行业，一夜间就发生了巨大的变化，互联网究竟怎样细致而深刻地改变世界，逐渐清晰地展现在了我们面前。

今天，打开打车 App，以乘客为中心，可以看到，在他的附近有多少辆出租车正在待客；以司机为中心，可以看到，他的附近有多少人正在打车，其中又有多少人愿意加价。

乘客、司机不再是在互不相知的情形下随机遇到，而是可以在一个 App

工具上互相找到。不难想象，未来，打车 App 还可以提供更多的可能性。一位深夜 11 点在 CBD 待客的司机，可以通过 App 预测有多少乘客将结束加班需要打车，比较他们的目的地，推送服务；而乘客，可以查询司机的口碑，再看看有没有人一起拼车。甚至，开始有司机服务固定的一群客户，打车不再是一件令人生畏的事。

变化自然而然。其起点，正在于乘客、司机都在线（online）了。

在这一步之前，乘客和司机的所有关联仅仅是路边偶遇，乘客下车后，和司机也基本不再有任何联系，这是离线（offline）的；而一旦使用打车 App，他和司机就开始建立起一种联接。

上线，就好像一把钥匙，轻巧一转，就打开了数据时代的大门。

上线之后，偶遇将被发现、找到、匹配这些词替代。所有人都从中受益，惟有出租车公司将忐忑不安。管理者们将不得不考虑，自己能给乘客、司机提供什么样的额外价值。

这样的忐忑不安，将不是出租车公司独有的焦虑。

银联，正在感受移动支付带来的压力。

当顾客在餐厅买单时，用银联支付，或用移动支付，看似并无差异，但二者却有着本质上的区别：前者离线（offline），后者在线（online）。用完银联之后，顾客和餐厅基本就不再关联了，而如果顾客用支付宝或财付通付费后，他和餐厅开始联接起来，彼此可以更多联系或了解：餐厅的口碑如何、何时有新菜品、何时会优惠；顾客是否住附近、口味偏重还是偏淡、喜欢尝新还是守旧……

基金行业也在被新生的"宝贝"刺激着。

作为一个金融创新产品，余额宝在不到一年的时间里聚合了超过 8 000 万用户的小额资金，而它本质上只是使募资渠道这一环节"在线"了，在线第一次让企业以极低的成本服务海量用户——在传统场景（离线场景）下，这意味着巨大的成本，几乎不可能实现。

打车 App、移动支付、余额宝都已经不是个例：携程使酒店预订、机票销售在线；快递公司使其服务环节（收件、查询、投诉）在线……这些新兴公司（平台）仅在"在线"这一步，就显著提升了商业效率，短时间内赢得了百万、千万甚至亿级的用户——以传统的方式，这样的用户聚合、用户习惯培养，不经历漫长的时间周期是无法想象的。

互联网化的起点，就在于任何一个商业行为能否在线，而企业的生存、发展空间，也在于其更多行为在线的广度、深度和速度。

上线的进程已经开始，广告、传媒、电子商务、物流、金融、教育、医疗，一个个行业正在加速被添加进在线目录，尝试全新玩法的公司正在成批加速涌现。

在线是企业主动的选择。在互联网时代，一家企业的业务流程，是否在线，有多少环节在线，核心环节是否在线，决定了它的生存空间和发展前景。

更直接地说，在线和离线的区别，就是互联网时代的"参与者"和"看客"的区别，是关于"生存还是灭亡"的基本问题。

互动：用户体验是竞争支点

用打车 App 打完车，司机和乘客互相给个评价，这就是互动。在线之后，至关重要的下一步就是互动，是人与人、人和物的相互反馈，喜欢、不喜欢、评价、交谈，以及接下来的改进、反馈，是一个用户和服务提供者通过产品交互的过程，有来有往。

在线为互动提供了技术上的可能，在线之后，企业第一次与海量用户有了直接互动的可能。同时，互动是在线的基本驱动，没有互动，联接就只是表面文章。

在传统商业中，企业成功与否，绝大多数时候取决于其对用户需求的猜测是否准确，而在互联网时代，通过互动，用户的态度在第一时间就看得见了，因为用户跟你"说话"了，这才使任何一家有"以用户为中心"的意愿的企业真正具备了"以用户为中心"的能力。

互动为何如此重要？互动关乎用户体验。所有时代的商业都注重用户体验，但只有在互联网时代，用户至上、极致的用户体验第一次成为了商业竞争的惟一支点。用户给了反馈，产品就能及时优化；而一俟产品优化，海量用户又能第一时间体验，再给出反馈……这一过程不断往复，产品不断迭代，极致的用户体验因此有了可能。

互动可以从极简单的，比如点赞，到给评论、提建议，甚至到 AB 测试。大众点评上顾客对餐厅的评价、淘宝网上买家对卖家的评价等，本质上就是互动的过程。特斯拉汽车是最新的例子，它根据用户的实际使用行为、实时使用数据和反馈，不用远程召回，就得以随时升级其产品系统，提升用户体验。

有了互动，才有了走向 C2B 的可能性。服饰品牌歌莉娅（Gloria）就体会到了互动对生产环节的价值。每一季新品推出前，他们都会在淘宝店铺首页同时推出数百件产品，根据买家的浏览、购买、评价来分析产品的受欢迎程度，进而才确定每款服饰的生产数量。由此，其库存量降幅超过七成，效益明显上升。

用户的反馈多大程度上会影响企业的决策，考验着企业对未来生存方式的理解。使业务流程（价值链）在线，进而与用户实时互动，意味着企业至少要"让"出某些控制权给用户。"互动"影响决策，"互动"驱动决策，意味着不再是控制的思维，不再是计划的逻辑。

联网：孕育协同创新

仍然是打车 App，乘客和司机在线上可以高效地互相找到，但 App 可以提供的价值可以远远不止于此：如果与导航打通，司机或许就能根据乘客需求规划最优路线；与物流打通，精准匹配，司机载客的同时或许就能同时投递小件包裹；与餐饮打通，乘客或许能即时收到合口味、顺路线的餐厅推荐……

这就是"联网"。从点对点的链接，变成了互相关联、互相影响的网状结构。从点出发、走上链、最后走向网的过程，即是从传统的、线性的、控制的供应链模型走向协同网络的过程。

在互联网时代里，即便实现了在线和互动，但一个产品端仍然只是一个孤独的节点。当节点与节点开始联接、延展、交融，或者节点与先验的平台对接，这个过程中产生数据的分享和聚合，"网"就出现了。对绝大部分传统商业来说，一旦"在线"，它们就进入了互联网时代；而只有"联网"，它们才得以融入互联网时代，在数据价值的聚变中，获得更宽广的商业空间。

淘宝是"联网"的典型例子。通过卖家、买家的网状互联，把供和求放在一个大平台上，市场的效率就已经得到显著提升；而当越来越多的卖家聚合到一起时，其共同所需的服务催生了诸如店铺装修、营销设计、客户管理等第三方服务商，淘宝生态圈里长出了新物种；又当买家的需求在"联网"中聚合，通过销售端的"互动"，将上游供应链一步步聚合到这张"网"中时，使其深度和广度又不断延伸。

DMP（Data-Management Platform，数据管理平台）对广告业的革新也是这方面的典型例子：各广告主在这一平台分享客户数据，通过数据聚合，使平台获得更多对客户的描述维度，也对客户的描述更精准；而这反过来又使广告主得以在平台上匹配到比原有客户数多得多、准得多的目标客户群，使广告终于真正成为了一种精准投放的艺术，其效果可精确衡量，收益成倍提升。

这是"联网"带来的化学反应。在特定领域把尽可能多的相关方连接在一起，打破企业间的边界，用市场的方式创造全新的价值创造和分配的方法。"联网"之后，一家企业的价值高低，就取决于其在网络中联结的广度和深度，以及数据的流通程度，这些影响了它从网络中获得的反馈质量和数据增值的强度。

所有传统行业都终将"联网"。特斯拉已经是真正的第一代互联网汽车，谷歌在尝试无人驾驶汽车，我们可以想象汽车这一工业时代的榜样将经历怎样一场革命。我们还可以想象医疗行业的革命，可嵌入的医疗设备所建造的人人实时在线的数据网，对每一瓶药片实时跟踪的物联网，更不用说以大数据和计算能力为基础的基因研究。

未来图景将是如此：所有人、所有物，任何地点、任何时间，永远在线，实时互动。在这幅具象图景背后，我们必须想象并发的、分步式的、实时的"网"，这是互联网时代的核心。

从这些意义上说，"在线"、"互动"和"联网"对未来时代的价值应不可等量齐观。"在线"是传统商业的提升，企业与客户逐步"互动"，使 B 和 C 的单线价值日益增加；但只有在"联网"之后，B 与 B、B 与 C、C 与 C 之间进行全面的互动，网络的价值才真正凸显出来，创造全新的可能性。

如果说"在线""互动"是传统行业的互联网化，那么"联网"才孕育着互联网时代的真正创新。从金融互联网化到互联网金融正是这样一个历程——余额宝、微信支付等产品，只提供了渠道的聚合效用，其数据价值并未释放，它们只是金融的互联网化，但可以想见，一旦借贷、理财、投资银行，乃至各种衍生金融业务，这些以弥合信息不对称为核心价值的传统金融服务，都在互联网平台上重新定义，传统金融行业将面临怎样的颠覆。

这时，审视一家企业在互联网时代中的生命力，就有了更清晰的准绳：首先看它是否"在线"，在各项业务流程中，多少项"在线"了，关键流程是否"在线"，这衡量的是企业的互联网化水平；然后看它多大程度完成了"互动"的理念，多大程度上能"遵照"用户的反馈来优化自身的产品和服务；最后，也是最关键的，要看这家企业有没有真正拥抱互联网创新带来的价值，看它在非业务线性流的其他节点上是否"联网"，是否与全网发生着互动与交换，并因此产生的新的流程和服务。

当越来越多的个体普遍融入到"在线""互动""联网"的过程中时，我们就会看到，工业时代将走向互联网时代，走向数据时代。

平台、活数据、云端

从时间顺序来看，互联网的真实发展是先"联"，再"互"，最终成"网"。

在整个网络中，人、PC 或是手机以及可穿戴设备，还是一盒药，都不再是一个个信息孤岛。其行为，将被自然记录，以数据的形式沉淀在网络平台上。如此庞大的数据，任何主动收集的行为，都难以想象其成本。

从 PC 互联网到移动互联网，大大降低了实时互动的成本和方便程度。下一个发展方向是物联网。就整体而言，网络的在线边界一直在不断扩大。最终让任何人、任何物，在任何时间和任何地点，都永远在线，实时互动。很明显，这一趋势已不可逆转。

联网之后，点和点之间会保持互动：购买、搜索、点赞、阅读、收藏……点之间数据流动越频繁、数据分享的程度越宽广，节点们从网络获得的价值越大。在节点聚合的平台上，不仅 B 和 C 之间有互动，B 和 B、C 和 C 之间也有大量互动，进行数据交换。

例如，淘宝的买家会通过其他买家的评价决定自己的购物决策。而卖家之间也可以结成商圈、商盟，共享数据，相互推荐客户。如果平台无法提供这些深度的数据交换，那么买家和卖家之间的沟通就只能是封闭而孤立的线性沟通，就不是一个网状结构。那么平台只是一个便捷程度更高的通讯工具，其上的商业行为是传统商业行为的加强版。

平台首先是市场各方供求匹配的场所；其次，平台通过工具设计和机制建设，使联接更容易，使互动更充分，使产品和服务的迭代更迅速；再次，平台为创新者提供"水电煤"，典型如云计算提供的计算能力和数据增值服务，这是让创新者选择在哪里创新的关键。

更重要的是，在数据时代，平台不再仅仅是各个商家展现产品、获取流量的地方，而真正成为数据聚合的场所。数据聚合不仅是分享，也不仅是交换，而是通过有机的整合，使数据发挥出 1+1 远远大于 2 的效果。

大数据最重要的特征不在大小，而在死活。就企业而言，数据的死活决定一切，从数据的管理到数据的运用。数据必须活起来，循环起来，才能产生持续价值。

从前我们所了解的数据是冷冰冰的、死气沉沉的，被存到冷备份默默地等着人拿出来用，我们对待数据的感觉十分消极，要先想清楚其用处才开始分析应用。现在，数据时代来临了，人们正在试图点燃数据，使其变热，赋予其生命。

所谓"活数据"，是动态的数据，流通的数据，因互动而产生，因产生而互动，是自然演化的数据，从不停歇。我们生活中无所不在的种种设备，包括电脑、手机、智能电器、感应器等，都时刻监测行为，实时产生数据，一点一滴地描绘线下生活的版图。数据不再是历史教科书，用来回顾和复盘，如今数据映射的是世界的画像。正如真实世界，这幅图画既生动又细腻，也实时转变，与世界共同演进。

活数据所引发的思索，基本围绕着以下问题：该如何让实时数据分析帮助决策？设计产品的时候，我们的交互界面该如何设计才能实时产生并实时更新行为数据？数据的不断滚动，能不能让客户和企业之间的互动变得更有分量，更有价值？

简单说，未来的所有成功互联网产品的标准形态是云+端。所谓云+端，是指产品的应用界面（即用户所看到的终端 App）和云上的计算能力。两者是阴阳关系。用户接触到端的时候，其行为将产生数据，这些数据经过云的处理和加工，返回来流到端上，让用户体验变得更丰富更精彩。因此，云和端是相辅相成的，而其中流淌的血液，就是活生生的数据。

因此，反过来讲，上面提到的互动也是产品设计的基础理念。用户的任何反馈，必须回流到企业手中。这些反馈，最好是活的，是实时的，是用来优化体验的，不是记录下来藏到数据库里面便抛之脑后。这样一来，用户操作企业的 App 有回报，是有意思的举动。这一持续互动模式，是企业与用户共同创造价值的最佳写照。

互联网时代：改变自己，拥抱未来

联、互、网之后，所有行为，或者关系，均以数据形式沉淀在平台上。

平台型企业，典型如阿里巴巴，会将这些数据开放出来，还要提供数据工具，供平台上的各个节点分析、各取所需。于是，企业、创新者可以方便地找到自己的市场空间，并根据数据进行所有的商业决策。对于平台上的企业而言，这些数据附加值，是平台对它们的最大吸引力，也是这些企业生长发育的营养物。

因而，平台成为一个生态系统。对于提供平台的企业而言，其看护的生态系统内，物种越丰富，生态越复杂，则沉淀下的数据越多，并刺激平台提供更多的数据增值服务，平台也越兴旺。节点和平台因而形成一种协同演进的关系。

互联网时代，数据资产已是最重要的资产。回顾商业历史，以往决定商业胜负的依据，一般都是有形无形的资本、自然资源、市场占有率等。在工业化时代，每一个小企业或创业者的梦想是做大做强。侥幸成为大企业之后，下一个战略就是建立门槛，以防对手模仿，重来一遍将自己推倒。整个战略的核心，在于资本比拼，如何降低生产成本，如何取悦资本市场，如何建立小资本难以逾越的障碍……企业本身是否有创造力创新力倒在其次。

这样的轮回，在互联网时代将被打破。点对点的连接无所不在，数据聚合的平台出现，土壤、空气、养分都已具备。任何一个小企业，或者个人，只要能为特定人群创造价值，就可以依靠平台便捷地找到客户，并通过与客户互动，迭代优化自己的产品，不断提升客户体验。即使是一个非常冷门、狭窄的需求，只要能在平台上展现，聚集到一定的量级，就会自然而然催生新的产品和服务出现。

这才是知识经济时代的真正来临。知识工作者（knowledge worker）的智力价值将前所未有地释放，而土地、资本、关系这些过去决定创业是否可以开始的门槛将不复存在。

在这样的平台上，一个独立特行的创新者，可以和一家规模庞大的公司同台竞争，比拼的只是各自的创新能力。这种格局下，企业内、外的组织架构将为更好地鼓励创新而设计。工业时代的中央集权体系、线性控制、科层制都不再必要，它们将让位于互联网时代的去中心化、社会协同分工、分布式决策。甚至"公司"这一组织形态本身是否还需要保留，都成为疑问。因为"平台—创新者"的直接关系会自然去除一切冗余的节点。

在这样的生态系统中，消费者的需求将成为中心，他们的指令将自然催生出一张张分工、协作之网。而且，这张网将里的分工更为丰富，协作则会是实时的、社会化的。消费者的体验还会参与到更多的设计、生产环节中去。

互联网时代让大部分传统企业心生恐惧，是因为未来的组织已经挣脱了工业时代机械化控制的羁绊，走向了不确定的生态化。颠覆式创新随时可能发生。人的想象力和创造力将引发什么样的演化，无人能知。面临未来互联网大变革的千万变数和种种机会，我们唯一能确信的是变化。

互联网—移动互联网—物联网，知识经济时代的步步递进，发展方向远超出我们的想象力。谁大谁小，只是相对的。阿里巴巴和腾讯现在是巨头，五年以后是恐龙还是绵羊，很难说。美国雅虎是一家最标准的互联网公司，其兴也勃，其"败"也忽，到今天几乎走了一个完整的循环。但整个知识经济时代，创新的大门刚刚开启，巨头、小企业、个人都将重新寻找在网络中的位置。

基于在线和大数据计算能力的"App+data"的模式将是未来商业的基础。App 和 data 的有机融合、高效互补才能提供不断完善的用户体验，真正赢得未来。

在这个时代来临之际，没有任何企业可以认为自己已定义了未来。当许多人还在津津乐道地消费互联网的各种消息、欢乐地预测巨头的生存或死亡之时，或许他们不知，没有人可以在大时代轻松地搭上便车，最先消亡的一定是对未来茫然无知的看客。

如果有一天我们生活在了理想中的互联网时代，那必然是整个生态圈里所有物种共同竞合、协力演进的结果，是颠覆性创新者与全生态圈的共赢。任何一家企业，面临颠覆性创新时，惟一的应对之策，就是改变自己，拥抱未来。

扎根消费互联网，拥抱产业互联网

腾讯公司董事会主席、首席执行官　马化腾

在腾讯成立 20 周年之际，我们迎来了公司历史上的第三次重大战略升级和架构调整。这个消息已经在一个月前公布。在这里，我想跟各位合作伙伴分享更多的想法。

这次调整，我们经过了将近一年的思考和酝酿。

腾讯自 2012 年以来组建的七大事业群，目前已经重组为六大事业群。

在保留原有的技术工程事业群（TEG）、微信事业群（WXG）、互动娱乐事业群（IEG）、企业发展事业群（CDG）基础上，我们整合成立了两个新的事业群：云与智慧产业事业群（CSIG）、平台与内容事业群（PCG）。

同时，我们整合升级了新的广告营销服务线，并将成立腾讯技术委员会。

腾讯每隔六七年就可能进行一次大的组织架构调整，以顺应外界变化带来的战略升级。今天，我们两个新成立的事业群，分别承担着消费互联网与产业互联网生态融合、社交与内容生态创新的重要探索使命。

我们认为，移动互联网的上半场已经接近尾声，下半场的序幕正在拉开。伴随数字化进程，移动互联网的主战场，正在从上半场的消费互联网，向下半场的产业互联网方向发展。

腾讯一直说专注做连接，希望连接人与人、人与物以及人与服务。我们越来越发现，除了实现人与人的连接，如果大量的"物"与"服务"不能全面数字化升级，那么"人与物、人与服务的连接"就难以迭代。

要让个人用户获得更好的产品与服务，我们必须让互联网与各行各业深度融合，使数字创新下沉到生产制造的核心地带，将数字化推进到供应链的每一个环节。

没有产业互联网支撑的消费互联网，只会是一个空中楼阁。

接下来，腾讯将扎根消费互联网，拥抱产业互联网。

我们要继续做好"消费端"的智慧连接，更要促成"供应端"与互联网的深度融合，帮助各行各业实现数字化转型升级。

对于大量的传统企业来说，要尽快打通从生产制造到消费服务的价值链，要实现从智慧零售到智能制造、从消费到产业（C2B）的生态协同，就不能仅仅满足于一个完整的传统产业链，未来更需要与互联网公司进行跨界融合，真正触达海量用户，并实现硬件、软件与服务三位一体的生态化能力。

没有消费互联网助力的产业互联网，就像一条无法与大海连通的河流，可能在沙漠中日渐干涸。

腾讯服务着数以十亿计的个人用户，具有连接国内最丰富场景和互联网产品的生态服务能力，将致力于消费互联网与产业互联网的融合创新。

我们非常愿意成为各行各业最好的"数字化助手"，以"去中心化"的方式帮助传统企业和公共服务机构实现数字化转型升级，让每一个产业都变身为智慧产业，实现数字化、网络化和智能化。

从2011年起，腾讯的开放战略伴随着移动互联网的高速发展而不断演进。

七年时间，我们从"一棵大树"成长为"一片森林"，与合作伙伴共建了一个开放的互联网生态，可以说，我们在移动互联网上半场基本实现了开放战略的目标。

接下来，我们要做好"连接器"，为各行各业进入"数字世界"提供最丰富的"数字接口"；

还要做好"工具箱"，提供最完备的"数字工具"；

同时我们更要做好"生态共建者"，提供云计算、大数据和人工智能等新型基础设施，激发每个参与者进行数字创新，与各行各业的合作伙伴一起共建"数字生态共同体"。

这是腾讯开放战略在移动互联网下半场希望实现的新目标。

产业互联网的探索，将为我们与生态伙伴提供更广阔的合作空间。

我们希望，未来与企业和政府等机构客户的合作中，腾讯的业务接口更加集中，合作规则更加清晰，资源能力更能形成合力。

腾讯将把数字化服务的潜能和差异化优势，更充分地发挥出来：

我们不但能够根据客户的需要提供基础工具和能力作为"食材"；

还能够快速响应客户的个性化需求，将不同食材搭配起来"炒菜"；

更重要的是，我们还能够提供一整套的"宴席"——多样化、系统化、安全可控的商业解决方案（BaaS，即 Business as a Service）。

这不单单能够帮客户节省成本、提高效率，而且还能够帮助客户在数字化转型升级过程中，找到新的商业模式和盈利增长点。目前我们已经在医疗、教育、交通、零售和制造业等领域进行初步尝试。

与此同时，我们希望进一步打造年轻人喜欢的社交平台和内容生态，与数字内容领域的合作伙伴建立更加紧密的新生态。

我们将借助"社交×内容"的网络效应，让 UGC 与 PGC 彼此滋养，形成最有活力的 IP 创生土壤。

我们还希望与合作伙伴一起，帮助更多优秀的 IP 获得跨平台、多形态的发展机会，通过新文创的方式让更多用户和年轻人，获得高品质的数字内容消费体验，并以最先进的技术手段保护好未成年人，避免不健康的消费沉迷。

我们将更加重视科技驱动力。

几天前，我受邀在知乎提问，非常高兴看到很多网友针对基础科学的突破、产业互联网与消费互联网的融合创新，做了相当精彩的回答。

过去，中国互联网与科技行业的创新，往往是"应用需求找技术支持"。未来，我相信会有越来越多创新来自"技术突破寻求产品落地"。

　　腾讯正在不断引入各领域的优秀科学家，也希望通过加大基础科学投入、建立公司技术委员会等措施，尽可能为科研工作者和技术人员创造更好的工作氛围和团队文化，真正让"科技创新"与"数字工匠精神"成为更多人追求的方向。

　　我们有理由期待，数字时代能够实现工业时代难以达到的工艺水平，创造出更高品质、更为独特的产品与服务。

　　当然，腾讯并不是要到各行各业的跑道上去赛跑争冠军，而是要立足做好"助手"，帮助实体产业在各自的赛道上成长出更多的世界冠军。

　　过去一年，我们看到很多用户与合作伙伴通过各种渠道对腾讯的发展提出了意见和建议。在此，我要向关心腾讯发展的每一位朋友道一声感谢。你们的期待和鼓励，是腾讯多年来不断迭代进步的重要动力。希望我们一起携手努力！

海尔发展史，诠释高质量发展之道

海尔集团董事局主席、首席执行官　张瑞敏

中央经济工作会议指出，我国经济已由高速增长阶段转向高质量发展阶段。海尔在 2017 年 12 月 26 日迎来了创业 33 周年，这 33 年是创业创新的 33 年，海尔始终坚持创名牌而非代工的高质量发展之道，并在互联网时代首创人单合一模式，终结了中国企业学习借鉴西方管理模式的现状，向海外输出中国模式、中国方案。

由高速增长阶段转向高质量发展阶段是我国经济发展进入新时代的基本特征，这是当前和今后一个时期确定发展思路、制定经济政策、实施宏观调控的根本要求，也是习近平新时代中国特色社会主义经济思想的核心内容。

在这样的经济思想指导下，企业如何跟上"经济新时代"的节奏，如何为"高质量发展"做贡献？

海尔抓住时代机遇率先在物联网领域引爆

传统经济时代，企业的竞争是名牌与名牌的竞争，互联网时代进入平台和平台的竞争，而在已经到来的物联网时代，企业之间的竞争必须是生态圈之间的竞争。

概括起来说，传统工业时代，企业以产品为中心，而在物联网时代，企业必须变成共创共赢的生态圈，让用户和利益攸关方都参与进来，共同创造价值、传递价值。

新时代，价值创造体系创造的是名牌价值，因为只有名牌才有溢价能力。非名牌无价值，就像代工厂不可能比苹果手机更有价值，即便代工厂的营收大于苹果也不能说它更有价值，因为苹果有名牌而代工厂没有。海尔始终坚持创名牌，走自主品牌建设的道路，保证企业高质量健康发展。据欧睿国际统计，中国白色家电产量占全球的49.1%，在海外，中国品牌占 2.8%。在这 2.8% 中，海尔品牌包揽 86.5%，海尔连续九年蝉联全球白色家电第一品牌，并收购 GEA、FPA、三洋等家电品牌，构筑全球品牌矩阵。

创造了价值，还需要传递价值，才算是价值创造的闭环。在传统时代，企业依靠遍布全球的强大营销网络价值传递体系，在电商时代，单纯的价格交易平台破坏了名牌产品创造价值的优势。海尔通过践行人单合一模式，打破企业边界，让企业能够零距离与用户面对面，让供给方和需求方同在一个平台上交互，并通过连接全球资源快速满足用户需求，建立共创共享的生态系统，既可以创造价值，也可以传递价值。生态圈创造价值的方式是共创，利益相关方和用户在一个生态圈中共同创造价值，不是传统的价值链，而是价值矩阵。生态圈传递价值的方式是共赢共享，相关各方都得益，而不是零和博弈。比如，海尔正在实践的工业互联网平台——COSMOPlat 就是价值共创网络，"大顺逛"就是基于价值交互的价值传递网络，而非仅仅是价格交易。

MIT 的凯文·阿什顿在 1999 年首次提出物联网概念，专家认为 2019 年将是物联网引爆的一年，而海尔可以在 2018 年率先引爆，成为全球首家在物联网领域引爆的企业，基础在于海尔坚定不移地推行人单合一模式。人单合一模式中，"人"即员工；"单"不是狭义的订单，而是用户资源。新时代放大了用户话语权，企业必须从以产品为导向转为以用户为导向，一切以用户为中心。

网络时代的企业家精神就是创建让每个人都有机会成为创业家的平台的精神

所有企业都希望在物联网时代引爆、引领，但是目前东西方都尚无一个成熟的解决方案，海尔想要率先实现引爆引领，一定离不开"人的价值"，实行"创客所有制"，意义就在于让所有人都有机会去争取、去获得，充分体现机会均等，发挥个人价值，这也是我认为的网络时代的企业家精神，就是创建一个让每个人都可以成为创业家的平台的精神。

因此，海尔拆掉企业内外两堵墙，从出产品的企业变成出创业家的平台。在海尔平台上，汇聚了 2000 多家小微企业，这些小微企业完全拥有过去企业的 CEO 才拥有的决策权、用人权和分配权，并且可以进行资本的社会化，引入外部风投，自己也跟投，从过去被动执行的员工变成合伙人，只有这样才能快速捕捉新机会。小微企业一旦做大，就再进行分拆，始终保持创业企业的活力和激情。

新时代，海尔坚定高质量发展之路

肯取势者可为人先，能谋势者必有所成。

推动高质量发展是当前和今后一个时期确定发展思路、制定经济政策、实施宏观调控的根本要求。海尔是改革开放的产物，没有改革开放就没有海尔的今天，同样，如果不能沿着高质量发展继续改革开放，就没有海尔的明天。

高质量发展与高速增长有本质的不同，就像海尔的发展一直坚持创名牌，而有的企业是代工模式，虽然代工可以快速带来一些收入与利润，但长久下去，企业就会失去竞争力。海尔在坚持创名牌的路上，遇到了很多挑战，付出了巨大代价，比如在需求很大的时候，并未一味扩大产量，失去了当时的增长机会，但是，经过多年坚定地走创名牌之路，海尔的高质量发展展现出了成果。海尔在巴基斯坦、俄罗斯、泰国、印度等国建立了工业园，海尔在巴基斯坦建立的鲁巴工业园是中国首个境外工业园，成为"一带一路"国家中家喻户晓的品牌。2017 年 12 月 16 日，谷歌的关键词实时搜索数据显示，海尔以 9 140 000 次搜索排在西门子（4 340 000 次）和三星（3 450 000 次）前，这是海尔，也是中国品牌全球影响力的重要展现，海尔在高质量发展方面实现了明显的"套圈"。

海尔坚持创名牌，为创造中国模式奠定了基础。因为坚持品牌的过程中，海尔始终围绕用户体验和用户需求，这也为海尔人单合一模式的提出提供了可能。海尔抓住新时代的机遇，在物联网时代，创新企业高质量发展的衡量方法，创造出以用户乘数理论为基础的共赢增值表，相比于产品收入更关注生态收入，从产品收益变为生态收益，实现边际递增，并实现利益相关方的共创共赢。比如，馨厨冰箱，没联网的时候它的价值是冷冻保鲜功能，接入馨厨物联网平台后，它的价值是通过生态圈提供有机食品和烹饪方案，体现在共赢增值表上，生态收入应该超过硬件单价。在馨厨平台上，聚合了包括视听、美食、聊天等各种资源，围绕用户需求展开。这得到国外权威机构的认可，损益表的发明者——美国管理会计师协会认为，"共赢增值表"是一个时代创新。

来访的加拿大《毅伟商业期刊》编辑托马斯·沃森表示，目前西方管理真的应该看看东方的管理智慧，海尔人单合一模式超越硅谷模式。

没有精品的企业是丑陋的

格力电器股份有限公司董事长　董明珠

在人的一生当中我们应该追求什么，要干成什么样的事才是最大的幸福？

首先，我们的人生要有目标。每个人在不同的行业，干不同的事情。但我们都有一个共同的理想，就是实现人生目标。人生目标应该是我们给社会创造了财富。格力的目标是让格力成为全世界消费者最信赖的品牌，不是中国，而是全世界。我曾经说过，如果因为格力的伟大，因为我们格力能够让全世界重新看我们中国人，就是我们的骄傲。这是我们要努力做的一件事情，而且我希望有一天，我们中国的语言成为世界语言。

作为企业家来讲，真正的人生目标不是个人获得了多少，而是给国家、社会带来了什么，这点尤其重要。

迎战困难要靠坚定的信念

所以其次我要讲人生价值观，用什么来衡量？是用金钱来衡量吗？不是，我认为人生价值观体现在为社会创造财富。我们追求的是一生都在努力、拼搏。当你为别人做一点点的时候，别人会用十倍的回报感激你。我们的社会、国家都是美好的，每个人伸出援助之手，我们的国家会更富强，社会会更美好。

人的一生都在拼搏，在乎过程不在乎结果。我们在这个过程中一定要有坚定的信心，挑战自我，挑战过程不断领悟、学习、提高，最终超越自我。我希望我们永远是帮助别人的人，而不是需要别人帮助的人。

我曾经听过一个故事，这个故事不真实，但表现出一种现象。说有两个人来到人间，上帝问他们，你们俩到人间想干什么？有个人说我希望别人天天给我，另外一个人说我希望天天可以帮助别人。结果希望别人给他的人成了乞丐，另外一个愿意帮助别人的人成了对社会有用的人。所以一个人一生当中最大的幸福的是可以帮助别人，成为一个受人尊重的人。这是我的一点感悟，希望和大家共勉。

我们企业在发展中面临很多问题，有些是我们自己也想象不到的，包括客观上外部的环境变化，但我们自己始终有一个坚定的信念。因为有了坚定的信念，我相信任何困难都不在话下，任何困难都敢于挑战，任何困难都会被你打垮。在新的形势下，格力电器逐步总结出，我们要有一种坚持，坚持"诚信、共赢"的经营思想。如果一个人没有诚信，就失去了社会对你的认可，所以格力电器一直坚持这个思想。在企业发展过程中，不仅仅自己发展起来，还因为你的发展带动了别人共同来发展，只有共同发展才能持续长久。格力要成为百年的企业就一定要在这样的经营理念下开展工作。这也是格力 18 年的时间产值从 2 000 万元做到 420 亿元的重要原因。

怎么样使我们诚信、共赢呢？要有一种执着的精神和坚定的信心。我们有一个目标，我们的目标是要为中国争口气，为中国打造出世界的品牌，基于这点我们奋斗、努力，这也就是我们坚持下来的原因。在坚持过程中，我们曾经也有过很多的分歧。首要是专业化问题。格力是一家热爱挑战的企业，不是挑战别人，而是挑战自己。在单位中我们曾经就多元化问题进行讨论。很多企业选择走多元化道路，最大的特点是可以逃避，可以选择。不过也正因为这点，不断选择而失去了自己所擅长领域的领先地位。因此当这个时候得到的时候，实际是在失去。我们坚持选择了专业化。格力是中国目前唯一一家只做空调的企业，很多人说我做空调不行可以做冰箱，做冰箱不行可以做彩电，而这样导致他们始终没有自己的核心技术。

我们在选专业化的时候看到了风险，最大的风险是当产品质量不能保证的时候，当消费者离你而去的时候，那你就只有死路一条。不过也正恰恰因为这点，给了我们一条出路，就是勇往直前，要做消费者最满意的产品，这就是追求，所以才赢得了市场。我们对专业化、多元化进行评估之后，最终选择自我挑战的道路，就是坚持走专业化道路。

专业化道路的艰难

我们坚持走专业化道路，经历了四个阶段：

第一阶段，1991—1994 年，注重营销。在那个时期，只要我们把产品卖出去，把经销商的钱先赚回来，这就是赢家。但后来我们发现企业发展光靠营销是不行的，唯一支撑企业发展的是产品质量，所以就发展到第二阶段。

第二阶段，1995—1997 年，注重品质，提出了打造世界一流品牌的口号。当时进行了很多改革，比如建立成本控制等一系列相关措施。

第三阶段，1997—2000 年，注重技术。到了 1997—2000 年，我们又发现一个问题，就是我们没有自己的核心技术。实际就算是现在，中国所有合资的企业基本上还都是依赖别人的技术发展的，这样发展永远没有竞争力，永远是依附别人的。于是当我们也想引进外资企业的技术的时候，就遭到了冷遇。因为我们要买的是世界最先进的技术，他们说，这是目前世界最先进的技术，不可能卖给你们。

遇到这种情况怎么办？我们想唯一的出路就是自主创新，走自主品牌的道路，所以 2000 年开始我们就加大了对技术研发的投入。从此之后，我们在制冷行业里，在全世界拥有的设备和专利都是最多的。

第四阶段，注重人才培养。这样到了 2001—2003 年，我们发现第四个问题，人才问题。什么是人才问题，就是整个核心队伍和干部队伍的建设问题。我们的员工是草，干部是风，风怎么吹草怎么跑，所以要抓住干部队伍的问题。因此 2003 年格力从四个角度，营销、技术、管理、人才方面进行创新。之后格力就开始了非常快速的增长。2008 年我们的产值是 420 亿元。

确实金融危机之后市场出现了发展缓慢的现象，特别是出口。不过我们也体现了发展自主品牌的特性。过去我们的出口主要以贴牌为主，经过调整我们认识到应该选择什么样的道路。所以格力经过这四个发展阶段，发展越来越好了。

用工匠精神，做感动人性的"新国货"

小米科技创始人、董事长　雷军

小米有个梦想，就是改善国货国际形象

我主要想讲一讲小米生态链。2016 年 3 月 5 日，我在人民大会堂倾听了李克强总理的政府工作报告，总理希望中国制造业培养精益求精的工匠精神。这句话深深地打动了我，这和我们创办小米的想法如出一辙。

当时我们提出一个理念——"新国货"。中国是个制造大国，我们生产了非常多的东西，卖到世界各地，但是中国人对国货却并不是很信任。所以，小米想用新国货的理念，改变大家对国货的印象。这五六年里，我们谈得最多的是两个词：一是真材实料；二是做感动人心的产品。我们希望小米用真材实料做感动人心的产品，带动一批国内制造业企业，共同改善国货的形象。这就是我们的梦想。

小米发布的第一款手机就是因为新国货的理念，极深地打动了消费者，仅仅用了三年时间，就排到国内市场的第一位，并且连续两年都是第一。2016 年我们发布的小米 5，代表当时小米手机的巅峰水平，深受消费者的喜欢。一些米粉在抱怨，因为太抢手买不到。这款产品发布后，不仅得到了消费者的认可，也得到挑剔的国际媒体的认可。我看到这些报道时十分激动，是因为新国货在国际上也饱受赞美。

《福布斯》评价：小米用 300 美元的小米 5，发动了对苹果和三星的突袭。这就是说，小米的品质可以媲美三星和苹果的旗舰机型。《瘾科技》

（*Engadget*）评价：小米最让人惊艳的地方不在于价钱，而在于其所达到的极致品质。

后来我们发布了 65 英寸曲面分体电视，非常漂亮。有一个朋友曾经说小米什么都好，就是价钱太便宜了，怎么做高端呢？他提出解决方案是取个洋名，定个高价，就是高端。但是小米的使命就是改变公众的这种误解，就是要做真正质优价廉的产品。《瘾科技》的评论让我很欣慰，小米不仅价格实惠，更重要的是小米达到了极致的品质。

发动生态链计划，"制造"优秀的创业公司

我们做了几年手机，真正让我骄傲的是，国产手机做得越来越好，越来越漂亮，国产手机的市场份额也越来越高。小米带动了国内手机的整体崛起，所以我们能不能用新国货的理念，带动更多的行业进步，带动中国制造业的升级呢？有了这个想法，我们在 2014 年开始试水小米的生态链计划。

我们是国内比较早做生态链的企业，这次是第一次认真地和大家谈生态链。2014 年到 2016 年 3 月，小米投资了 55 家创业公司，这个数字并不出奇，相当于每 15 天，我们就投资了一家新的创业公司。作为专业的投资公司，投 55 家公司也没什么了不起，但是这其中 29 家公司是从零开始的，意味着小米参与了团队组建、产品方向的确定，甚至公司叫什么名字，都是从零开始孵化。20 家公司已经发布了产品，最让人惊讶的是，短短两年有 7 家公司年收入过了 1 亿元，这在传统产业是无法想象的。而且 55 家里有一部分是刚创办不久的。

更让我们震惊的是，有两家公司年收入突破 10 亿元。投资界有一个名词——独角兽企业，是指估值达到 10 亿美元并且创办时间相对较短的企业。当时小米生态链已经有四五家达到了这个水准，获得了非常好的成绩。

小米生态链产品在小米网的销售额，2015 年比 2014 年增长了 220%，

不仅投资了 55 家公司，营收也产生巨大的增长。投资界一个朋友说：小米不仅制造优秀产品，还制造优秀的创业企业。这是一个很高的评价。下面简单列一下我们的产品情况。

紫米公司做的空气净化器，第一年销量突破 100 万台；紫米科技移动电源，2013 年年底发布，两年间，销量突破 4 690 万只；华米科技，做的小米手环一年半时间里销量为 1 850 万只，在可穿戴设备里，目前在全球排第二位。

这些产品不仅品质好，价钱实惠，重要的是产品都很美。我们产品的外观得到了国际设计界的认可。截至 2016 年 3 月，生态链里 20 家企业发布近 30 款产品，获得 28 项国际设计大奖，其中包括美国的 IDEA 奖 1 项，德国的红点设计奖 7 项，德国的 IF 奖 18 项，日本的 G-MARK 奖 2 项。斩获了这么多大奖，可以说我们每一个产品都是设计的精品。

用工匠精神，做极致的产品

怎么做到每个产品都是精品呢？举一个小例子：小米插线板。几年前，一次开会时，我说到新国货的理念，我说新国货就是要从生活中的点点滴滴做起，你们看墙角的插线板没一个做得好看的，能不能把这个做得好看点。我们青米科技的工程师就真的去做了，做了一年半，真的把我们的研发团队整疯了。有人说你们是不是在故弄玄虚啊，只是一个插线板而已。

但是它真的很美，拿你家里的插线板和它比一下，就觉得千差万别。我们不但比外观，还可以拆开比，不仅是外表精致，打开以后一样漂亮。现在很多家庭用的插线板，还是几十年前的点焊工艺水平，就是说很多企业做生活中真正用到的产品时，没有体会到中国作为制造大国的使命。所以一年半里小米插线板研发团队对这些细节一点点抠一点点做，最终它带动了整个行业的进步。

在产品发布了几个月后，各大企业都来向小米学习，这个情形让我内心澎湃。大家这种寻求进步的态度，我必须要点个赞。小米的目的不是让你都来买小米，你买其他家的也挺好，因为小米就是希望带动大家一起进步，要形成良好的生态，所以要为同行的每一点进步点赞。

我买回很多插线板，想看看同行有多大的进步。结果有点失望，他们学的是外形，却没有学到精益求精的工匠精神。同样的功能，拿着别人的产品，却学不好，这说明中国的制造业真的缺乏精益求精的工匠精神。这就是为什么总理要在全国两会上倡导培育工匠精神。

工匠精神就是对细节完美的病态追求

小米的产品就是要呈现优雅。有人说我这么讲没意思，可是精益求精的工匠精神，不就是从没意思里找出有意思吗？其实工匠精神就是对细节完美的病态追求。如果所有企业都这么做，我们中国品牌中国产品才能在世界上站住脚。

我们这几年就是用近乎病态的苛求来做产品。不理解的人会觉得我这么说很矫情，但是中国发展到现在，大家都渴望幸福的生活，希望享受更好的产品。在这一点上，小米的工匠精神应该赢得掌声。

我们想从一点一滴做起，从小事情做起。这里我想举的第二个例子是充电宝。2013 年的时候，充电宝在网上的平均售价是二三百元，要命的是都长得很丑。所以我去找我的好朋友张峰，他那时是南京英华达的总经理，他说："我做了十几年的手机，你现在让我去做充电宝？"那年 8 月的一天，我一直和他聊到凌晨，聊了八个多小时，当时我怎么说服他的？我说现在中国做手机的多了去了，但是几个能做到世界第一？你要能把充电宝做到世界第一才是真的牛，你想不想做世界第一的充电宝？看起来越简单的东西做起来越难。我还用矿泉水举例子。水是这么简单，你怎么做到世界第一？可口可乐和百事可乐公司为什么了不起，因为他们把水卖到了世界第一。这个水是最难做的生意，你把简单的东西做到世界第一，才了不起。

这些话震动了他，于是我们花了几个月时间来研究，怎么做一个令用户惊艳的东西，一个近乎完美的充电宝。

我们要做最极致的外形，而且我们的设计要解决所有的问题。有的充电宝有好多个按键，老百姓用充电宝还要学习，所以要用最少的按键。更重要的是用什么材质呢？今天大家看到的金属外观显得高级，但是金属加工之前非常贵。怎么能用金属外观，做得非常精致，还能有极致的性价比呢？张峰的经验起了作用，有一种工艺是直接把铝材挤压成型，工艺最漂亮，成本比塑料略高一点。我们花了四个多月时间，没日没夜地找各种解决方案，最终找到了充电宝的最优解——做这件事的唯一正确答案。做产品设计十分重要，先行者占有很多优势，如果他有极致的想法，往往能做出唯一答案。

举个例子，我们做手机时，设计了 652 种解锁方案，最后发现，还是比不上苹果的滑动解锁。那个方案是唯一的解，是绕不过去的，是最好的，是最极致的，但是苹果已经把这个申请了专利，好在美国最高法院后来驳回了这项专利申请。但我真的要感谢苹果工程师找到这么优雅的解决方案。

做动心的产品，"众里寻他千百度"

我写过这么一句话：历经千辛万苦，找寻近乎完美的答案，那怦然心动的一刹那，原来就是她。其实就是宋词里最美的那种感觉：众里寻他千百度，蓦然回首，那人却在灯火阑珊处。

做产品就是这么千辛万苦，2013 年我们发布充电宝的时候，比市场上的所有产品都美，至今已销售了 4860 万只。有一个同行说，我们发布那天晚上对整个充电宝行业是一个不眠之夜。一个晚上，市场上只剩了两个品牌：小米和其他。

后来，有一个结果是万万没想到的，最后剩下的两家是小米和山寨小米。我们不介意被山寨，这是对我们产品的致敬，对我们工程师的肯定。

他们想做的，只能做成小米这样，因为这是唯一的正确答案。大家应该有这样的精神，希望能在小米基础上，往前走一步做得更好，这才是长江后浪推前浪，一浪高过一浪。对于这个充电宝，一开始用我是很激动的，用了一个月后，我觉得它只能定义为近乎完美。因为它略微有点重。我去找工程师，他说电池的技术是科技进步的难点，每年就进步那么一点点。我说我们能不能去做电池，追求电池的进步？谢天谢地，电池技术很快进步了百分之十几。所以我们做出了第二代的小米充电宝，小了很多，轻了很多。感谢这个伟大的时代，各种技术突飞猛进，使我们有机会做到这么轻的 1 万毫安时的充电宝。

米家，让平凡的东西都成为艺术品

小米生态链就是这样默默地影响了一个又一个行业，我们小米还是为社会做出了一点事情。

经过试水证明这条路可行，所以要对小米生态链实施战略升级。战略升级最核心的内容，是发布小米生态链的全新品牌。过去小米发布了二十几个产品，就让消费者觉得小米不专心。其实小米和小米生态链是两个概念。用全新的品牌来承载小米的社会使命，会对小米和小米生态链品牌有巨大的助力。

我们花了一年半的时间进行设计，设计了 100 多种方案，难点在于这个品牌要在上百个国家注册，跨越 100 多个垂直的行业。怎么做到一个品牌只有你想到而别人没注册过，这是个很难的事情。它的诞生是一个千辛万苦的过程。今天我们来交这个作业，发布我们的全新品牌——MIJIA 米家。

米家来自"小米智能家庭"战略。它的外形非常简单，LOGO 是 MJ，米家拼音的首字母。我们设计了品牌 VI 手册，放在各个展台和各个包装上，看它能呈现什么感觉。我们选择灰色，是要让它有金属材质的感觉，显得高档优雅。设计师第一次把这个 LOGO 方案给我看时，我以为设计师设计的是盾牌。设计师说没错，生活类的品牌，希望它像盾牌一样可信赖，要给消费者信赖感。他让我再仔细看看像什么，以我的想象力实在看不出来，他直接揭晓了谜底：希望自己设计的品牌，像猫一样充满了生活的乐趣。设计师的想法可以说是极具匠心。

米家的设计秉承小米生态链这几年摸索出来的理念—— 做生活中的艺术品。把生活中平凡的东西都做成艺术品。比如小米空气净化器，静静地摆在客厅的一角，融入整个家居环境，默默守护着家人的健康。再比如小米 Yeelight 床头灯，极具文艺气息，给家庭增加更多的温暖感受。这些艺术品将串起每个人生活的点点滴滴。

米家，做生活的艺术品，让每一个人生活得更温馨，让生活变得更美好。这就是我们米家品牌的全部定义。